Edgard Haider

Wien im Wandel

Von den Babenbergern bis heute

böhlau Wien

Umschlaggestaltung: Tino Erben, Cornelia Steinborn
Umschlagabbildung: Das alte Dreilauferhaus Ecke Kohlmarkt / Herrengasse, Stich von C. Schütz
(Bildarchiv der Österreichischen Nationalbibliothek, Wien)

Die Deutsche Bibliothek – CIP-Einheitsaufnahme

Wien im Wandel : von den Babenbergern bis heute /
Edgard Haider. – Wien ; Köln ; Weimar : Böhlau, 1996
ISBN 3-205-98561-3
NE: Haider, Edgard

Gedruckt auf umweltfreundlichem, chlor- und säurefreiem Papier.

Satz und Repro: Zehetner Ges. m. b. H., A-2105 Oberrohrbach
Druck: TLP, Ljubljana, Slowenien

INHALT

VORWORT

Dieses Buch mag eine ungewöhnliche Annäherung an den Werdegang Österreichs sein. Das kam auch für mich als Autor überraschend. Was ursprünglich hauptsächlich als Bildvergleich zum Wandel Wiens anhand markanter Beispiele in der Inneren Stadt geplant war, entwickelte im Laufe der Arbeit zunehmend einen anderen Charakter, ja eine Eigendynamik. Man braucht sich nur in die Geschichte dieser wenigen Häuser zu vertiefen, schon gewinnt der Werdegang Österreichs auf verschiedenen Ebenen Konturen. Im Endeffekt ergibt sich ein erstaunlich geschlossenes Bild österreichischer Geschichte von der Babenbergerzeit bis herauf in die jüngste Vergangenheit.

Bemerkenswert ist auch ein anderes Phänomen: Es ist ein nüchternes und kein geschöntes Bild, das man hier von Österreich und Wien im speziellen erhält. Ein Österreich der Schönheit und der Häßlichkeit, des Grandiosen und des Verwerflichen, des Edlen und des Gemeinen sowie das goldene und das schwarze Wienerherz wird hier im Rückblick glasklar sichtbar. Jeder Leser kann sich überzeugen: Österreich – das sind Joseph II., aber auch Adolf Hitler, Heinrich Jasomirgott, aber auch Albrecht V. („Geserah"), Haydns Kaiserhymne, aber auch das Triumphgeheul vom März 1938, Mozarts „Zauberflöte", aber auch die „Götterdämmerung" vom April 1945, Bertha von Suttner, aber auch Alfred Redl etc.

So typisch österreichisch, so unverwechselbar wienerisch die hier geschilderten Personen und ihre Taten auch sein mögen; hier wird das Menschsein im allgemeinen und damit in seiner Gegensätzlichkeit deutlich; der Mensch in seiner ganzen schöpferischen Großartigkeit und zugleich in seiner ganzen Verkehrtheit. So umfaßt dieses Buch so ziemlich alles, was uns als Menschen ausmacht: Großes und Banales, Glaube und Zweifel, Geistiges und Leibliches, Eifer und Laxheit, Erfolg und Versagen, Hellsichtigkeit und Blindheit, Edelmut und Gemeinheit, Barmherzigkeit und Grausamkeit, Treue und Verrat, Komisches und Tragisches, Glanz und Not, Friedfertigkeit und Gewalt, Wirklichkeit und Illusion, Wahrheit und Legende, Vergängliches und Ewiges.

Wien, im September 1996   *Edgard Haider*

Für Beratung und freundliches Entgegenkommen danke ich den Damen und Herren des Archivs und der Bibliothek der Stadt Wien, des Historischen Museums der Stadt Wien, des Bildarchivs der Österreichischen Nationalbibliothek, der Österreichischen Galerie im Belvedere und dem Stift Klosterneuburg. Für maschinschriftliche Arbeiten danke ich auch Frau Andrea Gratz und Frau Niki Harwath.

„Das schönste sterbende Gebäude": das Kriegsministerium Am Hof, ganz rechts das Radetzky-Denkmal, Photo um 1900

SCHICKSALSENTSCHEIDUNG AM HOF

„Das schönste sterbende Gebäude: Das Kriegsministerium Am Hof. O seht es Euch gut an, Ihr Wiener, denn bald wird es nicht mehr sein. Jeder weiß, daß es bald fallen wird, aber keine Hand erhebt sich, diesem Frevel Einhalt zu tun. Nun gut, so fangt Euch den Hof jetzt noch mit Blicken ein, damit Ihr ihn im Herzen aufbewahren könnt. Dieses Gebäude gibt den Grundakkord für den Platz. Ohne dieses Gebäude gibt es keinen Hof mehr."

Zeilen voller Wehmut, geschrieben von Adolf Loos, zu einem Zeitpunkt, als sein Name noch nicht in aller Munde war. Wenige Jahre später erhebt sich so manche Hand, um einem „Frevel" Einhalt zu gebieten, den Adolf Loos durch einen Neubau an einem anderen Platz der Wiener Innenstadt „anrichtet": das Looshaus am Michaelerplatz. An Abriß und Neubau in großem Stil haben sich die Wiener längst gewöhnt. Mag der geopferte Bau auch jahrhundertealt und mit stolzen Erinnerungen verbunden sein, sein Sterben geht allgemein ohne großes Aufsehen vor sich. So auch im Falle des Kriegsministeriums Am Hof. Die kostbarsten Stücke militärischer Tradition werden in den riesigen neobarocken Prachtbau am Stubenring überstellt. Ausgeweidet steht das alte Haus da, als im Juni 1913 die Abbrucharbeiter ihr Werk der Zerstörung beginnen. Man weiß um die Geschichtsträchtigkeit dieses Stückes Wiener Bodens. Dennoch wird demoliert, nicht sorgfältig ausgegraben. Zeit ist Geld, hier um so mehr, wo die Niederösterreichische Escompte-Gesellschaft einen modernen Bankpalast durch die Architekten Ernst Gotthilf und Alexander Neumann errichten läßt. Als seelenlos prunkend, rücksichtslos gegenüber der angrenzenden Kirche „Zu den Neun Chören der Engel" hat man den Neubau kritisiert. Heute ist er uns längst vertraut. Seine Natursteinfassade zum Platz Am Hof wirkt solid und unaufdringlich. Man spürt gleichsam den Anspruch, daß hier Geld gut angelegt ist. Wohl niemand mehr kommt auf den Gedanken, der Grundakkord des Platzes sei hier nachhaltig zerstört worden; zum einen, weil die wenigsten den Vorgängerbau kennen, zum anderen, weil trotz mancher baulicher Eingriffe der Hof immer noch zu den schönsten Plätzen der Innenstadt zählt. Ein Schicksal wie dem noch älteren Hohen Markt, den die Nachkriegszeit zu einem „Emmentaler-Geviert"

Der Bankpalast anstelle des Kriegsministeriums, heute Bank Austria, Photo 1996

machte, ist ihm glücklicherweise erspart geblieben.

Wer an das Bankgebäude (heute Bank Austria) sehenden Auges herangeht, dem kann eine in Stein gemeißelte Schrift nicht entgehen. Dort liest man von einem Hof der Babenberger, der hier gestanden ist. Heute wissen wir, daß diese Gedenktafel falsch angebracht worden ist. Nicht hier an der Ecke zur Bognergasse, sondern höchstwahrscheinlich an der Stelle der Kirche stand im Mittelalter die Residenz der Herzöge aus dem Geschlecht der Babenberger. An dieses Wohnhaus (kuria ducis) schlossen sich rund um den Platz Zweckbauten für die Hofhaltung und die Staatsverwaltung. Kein Bild, keine bauliche Detailbeschreibung, kein archäologischer Nachweis ist auf uns gekommen. Wir sind ausschließlich auf spärliche Fakten, auf Mutmaßungen anhand zeitgenössischer Gepflogenheiten und auf ein gehöriges Stück Phantasie angewiesen, um uns einigermaßen eine Vorstellung machen zu können, wie es hier im Hochmittelalter ausgesehen haben mag. Alle heute existierenden Bauten rund um den Platz müssen wir uns wegdenken, wenn wir zu den Anfängen im 12. Jahrhundert zurückkehren.

Damals regieren die Babenberger bereits eineinhalb Jahrhunderte in Ostarrichi. Wien ist ein ziemlich unbedeutender Ort in einem umkämpften Grenzlandgebiet östlich des Wienerwaldes. Kein Babenberger ist hier vor 1137 nachweisbar. Melk, Tulln oder Klosterneuburg sind zu dieser Zeit weit wichtiger. Wohl niemand hätte damals darauf gewettet, daß dieser Stadt ein Aufstieg zu einer der glänzendsten Metropolen bevorsteht. Daß es so kommt, verdankt Wien einem Mann und einem schwer errungenen politischen Kompromiß.

Durch das 12. Jahrhundert zieht sich die Rivalität zweier mächtiger Geschlechter: der Staufer und der Welfen. Beide ringen um die Vorherrschaft im Heiligen Römischen Reich, mit unterschiedlichem Erfolg. Kaiser Konrad III. aus dem Geschlecht der Staufer verhängt über den Welfenherzog Heinrich den Stolzen die Reichsacht. Die Herzogtümer Sachsen und Bayern gehen den Welfen verloren. Diesem Sieg folgt allerdings kein innerer Friede. Zu mächtig, zu ehrgeizig auch sind die Welfen, um kampflos zu weichen. Zäh halten sie an ihrem Ziel fest, das Verlorene wiederzuerringen. Tatsächlich gelingt es ihnen, ihre Herrschaft in Sachsen neu zu begründen. Danach konzentriert sich ihr Interesse auf Bayern. Der neue Stauferkaiser Friedrich Barbarossa weiß, daß er um die Lösung dieser Frage nicht herumkommt, will er freie Hand für weiterreichende Ambitionen – besonders was Italien betrifft – gewinnen. Das Problem Bayern stellt sich ihm wie ein gordischer Knoten dar. In Regensburg herrscht Barbarossas Onkel, Heinrich Jasomirgott aus dem Geschlecht der Babenberger. Es ist schwerlich zu erwarten, daß Heinrich aus bloßer Liebe zu seinem kaiserlichen Neffen auf das erst jüngst erworbene Bayern verzichtet. Es sei denn, der Kaiser macht dem Onkel ein äußerst attraktives Angebot. Heinrich weiß, daß ihm eine Schlüsselrolle zukommt. Und er ist entschlossen, sich sein Entgegenkommen möglichst teuer abkaufen zu lassen. Zäh laufen die Verhandlungen, bis im Jahr 1156 doch ein Kompromiß zustande kommt: Heinrich verzichtet auf das Herzogtum Bayern. Dafür wird die Markgrafschaft Österreich, in der die Babenberger seit 976 regieren, gänzlich aus bayerischer Abhängigkeit herausgelöst und zum Herzogtum erhoben. Doch damit nicht genug, erhält Österreich weitgehende Sonderrechte, ist nur mehr in bestimmten Fällen Kaiser und Reich verpflichtet. Im „Privilegium minus" ist dies alles festgelegt.

Für Wien ist dies ein Meilenstein in seiner Entwicklung. Der neue Herzog von Österreich hat nämlich beschlossen, seine Residenz in dieser Stadt aufzuschlagen. Bewußt zieht Heinrich Jasomirgott nicht in den Berghof, den Sitz der früheren Stadtherren, ein. Auf der Hochfläche an der westlichen Grenze des damaligen Stadtgebietes entsteht ...

Kaiser Friedrich Barbarossa belehnt Heinrich Jasomirgott mit dem neuerrichteten Herzogtum Österreich, Gemälde von Carl von Blaas

Die Residenz der Babenberger

Steil fällt die Stadtmauer ab gegen den Ottakringer Bach, dessen Wasser durch die heutige Strauchgasse und den Tiefen Graben hinunterfließen zum damals südlichsten Arm der Donau am Salzgries. Eine Zugbrücke führt über den Ottakringer Bach zum sogenannten Steinfeld außerhalb der Stadt. Dort entfaltet sich rege Bautätigkeit. Herzog Heinrich hat aus seiner bisherigen Residenz Regensburg irische Benediktinermönche, für die sich die falsche Bezeichnung Schotten einbürgert, 1155 nach Wien gerufen. Auf dem Steinfeld, ganz nahe seiner neuen Residenz, erhalten die Mönche von ihm Grund und Boden, um hier ihr Kloster und eine Kirche zu errichten.

Und auch hinter der Stadtmauer haben Bauleute und Zimmerer alle Hände voll zu tun, eine dem neuen Rang des Babenbergers würdige Residenz zu errichten. Ob an dieser Stelle zu jener Zeit bereits ein Gutshof stand oder ob die Fläche unbebaut war, wissen wir nicht. Unwissend sind wir leider auch über Details, wie der damals entstehende Hof der Babenberger ausgesehen hat. Als gesichert gilt, daß er keine Burg mit Türmen war, sondern in Anlage und Aussehen ähnlich den kaiserlichen Pfalzen der Stauferzeit. Rund um einen Hof schließen sich verschiedene Gebäude für Zwecke der Hofhaltung. Das Zentrum bilden der Palas als Wohn- und Amtssitz des Herzogs und eine Kapelle.

Aus dem allgemeinen Typus der Bauweise der Romanik und der Anlage der Kaiserpfalzen in Goslar und Gelnhausen lassen sich Rückschlüsse auf das mutmaßliche Aussehen der Babenbergerresidenz Am Hof ziehen. Der großflächige Platz war höchstwahrscheinlich mit einem Kranz von Lauben umgeben. Säulen verschiedenster Art werden hier und im Inneren der Gebäude ein Zeugnis vom Können der Steinmetze abgelegt und den Beschauer entzückt haben. Die einen gedrungen, die anderen schlank und elegant, die Basis mit dem sogenannten Eckblatt geziert, die Kapitelle vielfach in der damals so beliebten Würfelform: ein kubischer Steinblock mit nach unten abgerundeten Ecken.

Man liebt damals aber außer den glatten auch reich verzierte Formen, in denen Elemente der antiken und der altgermanischen Ornamentik zum Ausdruck kommen. Großflächige Mauern unterteilt man mit Lisenen oder Pilastern, manchmal auch mit Bogenfriesen und Blendarkaden. Größere Fenster werden gerne durch eingesetzte Säulchen geteilt. Besonders beim Palas des Herzogs dürfen wir annehmen, daß an und in ihm die ganze Pracht der Romanik zur Geltung kam. Ebenso dürfte die herzogliche Hofkapelle St. Pankraz – ein damals frei stehender Sakralbau im Bereich der heutigen Hausnummern 3 bis 4 – ein wahres Kleinod romanischer Baukunst gewesen sein. Wahrscheinlich mit einem besonders gestalteten Portal, die Wände auf beiden Seiten abgeschrägt, so daß sich die Türöffnung von außen wie von innen verengt. Die Seitenwände in eine Abfolge von rechtwinkeligen Einsprüngen aufgelöst, in welche Säulen hineingestellt werden. Darüber ein Bogenfeld (Tympanon) mit Reliefdarstellungen des thronenden Christus oder mit den Heiligen Pankratius und Pantaleon. Das Innere, mit Plastiken und Malereien geschmückt, wird durch bunte Glasfenster in mystisches Licht getaucht gewesen sein. Aus späterer Zeit dürfte die Hauskapelle des herzoglichen Palas stammen, die dem heiligen Johannes geweiht war … Das Herz blutet einem, wenn man sich in die Details der so ganz verschwundenen Pracht der Romanik Am Hof vertieft.

Kaiserlicher Besuch ist in Wien angesagt. Die Stadt steht vor ihrer ersten Bewährungsprobe als Residenz des Landesherrn. Man kann sich vorstellen, daß alle Anstrengungen unternommen worden sind, um Kaiser Friedrich Barbarossa und seinem Gefolge einen möglichst glänzenden Empfang zu bereiten. Schon einmal war der Staufer hier in Wien, allerdings nur kurz auf Etappe, um gegen das aufsässige Mailand zu ziehen und es zu zerstören. Nun ist aber Zeit, länger in Wien zu verweilen, bei Turnier, Gelage und Saitenspiel. Nahezu zwei Wochen lang sonnt sich die Stadt 1165 im Glanz des kaiserlichen Besuches. Doch Friedrich ist nicht nur gekommen, dem Genuß solcher Tage zu frönen. Es geht auch um hohe Politik – Reichs- und Kirchenpolitik. Zwischen den Festivitäten am „Hofthaiding" (dem Turnierplatz Am Hof) und drinnen im Palas zieht er Herzog Heinrich, seinen Onkel, immer wieder ins Gespräch. Der Kaiser hat ein wichtiges Anliegen. Wieder einmal ist das Verhältnis zwischen Kirche und Reich äußerst gespannt. Kaiser und Papst ringen schon seit einem Jahrhundert darum, wer denn eigentlich der Lehensherr des einen über den anderen ist; ob das geistliche und das weltliche Schwert beide des Papstes sind oder nicht. So tief geht der Konflikt, daß die staufische Partei zum äußersten Mittel greift und einen ihr verpflichteten Papst kürt. Seit 1159 war dies Viktor IV., seit 1164 ist es Paschalis III., die Papst Alexander III. gegenüberstehen. Friedrich hat die Absicht, Paschalis nach Rom zu führen.

Davor benötigt er aber die größtmögliche Solidarität der Fürsten im Reich für seine Kirchenpolitik. Herzog Heinrich ist die Situation äußerst unangenehm. Er ist ein frommer Herrscher, Sohn des später heiliggesprochenen Markgrafen Leopold III. Als gehorsamer Sohn der Kirche will er sich mit dem beharrlichen Alexander III. nicht anlegen. Zugleich ist er aber auch kaisertreu, hat Friedrichs Kriegszüge gegen die oberitalienischen Städte mitgemacht. Um eine Entscheidung kommt der Herzog allerdings nicht herum. So gibt er dem Druck des kaiserlichen Neffen nach und leistet den von ihm verlangten Eid, Paschalis anzuerkennen. Von jetzt an muß er eine kluge Politik des Lavierens betreiben, um von keiner der beiden Seiten der Treulosigkeit geziehen zu werden. Den Ausgleichsfrieden von Venedig zwischen Friedrich Barbarossa und Papst Alexander 1177 wird er allerdings nicht mehr erleben. Schon in den ersten Tagen dieses Jahres stirbt Heinrich Jasomirgott an den Folgen eines simplen Knöchelbruches, den er bei einem Sturz vom Pferd erlitten hatte. Die Mönche der noch nicht fertiggestellten Schottenabtei nehmen ihren toten Gönner in Empfang und betten ihn vor dem Hochaltar zur ewigen Ruhe – so wie es schon von Anfang an geplant war. Der Herzog hatte sie im Laufe der Jahre mit großzügigen Zuwendungen bedacht, ihnen die Ruprechtskirche, die Peterskirche und Maria am Gestade übereignet.

Als Herrscher und zugleich erster

Herzog von Österreich hinterläßt Heinrich Jasomirgott ein solides Fundament für das weitere Gedeihen und die steigende Bedeutung des Landes. Seine Entscheidung für Wien als Residenzstadt stellt sich schon zu seinen Lebzeiten als richtig heraus. Die Stadt wächst so rasch, daß bald schon eine Gebietserweiterung und der Bau einer neuen Stadtmauer notwendig sein wird. Handwerk und Handel blühen. Wien nimmt seine Chancen als Schnittpunkt für den Warenaustausch wahr, wird außerdem geistiges und kulturelles Zentrum.

Sechs Jahre nach Heinrichs Tod folgt ihm seine Witwe ins Grab. Theodora, die gebürtige byzantinische Prinzessin aus dem Hause der Komnenen, Nichte Kaiser Manuels I. Vom zweiten Kreuzzug hatte sie Heinrich als Gemahlin heimgeführt. Wie mag sie sich hier gefühlt haben? Unter Menschen mit anderer Mentalität und Sprache, in einem Land mit kälterem Klima und dem Status eines Entwicklungslandes; auch in einer Stadt, die sich erst im Anfangsstadium eines kulturellen Zentrums befindet und zweifellos keinen Vergleich mit der Weltstadt Byzanz aushält. Ist sie hier jemals wirklich heimisch geworden, an der Seite ihres Heinrich, der den verballhornten, vermutlich byzantinischen oder arabischen Spitznamen Joachsam(b)ergot erhält. Erst eine sehr viel spätere Zeit hat daraus das ostentativ fromme Jasomirgott (von „Ja, so mir Gott helfe") gemacht. Wieviel hat diese Byzantinerin, abgesehen von ihrem Brautschatz, mitgebracht aus dem grie-

„Gott will es!": Friedrich Barbarossa auf dem Weg ins Heilige Land (3. Kreuzzug), Durchzug durch Wien 1189, historisierende Darstellung

chischen Kulturkreis, das sich befruchtend niedergeschlagen hat in Österreichs Kultur? Gehört das Wiegenlied „Eia popeia" oder das „Heidschi Bumbeidschi" hier dazu, ins Wienerische umgeformtes Griechisch „Heude mou paidion" (Schlafe, mein Kindchen)? Viele zweifeln daran, letzte Sicherheit wird es auch in diesem Fall nie geben. Möglicherweise hat Theodora auch politischen Einfluß geübt, vor allem in der Zeit, in der es darum ging, möglichst günstige Bedingungen für Österreich im „Privilegium minus" auszuhandeln. Einige Bestimmungen in dieser eigentlichen Gründungsurkunde Österreichs weisen darauf hin.

Und die Wiener? Was mögen sie, speziell die Wienerinnen, empfunden haben beim Anblick ihrer Herzogin, wenn sie prachtvoll gekleidet, umgeben von ihren Edelfräulein, in der Öffentlichkeit erschien? Wie ein Wesen von einem anderen Stern mag ihnen diese hohe Frau aus fremden, unendlich weit weg gelegenen Landen vorgekommen sein. Irgendwo dort in der Richtung, in die die Kreuzfahrer immer wieder ziehen, um die Stätten der Christenheit aus der „frevelhaften" Hand der Ungläubigen zu befreien. Byzanz! Welch ein Name! Bis in den hohen Norden Europas reagieren die Völker wie elektrisiert, wenn dieser Name fällt. Durch die Köpfe geistern verschwommene Vorstellungen von sagenhaften Reichtümern, nie leer werdenden Schatzkammern voller Gold und Edelsteine, von schimmernden Palästen und goldstrotzenden Kirchen. Und das alles unter einem südlich blauen Himmel an einem noch blaueren Meer. Wie in einem großen Zangenangriff werden die Normannen vom Westen über das Mittelmeer und vom Norden (Kiewer Rus) über das Schwarze Meer versuchen, das Ziel ihrer Wünsche zu erreichen und zu erobern – ohne es je zu verwirklichen. Dafür wird Byzanz nur 20 Jahre nach Theodoras Tod von christlichen Kreuzfahrern in einer der schlimmsten Orgien der Gold- und Blutgier heimgesucht, geplündert und gebrandschatzt werden. Nie mehr wird sich das Oströmische Reich von diesem Schlag wirklich erholen, bevor es 1453 nach mehr als tausendjährigem Bestand untergeht.

Im Mai 1189 kommt Friedrich Barbarossa abermals nach Wien. Diesmal ist keine Zeit für Lustbarkeiten, denn wieder einmal folgt man der Parole „Gott will es!" Zum dritten Mal in hundert Jahren brechen Europas Kreuzfahrer ins Heilige Land auf. Jetzt heißt der Feind Sultan Saladin, der Beherrscher Ägyptens und Syriens. Er hat 1187 dem christlichen Königreich Jerusalem ein Ende bereitet, die christliche Bevölkerung wird jedoch von ihm schonend behandelt. Wien ist eine wichtige Etappe auf dem Weg Richtung Südost. Hier halten die Ritter Rast und werden verpflegt. Hier wird Musterung gehalten und der Segen des Himmels erfleht für das langwierige, gefahrvolle Unternehmen zur höheren Ehre Gottes und der Christenheit. Möglichst gesund will

man zurückkehren und womöglich wesentlich reicher an irdischen Gütern, als man fortgezogen ist. Der Aufenthalt der Kreuzritter in Wien verläuft nicht gerade erfreulich. Etliche von ihnen wollen sich vor den großen Reisestrapazen noch ausgiebig amüsieren oder jetzt schon bereichern. Belästigungen, Vergewaltigungen, Diebstähle und Alkoholexzesse sind keine Einzelfälle. Etwa 500 der christlich so hingegebenen Kreuzritter müssen aus dem Heer ausscheiden. Langsam kehrt wieder Ruhe in die Stadt ein, nachdem die letzten Berittenen in einer Staubwolke Richtung Südost entschwunden sind. Herzog Leopold V., des Sohn Heinrichs und Theodoras, folgt mit seinen Mannen erst im August des darauffolgenden Jahres.

Zu diesem Zeitpunkt ist Friedrich Barbarossa schon tot; ertrunken während eines Bades im Fluß Saleph in Kleinasien. Der dritte Kreuzzug geht weiter, führt Österreichs Herzog vor die Mauern der Stadt Akkon, die in einem unvorstellbaren Blutbad 1191 eingenommen wird. Auch die Kreuzritter Englands und Frankreichs, die auf dem Seeweg ins Heilige Land gekommen sind, beteiligen sich an den „glorreichen Heldentaten". Sofort herrscht wilder Streit unter den Siegern, wem der Hauptanteil an Ehre und Beute zukommt. Frankreichs König Philipp II. August entzweit sich mit Englands König Richard Löwenherz ebenso wie Herzog Leopold V. Sein Banner wird auf Geheiß des englischen Königs von den Zinnen der Stadtmauer herabgeris-

sen. Eine schwere Demütigung für Leopold! Die Sage von der Entstehung der österreichischen Farben Rot-Weiß-Rot (der blutdurchtränkte Waffenrock Leopolds soll nur an der Stelle des Gürtels weiß geblieben sein) ist höchst einprägsam und populär geworden, aber eben nur eine Sage. Ohne ihr Ziel – die Eroberung Jerusalems – erreicht zu haben, machen sich die Kreuzritter auf den Heimweg. Ende des Jahres 1191 langt Leopold wieder wohlbehalten in Wien an.

Fast ist das folgende Jahr schon verstrichen, da meldet man dem Herzog Unfaßbares. In diesem Moment muß es ihm die Sprache verschlagen, ihm der Atem gestockt haben. Vielleicht hat er auch Zweifel. Aber dann stellt sich die Meldung als unzweifelhaft wahr heraus: Englands König befindet sich in seiner Gewalt! Jener Richard Löwenherz, dem Leopold die Demütigung von Akkon nie verzeihen konnte. Ein Schiffbruch hat den König gezwungen, den Heimweg zu Lande fortzusetzen. Verkleidet wollte er Österreich durchqueren. Doch dann wurde ihm ein auffälliges Goldstück zum Verhängnis. In Erdberg bei Wien (heute der 3. Bezirk) macht man ihn knapp vor Weihnachten 1192 dingfest. Vom ersten Augenblick an ist sich der Herzog bewußt, welch riesiges Geschäft sich mit dem hohen Gefangenen wird machen lassen. Was kümmern ihn da die päpstlichen Schutzbestimmungen für Kreuzfahrer, was der drohende Kirchenbann und das Interdikt für das ganze Land, die dann beide auch wirklich verhängt werden. Nur ein riesiges Lösegeld wird ihn bewegen können, die kostbarste Geisel, die sich überhaupt nehmen läßt, herauszugeben. Richard wird auf der Burg Dürnstein in der Wachau in sicherer Verwahrung gehalten.

Läßt sich ein krönenderer Abschluß dieses Glücksjahres vorstellen? Leopold V. kann sich seit 1192 auch Herzog von Steiermark nennen. Wie klug war es doch von ihm gewesen, 1186 mit Otakar IV. einen Erbvertrag (die Georgenberger Handfeste) zu schließen; dem letzten aus dem Geschlecht der Traungauer oder Otakare, der kinderlos war und den Aussatz an einer Heirat und der Zeugung von Leibeserben hinderte. 1192 ist der beglückende Erbfall eingetreten. Leopolds konsequente Treue zur staufischen Reichspolitik macht sich auch in diesem Fall bezahlt. Der Kaiser billigt stillschweigend die bedeutende Machterweiterung des Babenbergers.

Unterdessen hat sich die Nachricht von der Gefangennahme des englischen Königs wie ein Lauffeuer in ganz Europa verbreitet. Auch Kaiser Heinrich VI., Barbarossas Sohn und Leopolds Lehensherr, ist entschlossen, politischen und finanziellen Nutzen aus der sensationellen Geiselnahme zu ziehen, ist doch der englische König mit den stauferfeindlichen Welfen verschwägert und verbündet. Nach zweimonatiger Gefangenschaft in Dürnstein wird Richard Löwenherz in die Feste Trifels, westlich von Landau in der Pfalz, überstellt. Die rührende Geschichte von Sänger Blondel ist auch in diesem Fall nur Bestandteil des Sagenschatzes. Über Monate ziehen sich die Verhandlungen um Richards Freilassung hin. Dann erklären sich die Engländer zur Zahlung eines Lösegeldes in Höhe von 100.000 Mark Silber bereit. Leopold erhält die Hälfte davon: mehr als 11.000 Kilogramm in Barren. Ende 1193 trifft der hochwillkommene Schatz in Wien ein. Der Herzog weiß auch schon, wofür er den Glücksgewinn gebrauchen will. Er gründet damit die Stadt Wiener Neustadt. Wien, Enns und Hainburg erhalten neue Stadtmauern. In der Residenzstadt umschließt der Mauerring ein um das Dreifache erweitertes Gebiet. Lang kann sich Leopold V. der Erfolge seiner Politik nicht erfreuen. So wie seinem Vater wird auch ihm ein Sturz vom Pferd zum Verhängnis. Am letzten Tag des Jahres 1194 stirbt der 37jährige an den Folgen dieses Unglücks. In Stift Heiligenkreuz findet er seine letzte Ruhestätte. Sein Vater bleibt der einzige Babenbergerherzog, der in der Schottenkirche in Wien beigesetzt wird.

Wien erlebt die bisher glanzvollsten Tage. Unter der Regentschaft von Herzog Leopold VI. nimmt die junge Residenzstadt einen ungeahnten Aufschwung, wird zu einem Mittelpunkt höfischer Kultur zur Blütezeit des Rittertums. Den Reigen der Festivitäten eröffnet die Schwertleite, die der blutjunge Herzog zu Pfingsten des Jahres 1200 erhält. Ein farbenprächtiges Zeremoniell, in dem der Knappe zum Ritter geschlagen wird. Mit Fasten, Beten und Empfang der Kommunion bereitet sich der Knappe auf den großen Tag vor, der für ihn die Aufnahme in den angesehenen Stand der christlichen Kriegerkaste bedeutet. Zwei Ritter bezeugen „rittermäßige" Geburt, christlichen Glauben und unbescholtenes Leben des Knappen. Zwischen den Zeugen kniet der junge Anwärter sodann nieder, empfängt den Schlag mit dem flachen Schwert am Hals und an den beiden Schultern, läßt sich das Schwert umgürten, den Helm aufsetzen und den Schild an den Arm geben. Von jetzt an führt er Wappen und Wahlspruch. Zahlreiche Fürsten, darunter die Erzbischöfe von Mainz und Salzburg, sind nach Wien gekommen, um an der Schwertleite Leopolds VI. teilzunehmen. Den Ritterschlag erteilt Bischof Wolfger von Passau.

Der Herzog hält Hochzeit! Schon Monate vor dem großen Ereignis durchziehen Herolde die Lande nah und fern, überbringen Einladungen an Verwandte, Fürsten und auch Bürger von Rang. Die solcherart Geehrten können sich freuen, denn nicht sie haben Hochzeitsgeschenke zu bringen, die Sitte der Zeit macht vielmehr sie zu Beschenkten. Das Brautpaar beteilt seine Gäste, und bei einem Herrscher sind die Geschenke entsprechend kostbar: Geschmeide, Pelze, kostbare Gewänder, Stoffe und dergleichen. Vorerst läßt allerdings Leopold sich beschenken. Bei seinem festlichen Einzug in Wien anläßlich der bevorstehenden Hochzeit machen sich die Bürger eine Ehre daraus, dem Landesherrn großzügige Gaben zu überreichen und

Im Mittelpunkt des wonniglichen Hofes zu Wien: die Gemahlinnen der Babenberger, aus dem Babenbergerstammbaum Stift Klosterneuburg

ihren eigenen Rang herauszustreichen. Hermelin schenken die Wildwerker (das sind die Kürschner), ein Seidengewand und Gewürze die Krämer, wohlgewachsene Rinder die Fleischhauer, Edelmetall und Edelsteine die sogenannten Hausgenossen, die in herzoglichem Auftrag die Münzprägung und den Geldwechsel in der Hand haben. Geschäftiges Treiben herrscht in der ganzen Stadt. Es gilt die Quartiere für die zahl-

reichen Gäste vorzubereiten, genügend Reserven für Speis und Trank einzulagern. Den ganzen Tag ertönt Gehämmer aus den Werkstätten der Sporer, Plattner, Brünner, Helmschmiede und Helmschläger. Geräuschvoll geht es auch bei den Bognern und Pfeilschnitzern, den Sattlern, den Pergamentern und den Kurdewaenern (den Korduanleder verarbeitenden Schustern) zu, die ihre Wohn- und Werkstätten in näch-

ster Umgebung der herzoglichen Residenz Am Hof haben. (siehe Bogner- und Seitzergasse).

Die Braut trifft in Wien ein. Wieder ist es eine byzantinische Prinzessin, wieder heißt sie Theodora, eine Enkelin des Kaisers Isaak II. Angelos. Mit welchen Gefühlen kommt sie in dieses fremde Land, dessen Landesmutter sie werden soll? Die Wiener jedenfalls sind wieder einmal fasziniert von der fremdartigen hohen Frau. Sie wird nicht die letzte Byzantinerin sein, die hier ihre neue Heimat findet. Internationale Heiratspolitik zum Nutzen der Dynastie und des Landes ist nicht erst eine Praxis der Habsburger, auch wenn man das berühmte „tu felix Austria nube" nur auf sie bezieht – zu Unrecht, wie man sieht.

Es wimmelt in der Stadt von Fürstlichkeiten und hohen Herren. Ihre Gefolge müssen sie teils außerhalb der Stadt zurücklassen, denn Wien hat nicht Platz genug, sie alle aufzunehmen. Am 25. Dezember bewegt sich der Zug der Fürstlichkeiten zur Kirche. Im Mittelpunkt steht die Braut, juwelenschimmernd, angetan mit Brautkleid und Brautmantel. Nach dem feierlichen Ehegelöbnis, dem Segen des Bischofs, geht es in festlicher Prozession zurück in die Residenz. Musik erschallt allerorten. Solch eine Fürstenhochzeit bietet für die Musikanten die beste Gelegenheit, mit vollem Geldbeutel wieder wegzuziehen. Außer den Musikanten haben auch die Akrobaten, Gaukler und Spaßmacher Hochsaison. Denn wo gefeiert, getafelt und getrunken wird, da ist auch der Bedarf nach allerlei Zerstreuung und Lustbarkeit groß. Das frisch vermählte herzogliche Paar, die hohen Herren lassen sich nicht lumpen. Siebzehn Tage lang gibt sich Wien den Festesfreuden in aller ihrer Üppigkeit hin.

Unter den Schauenden, die in diesen Tagen aus dem Staunen über all den irdischen Glanz nicht herauskommen, ist ein Mann, der das Geschehene für immer aufbewahrt. Wie gerne wüßten wir

Der Musenhof Leopold des Glorreichen: Walther von der Vogelweide bei einem Sängerfest zu Mödling, Xylographie nach einer Zeichnung von Franz Kollarz

zumindest seinen Namen. Denn dieser Mann verarbeitet seine Eindrücke von der glanzvollen Herzogshochzeit in Wien im 2. Teil des Nibelungenliedes „Kriemhilds Rache". Die Hochzeit der rachgierigen Witwe Siegfrieds mit dem Hunnenkönig Etzel hat Wien zum Schauplatz. Zeitgenössisch Erlebtes findet durch das Genie dieses Unbekannten, der vielleicht ein österreichischer Spielmann war, Eingang in die Weltliteratur.

Nach Würden es zu schaffen /
   der Fürst die Heunen bat.
Da ritten sie von Tulna /
   gen Wien in die Stadt;
In schönem Schmuck fand man /
   da Frauen ohne Zahl;
Sie empfingen wohl mit Ehren /
   König Etzels Gemahl.

In Überfluß und Fülle /
   war da für sie bereit,
Wes sie nur bedurften. /
   Viel Degen allbereit
Sahn froh dem Fest entgegen. /
   Herbergen wies man an:
die Hochzeit des Königs /
   mit hohen Freuden begann.

…

Die Hochzeit war gefallen /
   auf einen Pfingstentag,
Wo der König Etzel /
   bei Kriemhilden lag
In der Stadt zu Wiene. /
   Fürwahr so manchen Mann
Bei ihrem ersten Manne /
   sie nicht zu Diensten gewann.

Durch Gabe ward sie manchem, /
   der sie nicht kannte, kund.
Darüber zu den Gästen /
   hub mancher an zur Stund:
„Wir wähnten, Kriemhilden /
   benommen wär ihr Gut,
Die nun mit ihren Gaben /
   hier so große Wunder tut."

Diese Hochzeit währte /
   siebzehn Tage lang.
Von keinem andern König /
   weiß der Heldensang,
Der solche Hochzeit hielte: /
   es ist uns unbekannt.
All, die da waren, /
   die trugen neues Gewand.

…

Des Königs Spielleute, /
   Werbel und Schwemmelein,
Wohl an tausend Marken /
   nahm jedweder ein
Bei dem Hofgelage /
   (oder mehr als das),
Als die schöne Kriemhild /
   bei Etzeln unter Krone saß.

Am achtzehnten Morgen /
   von Wien die Helden ritten.
In Ritterspielen wurden /
   der Schilde viel verschnitten
Von Speeren, so da führten /
   die Recken an der Hand:
So kam der König Etzel /
   mit Freuden in der Heunen Land.

Auch Kriemhilds Hochzeit mit König Etzel währt siebzehn Tage, sogar dieses Detail stimmt mit der Wirklichkeit überein. Vielleicht ist dieses bedeutendste Heldenepos deutscher Zunge auch zum ersten Mal hier deklamiert worden am „wünnelichen (wonniglichen) Hof ze Wienne", wie Walther von der Vogelweide die Residenz der Babenberger bezeichnet hat; vielleicht im festlich dekorierten großen Saal des herzoglichen Palas inmitten der nach der neuesten Mode gekleideten Höflinge und der zarten Edelfräulein, denen die Aufmerksamkeit ritterlicher Minne gilt; alles unter den gestrengen Augen der Herzogin, die auf höfische Sitte, weltmännisches Betragen größten Wert legt. 2.397 vierzeilige Strophen umfaßt dieses gewaltige Werk über das dramatische Geschehen aus der Zeit der Völkerwanderung, worin sich Sage und historische Wahrheit vermischen. Das Epos findet weite Verbreitung, um schließlich für Jahrhunderte in Vergessenheit zu geraten. Erst gegen Ende des 18. Jahrhunderts wird man das Nibelungenlied aus dem Dunkel einer versunkenen Welt hervorholen und seine Bedeutung wieder entdecken. Für Heinrich Heine *„eine Sprache von Stein, die Verse gleichsam gereimte Quader"*. Und Johann Wolfgang von Goethe würdigt den Wert dieses Epos für *„die Einbildungskraft, die der Reproduktion fähig ist"*, für das *„Gefühl fürs Erhabene, Übergroße, sowie für das Zarte, Feine, für ein weit umfassendes Ganzes und für ein ausgeführtes Einzelnes"*. Die Namen anderer Größen der höfisch-ritterlichen Dichtung kennen wir zum Glück. Reinmar von Hagenau, auch Reinmar der

Alte genannt, huldigt dem übersteigerten Ideal der hohen Minne, verherrlicht „überhêre" Damen der höfischen Gesellschaft. Walther von der Vogelweide lernt wahrscheinlich ab 1187 am Wiener Hof von Reinmar „singen unde sagen", gesungene und gesprochene Dichtung. Sosehr er Reinmar und seine Kunst verehrt, die hohe Minne hat sich überlebt. An ihre Stelle setzt Walther die niedere Minne, die das einfache Mädchen und seine Vorzüge rühmt. Auch er ist einer der vielen Gäste jener denkwürdigen Hochzeit in Wien im Dezember 1203. Seit Jahren führte er damals schon ein Wanderleben. Irgendein Vorkommnis hatte sein Verhältnis zu Leopold VI. nachhaltig getrübt. Nun kam Walther im Gefolge von Bischof Wolfger von Passau an seine einstige Wirkungsstätte zurück. Wie sehr muß er auf das erlösende Wort des Herzogs gewartet haben: „Bleib!", zumal Walther die Freigebigkeit Leopolds dichterisch verherrlicht. Allein der Herzog reagiert verhalten, wenn auch nicht unfreundlich. Er läßt den von der Vogelweide, den größten Lyriker vor Goethe, wieder ziehen. Zurück bleibt ein Vermerk aus der Reisekostenrechnung des Passauer Bischofs. Geld zur Anschaffung eines Pelzrockes für Walther von der Vogelweide, datiert 12. November 1203.

Am Musenhof der Babenberger wirkt auch Ulrich von Liechtenstein, der „Don Quijote" des Frauendienstes. Einem alten Ministerialengeschlecht entstammend, wird er 1222 von Herzog Leopold VI. sogar zum Ritter geschla-

Am Hof zu Wien das „singen unde sagen" gelernt: Walther von der Vogelweide, aus der Manessischen Handschrift

gen. Er, der hohe Beamte, begibt sich auf abenteuerliche Turnierfahrt von Oberitalien über Wien bis zur Grenze Böhmens. Als „Frau Venus" verkleidet, zieht er mit großem Gefolge in die Stadt

ein. Die Wiener kommen aus dem Staunen nicht heraus über den seltsamen Zug. So anmutig Ulrich von Liechtenstein die seltsamen Liebes- und Turnierabenteuer seines Minnedienstes in seinem „Frauendienst" literarisch darstellt, so feinfühlig er ein Zwiegespräch zwischen einem Ritter und seiner Dame im „Frauenbuch" didaktisch verarbeitet – stellenweise blinzelt eine unfreiwillige Komik durch. Es sind erste Anzeichen, daß sich der Minnesang zu überleben beginnt. Handlungsstoffe und Stimmungen sind ausgeschöpft. Eine neue Zeit verlangt auch künstlerisch nach neuen Ausdrucksformen. Der adelige Minnesang geht allmählich in den bürgerlichen Meistergesang über, der seine Tradition bis hinauf ins 17. Jahrhundert führen wird. Vorerst aber wird die höfische Verfeinerung ebenso karikiert wie das „täppische" Bauerntum. Neidhart von Reuenthal hat mit dieser Fortentwicklung die Lacher auf seiner Seite und wird damit populär. Keiner versteht es so meisterhaft wie er, das überlebte Ideal zu parodieren. Die reichen ungebildeten, aber anmaßenden Bauern nimmt er – ein Angehöriger des verarmenden Kleinadels – schonungslos aufs Korn. „Dörpelweise" (von Tölpel) bemächtigt sich der höfischen Lyrik, der Minnesang wird ins bäurische Milieu übertragen. Das derb Spaßhafte ist groß in Mode, findet Anklang vor allem bei der Jugend. Und auch der junge Herzog Friedrich II., der 1230 seinem Vater Leopold folgt, hat Freude an der Kunst des Neidhart. Er schenkt ihm ein Haus in „Medelike" (Melk oder Mödling). Wie waren da die Alten entsetzt, die seinerzeit einen Reinmar von Hagenau, einen Walther von der Vogelweide am Hof „ze Wiene" in der Glanzzeit des

Minnesanges erlebt hatten. Ja damals verstand man noch alles Ungestüme durch höfische „mâze" zu bändigen. Und wie vornehm doch der alte Herzog war ...! Wie bekannt kommt uns das doch alles vor!

Über Festes Glanz am herzoglichen Hof wissen wir relativ gut Bescheid. Aber wie ist es hier im Alltag zugegangen? Etwa wenn Leopold lange abwesend war. Hielt er es doch für seine Christenpflicht, sich am Kampf gegen „Ketzer und Ungläubige" zu beteiligen. 1208 ruft Papst Innozenz III. zur Vernichtung der Albigenser (oder Katharer) auf. Jener Sekte, die das von Rom verfochtene Christentum als unbiblisch anprangert. Alle Appelle, sich zu unterwerfen, waren erfolglos geblieben. Nun beginnt in Südfrankreich das große Gemetzel gegen die „gotteslästerlichen" Albigenser. Herzog Leopold ist dabei. Ein Kreuzzug führt ihn 1217 auch nach Ägypten, wo er die Festung Damiette erobert. Erst zwei Jahre später kehrt er heim.

Sicher lebt man auch damals bei Hof besser als in den meist noch hölzernen Häusern der Städter oder gar draußen auf dem Land. Aber allesamt sind die Menschen vom Wechsel der Jahreszeiten viel abhängiger als heute. Melancholie legt sich auf die Gemüter, wenn die ersten Blätter sich verfärben, die Nächte kühl und fühlbar länger werden. Man weiß, wieviel an Unbill ein unendlich lang scheinender Winter mit sich bringen wird. Jetzt kommt die Zeit der großen Dunkelheit, die Zeit der rußenden

Kienspäne, die die düsteren Räume und Hallen ein wenig erhellen; die Zeit der rußenden Kamine, die nur in ihrer unmittelbaren Umgebung Wärme verstrahlen, die Räume aber nie gleichmäßig zu erwärmen vermögen. Zugluft bringt die Menschen zum Frösteln. Der Gedanke an wärmespendende Geborgenheit wird bei jedem bohrend. Eher trüb muß die Stimmung auch am herzoglichen Hof gewesen sein, wenn Sturm tagelang um die Mauern tobt, der Schneefall kein Ende nehmen will – in Wintern, die wohl strenger gewesen sein werden als heutzutage. Das Gefühl des Eingesperrtseins ist sicher auch den Höflingen nicht erspart geblieben, denn die Möglichkeiten für Kurzweil werden nur beschränkt gewesen sein. Unbändige Hoffnung erfüllt die Menschen, wenn die Tage langsam länger und die Sonnenstrahlen stärker werden. Man wartet auf das erste Zeichen der wiedererwachenden Natur: das Veilchen. Als Glücksbote gilt der, der es findet und dem Herzog anzeigt. Wir heute Lebenden freuen uns selbstverständlich auch auf den Frühling. Für uns bedeutet er aber in erster Linie Wechsel der Kleidung und der Autoreifen. Der Enthusiasmus des mittelalterlichen Menschen über das Frühlingserwachen ist mit unserer simplen Stimmungsverbesserung aber nicht ganz vergleichbar.

Und auch sonst sind die Menschen von äußeren Einwirkungen viel abhängiger als wir heute. Das große Zittern geht ebenso in der Herzogsresidenz um, wenn der Alarmruf erschallt: „In

Leopold VI. nimmt in Lilienfeld die Kreuzfahne vor dem Aufbruch zum Kreuzzug 1217, Federzeichnung

Herzog Leopold VI. erteilt den Wienern das Stadtrecht, historisierende Darstellung nach Bermann, Alt- und Neu-Wien

der Stadt brennt es!" Weitgehend hilflos steht der Mensch des Mittelalters (aber auch noch der Barockzeit) einem solchen Unglück gegenüber. Wie soll man auch einen Brand wirksam bekämpfen, in einer Stadt, deren Wasserversorgung nur über Ziehbrunnen funktioniert? Facht auch noch der Wind die Flammen an, dann kann es geschehen, daß bis zu zwei Drittel der Stadt vernichtet werden. Der Reiche ist davon ebenso wie der Arme, der Herr ebenso wie der Knecht betroffen. Die zweite große Angst herrscht vor Hochwasser. Es wird schlimm für die Stadt, wenn das Wasser der damals noch so nahen Donau und ihrer Zuflüsse unaufhörlich steigt, die wilde, rauhe Umwelt draußen vor den Stadtmauern in reißendem Wasser, Schlamm und Morast versinkt, die

Brücken weggerissen werden. Beides – Brand und Hochwasserkatastrophe – sind in Wien 1193 und 1194 der Fall. Da spürt der Mensch, egal welchen Standes, wie abhängig er ist von den Mächten der Natur und sucht Hilfe im Gebet zu dem Allmächtigen.

Hier drängt sich wie von selbst die Frage nach Krankheit und Tod auf. Heinrich Jasomirgott stirbt an den Folgen eines simplen Knöchelbruches. Auch ihm, dem Herrscher, kann die ärztliche Kunst der damaligen Zeit vor einem frühen Tod nicht bewahren. Die Verunreinigung einer auch nur kleinen Wunde genügt, um jede Hilfe aussichtslos zu machen. So sterben auch die Höchstgestellten der damaligen Gesellschaft an Verletzungen oder Krankheiten, deren Behandlung für die moderne

Medizin schon längst kein Problem mehr ist. Wie viele Tränen mögen auch in den Kemenaten am Herzogshof geflossen sein, wenn die Frauen hilflos dem Sterben ihrer Kinder zusehen mußten. Kinder, die nicht robust genug waren, die mangelnde Hygiene, die falsche ärztliche Behandlung oder einfach eine simple Kinderkrankheit zu überstehen. Wie viele Gebärende mögen auch in diesen Mauern am Kindbettfieber oder an einer falschen Lage des Kindes elendiglich gestorben sein.

Es gibt noch so viele Einzelheiten des Alltags am Hofe der Babenberger, die zu wissen für uns im Rückblick auf die Zeit vor 800 Jahren von größtem Interesse wären. Wie etwa war der Tagesablauf für die Schreiber in der herzoglichen Kanzlei, wo wichtige Dokumente ausgestellt worden sind? Wie das Leben des Gesindes, wie mag es zugegangen sein in der Hofküche, welche Regeln waren hier gang und gäbe? Wie nahe war das Verhältnis des Herzogspaares zu dem Gesinde in einer Zeit, in der der Herrscher noch nicht so entrückt war, wie es später das spanische Hofzeremoniell mit sich bringen sollte? Fragen über Fragen, ohne Hoffnung, aus dieser ungeschriebenen Geschichte je Antwort zu erhalten ...

Trotz aller Widerwärtigkeiten des Lebens, denen der Mensch des Mittelalters ausgeliefert ist, gedeihen Land und Stadt. In den mehr als drei Jahrzehnten unter Leopolds VI. Regierung wird unablässig geplant, gebaut, gegründet und hinzuerworben. Besonders in Wien macht sich diese Art babenbergischer Gründerzeit allerorten bemerkbar. Das wesentlich erweiterte Stadtgebiet hinter den neuen Stadtmauern nimmt bauliche Gestalt an. Der Hohe Markt und der Graben, dann der Neue Markt werden angelegt. Mit der Kärntner Straße und der Wollzeile entstehen neue Ausfallstraßen. Die Orden der Minoriten und der Dominikaner lassen sich in Wien nieder, ebenso der Deutsche Ritterorden und der Orden der Johanniter. Das Stadtrecht von 1221 regelt den politischen Status. Das Stapelrecht mit seinem Verbot des Durchgangshandels und dem Zwang zur Niederlage der Waren beschert Wien wachsenden wirtschaftlichen Wohlstand. Wien kann sich bereits 1207 rühmen, nach Köln als bedeutendste Stadt im Heiligen Römi-

schen Reich eingestuft zu werden. Auch die Vorstädte werden vom klösterlichen und wirtschaftlichen Gründungsfieber erfaßt. Wie gerne hätte Leopold VI. die Stadt aus der kirchlichen Abhängigkeit von Passau gelöst und Wien als eigenes Bistum etabliert. Aber all seine Vorstöße fruchten nicht. Die Zeit ist noch nicht reif dafür. Jede Gelegenheit nimmt Leopold wahr, um sein Herrschaftsgebiet zu erweitern. Linz, Lambach, Wels, Freistadt, Ländereien in Krain, Friaul und auch in Tirol sind schließlich sein eigen. Erfolg erringt er auch als Diplomat. Er ist es, der den Frieden von San Germano zwischen Kaiser Friedrich II. und Papst Gregor IX. 1230 vermittelt. Unmittelbar darauf stirbt er dort im fernen Süditalien. Ein Toter kehrt heim, findet seine letzte Ruhe bei den Zisterziensern in Lilienfeld, deren dortiges Kloster er gegründet hat. Als Gloriosus (der Ruhmreiche) und schließlich mit dem unverwechselbaren Attribut „der Glorreiche" geht Leopold VI. in Österreichs Geschichte ein.

Auf den Gloriosus folgt ein Bellicosus: Friedrich II., mit dem Beinamen der Streitbare. Wie weggeblasen sind der innere und äußere Friede, an den sich die Menschen unter dem Vater des jetzt kaum 20jährigen Herrschers gewöhnt haben. Das mächtige Geschlecht der Kuenringer erhebt sich gegen Friedrich, bringt die Gebiete nördlich der Donau unter seine Kontrolle. Andere Adelsgeschlechter machen mit. Der Herzog reagiert prompt und hart, läßt die Burgen der Aufständischen brechen. So wie

sein Vater möchte er Macht und Ansehen seines Geschlechtes und seiner Länder mehren, aber ihm fehlt die innere Ruhe, Ziele planvoll und Schritt für Schritt zu erreichen. Diese Rastlosigkeit führt zu einem Zickzackkurs in seiner Politik und macht ihm und damit Österreich viel Feinde. Kriegerische Verwicklungen mit den Bayern, den Böhmen, den Ungarn sind die Folge. Die Klagen bei Kaiser Friedrich II. – dem Herzog an Namen und Herrschernumerierung gleich – häufen sich. Schließlich sieht sich der Kaiser veranlaßt, persönlich einzugreifen.

Die Wiener bereiten ihm im Jänner 1237 einen herzlichen Empfang, schließlich haben sie ihn eingeladen zu kommen, um wieder ordentliche Zustände herzustellen. Die Stadt steht nicht jetzt erst in Opposition zu ihrem Landesfürsten. Durch Willkürakte und Steuerdruck hat er sich die Gunst der Wiener verscherzt. Außerdem ist er als „Steiger" verschrien, der selbst ehrbaren Bürgersfrauen ungeniert nachstellt. Das nimmt man ihm sehr übel. Der junge Herzog hat die Entwicklung nicht erst abgewartet, sondern sich rechtzeitig nach Wiener Neustadt und auf die Burg Starhemberg zurückgezogen.

Kaiser Friedrich II. richtet sich unterdessen in der Residenz Am Hof ein. Für fast vier Monate ist Wien Mittelpunkt des Reiches und erlebt nach langer Zeit wieder kaiserlichen und fürstlichen Glanz. Denn zusammen mit dem Kaiser ist eine ganze Schar von Reichsfürsten in die Stadt gekommen: der König von

leupolt de   errcurich

Der Friedensstifter: Leopold der Glorreiche vermittelt den Ausgleich zwischen Kaiser Friedrich II. und Papst Gregor IX., Darstellung aus dem Babenbergerstammbaum in Stift Klosterneuburg

Böhmen, die Herzoge von Bayern und Kärnten, der Landgraf von Thüringen, die Erzbischöfe von Mainz, Trier und Salzburg, die Bischöfe von Passau, Bamberg und Regensburg sowie der Patriarch von Aquilea. Festliche Gelage sind an der Tagesordnung – und hohe Politik: Im Februar wählen die Reichsfürsten des Kaisers Sohn Konrad (IV.) zum römischen König. Ein feierlicher Akt in Gegenwart Kaiser Friedrichs und für Wien die einzige Königswahl, die je auf seinem Boden stattfindet. Die Nachfolge im Geschlecht der Staufer scheint gesichert. Niemand kann zu diesem Zeitpunkt ahnen, daß es Konrad „der Letzte" sein wird und nach ihm die unheilvolle Zeit des Interregnums beginnen wird.

Die Zeit arbeitet gegen den Kaiser. Er kann nicht länger in Wien verweilen. Die wieder einmal aufsässigen Städte in der Lombardei müssen unterworfen werden. Im April 1237 zieht Friedrich II. wieder fort Richtung Süden, um nie wieder sein Reich nördlich der Alpen zu besuchen. Wien aber soll weiter unter direkter kaiserlicher Herrschaft bleiben. So will es der große Staufer. Er läßt eine Besatzung zurück und setzt einen Statthalter ein. Rechtlich abgesichert wird die kaiserliche Herrschaft über Wien durch Ergänzungen zum Stadtrecht von 1221. Der landesfürstliche Status scheint für immer der Vergangenheit anzugehören. Der Herzog, vom Kaiser in die Reichsacht getan, ist aber entschlossen, die Entwicklung so nicht hinzunehmen. Den Wienern wird er es

schon zeigen! Bereits im Juni 1237 besiegt er die Abtrünnigen und ihre kaiserlichen Hauptleute auf dem Steinfeld bei Wiener Neustadt. Der Burggraf von Nürnberg sowie die Bischöfe von Passau und Freising werden zu seinen Gefangenen. Noch aber ist nichts entschieden. Erst zwei Jahre später wird es für die Wiener ernst. Herzog Friedrich verbündet sich mit dem Herzog von Bayern, der ihn sogar mit 4.000 Soldaten unterstützt. Damit hat der Babenberger genügend Mann, um die ungetreue Residenzstadt belagern zu können. Im Sommer 1239 beginnt das militärische Unternehmen. Keine Lebensmittel gelangen mehr nach Wien. Der Herbst kommt, die Reserven werden knapp. Wie immer in solchen Notlagen erreichen die Preise für das Entbehrte astronomische Höhen. Die Not wird zum Dauergast in Wiens Häusern. In Einzelfällen soll sogar Hundefleisch gegessen worden sein. Lieber kapitulieren als noch länger leiden! Die Stadt öffnet im November dem angestammten Landesherrn ihre Tore. Angst geht um. Wie wird der Sieger sich verhalten, wird er nun Rache üben? Doch welch ein Glück! Der Herzog gibt sich versöhnlich. Zwölf junge Wiener Bürger zieht er in Dienste an seinen Hof. Eine wirkungsvolle und politisch sehr geschickte Geste. Seinen Status als kaiserliche Stadt kann Wien freilich nicht behalten. Der Kaiser, der sich mittlerweile mit seinem Namensvetter wieder ausgesöhnt hat, erlaubt die Rückkehr zum alten Zustand. Die kaiserliche Goldbulle zu

dem Dokument von 1237 darf zerbrochen werden. Wenige Jahre später stattet der Herzog seine Residenzstadt mit neuen Privilegien aus.

Die Welt ringsum bleibt unruhig. Ein neuer, äußerst gefährlicher Feind nähert sich dem Osten Österreichs: die Mongolen. In ganz Ost- und Mitteleuropa hinterlassen sie um diese Zeit eine Spur von Tod und Verwüstung. Moskau und Kiew, Lublin und Krakau gehen in Flammen auf. Mit Brachialgewalt dringen die Reiterscharen aus dem Inneren Asiens in Schlesien, Mähren und Ungarn ein, erreichen sogar Dalmatien. Jetzt heißt es für die Mitteleuropäer zusammenzustehen. Wie bald schon könnte Wien brennen! Herzog Friedrich II. schließt sich mit Böhmen und Ungarn zusammen. Tatsächlich gelingt es, die Gefahr zu bannen. Als einziger Reichsfürst schlägt Friedrich die Mongolen an der ungarischen Grenze. Vorübergehend stehen drei westungarische Komitate unter österreichischer Herrschaft (das heutige Burgenland).

Der Herzog erhält einen Ring. Im Frühjahr 1245 kommt der Bischof von Bamberg in die Residenz Am Hof, um im Auftrag des Kaisers diesen Ring zu übergeben. Nicht irgendein kaiserliches Präsent ist er, sondern erstes Zeichen von einem sehr bedeutsamen Ereignis, das bevorsteht: Österreich soll Königreich werden! Kaiser Friedrich II. ist gewillt, seinem einstigen Gegner diese Rangerhöhung zuzugestehen. Dafür soll Hochzeit gehalten werden. Gertrud, eine Nichte des österreichischen Herzogs, ist als Gemahlin für den Kaiser ausersehen. Doch die ungefragte Brautanwärterin will nicht. Einen vom Papst abermals mit dem Kirchenbann belegten Kaiser soll sie heiraten? Diesen Friedrich, der das Reich von Süditalien aus regiert, der im Ruf steht, der prophezeite Antichrist zu sein, obwohl er die Heiligen Stätten der Christenheit wieder einmal aus heidnischer Hand befreien konnte und sich zum König von Jerusalem krönte. Gertrud setzt sich durch. Aus der in Verona geplanten Hochzeit wird nichts. Eine Frau verhindert somit, daß Österreich ein Königreich nach dem Vorbild Böhmens wird. Sicher auch sehr zum Bedauern des Kaisers. Diese Heirat hätte dem Staufer als Lehensherr die Anwartschaft auf das Erbe der Babenberger gesichert – denn Herzog Friedrich ist kinderlos. Seine beiden Ehen, eine davon mit einer byzantinischen Prinzessin, wurden geschieden.

Wieder herrscht Krieg in der Mitte Europas. Die Mongolengefahr hat die Fürsten nur kurzzeitig im Kampf ums Überleben geeint. Jetzt liegt man sich wieder in den Haaren. Böhmen und Ungarn halten die Situation für günstig, verlorenes politisches Terrain zurückzugewinnen. Der Herzog nimmt den Fehdehandschuh auf, besiegt zuerst die vordringenden Böhmen bei Staatz und wendet sich dann gegen die Ungarn. An der Leitha, nahe von Wiener Neustadt, kommt es zur Schlacht. Auch hier erringt der Streitbare einen Sieg, der Gegner flieht. Da wird das Pferd des

Herzogs plötzlich tödlich getroffen. Das fallende Roß begräbt seinen Reiter unter sich. Im Nu erkennen die Ungarn die Chance. Sie umringen den am Boden Liegenden und erschlagen ihn gnadenlos. Man schreibt den 15. Juni 1246 – es ist des Herzogs 35. Geburtstag.

Die Dynastie ist erloschen. Nach diesem letzten Babenberger, der beinahe am Ende, beinahe König, beinahe Sieger über alle Feinde war, beginnt nun der Kampf um das Erbe. In Österreich wird vorweggenommen, was bald auch schon den weiteren Werdegang des Reiches bestimmen wird: das Interregnum. Es ist eine Zeit der Unsicherheit und der Schrecken. In Österreich gilt nach dem „Privilegium minus" zwar die weibliche

Erbfolge, aber sie ist politisch nicht durchsetzbar. Es bedarf einer starken Hand, das Erbe der Babenberger unangefochten zu übernehmen und weiterzuentwickeln. Vorerst setzt sich der Przemislide Ottokar II. von Böhmen durch, der Friedrichs Schwester Margarethe geheiratet hat. Nach 25jährigem Bestand zerplatzt sein Alpen-Donau-Adria-Reich allerdings wie eine Seifenblase. Einer Dynastie aus dem Alemannischen gehört die Zukunft, die nahezu 650 Jahre über Österreich und die hinzuerworbenen Länder herrschen wird. Die Geschichte der Habsburger aber ist zugleich die Geschichte der Wiener Hofburg. Aus dem leerstehenden Residenzgebäude Am Hof wird …

Das Ende einer Dynastie: Herzog Friedrich der Streitbare fällt in der Schlacht an der Leitha 1246, nach einem Aquarell von Leander Russ, dat. 1845

Nicht lange nach dem entscheidenden Sieg König Rudolphs von Habsburg über König Ottokar in der Schlacht auf dem Marchfeld 1278 erhält die herzogliche Münzstätte den einstigen Babenbergerhof als Amtsgebäude übertragen. Am Hof beerbt die Macht des Geldes die Macht der einstigen Dynastie. Die Errichtung der Münzstätte in Wien fällt zeitlich mit dem Eintreffen des horrenden Lösegeldes für König Richard Löwenherz zusammen. Es gilt, den Silberregen aus England in Münzform umzusetzen. Damit beginnt der Aufstieg des Wiener Pfennigs. Er verdrängt schon bald alle anderen Währungen im Herrschaftsbereich der Babenberger, wie etwa den Kremser Pfennig.

Ein ausgeklügeltes System von Autoritäten und Kontrollorganen sorgt dafür, daß bei der Münzherstellung, dem Edelmetallhandel und dem Geldwechsel alles mit rechten Dingen zugeht und die Interessen des Herzogs nicht geschädigt werden. Dafür zuständig ist die Körperschaft der „Hausgenossen". Sie setzt sich aus 48 kapitalkräftigen Bürgern zusammen, mit dem Münzmeister an der Spitze. Sie erfreuen sich etlicher Privilegien, wie etwa einer eigenen Gerichtsbarkeit und einer Beteiligung am Gewinn. Ihre Anteile können sie vererben und veräußern. Der Münzanwalt überwacht die Tätigkeit von Münzmeister und Hausgenossen. Er ist ein be-

Holzschnitt aus: Eygentliche Beschreibung aller Stände auff Erden etc. Frankfurt/M. 1568

26

sonderer Vertrauensmann des Herzogs und stammt ebenfalls aus der bürgerlichen Wiener Oberschicht. Ihm zur Seite steht der Münzschreiber. Mit der Prägung der Münzen ist ein ganzer Handwerkszweig beschäftigt: die Münzer. Sie setzen sich zusammen aus Versuchern, Gießern, Zainmeistern, Schrotmeistern, Setzmeistern, weiteren Technikern und Arbeitern. In der sogenannten Schlagstube werden die Münzen geprägt. Sie bleibt allerdings bis ins 15. Jahrhundert am Hohen Markt. Für alle Beteiligten gibt es viel zu tun. In den Zeiten wirtschaftlichen Wachstums ist der Geldbedarf groß. Auch der Herzog will zusätzlich verdienen. Seit Mitte des 13. Jahrhunderts bürgert sich der „Münzverruf" ein. Die im Vorjahr geprägten Münzen werden außer Kurs gesetzt. Neue Münzen mit verringertem Silbergehalt kommen in Umlauf. Eine prächtige Einnahmequelle für den Landesherrn. Das Vertrauen der Bevölkerung in die Stabilität der Währung wird mit solcher Praxis allerdings erschüttert. Man verlangt einen „ewigen", das heißt lange gültigen Pfennig. Schließlich findet sich Herzog Rudolf IV., der Stifter, bereit, auf den „Münzverruf" zu verzichten. Statt dessen wird eine zehnprozentige Verzehrsteuer für alle öffentlich ausgeschenkten Getränke eingeführt. Noch einmal gelingt es, den Wiener Pfennig zu festigen. Nach 1400 beginnt dann der endgültige Verfall der einst so bedeutsamen Währung, bedingt durch die Wirtschaftskrise des Spätmittelalters. In die Geschichte der Numismatik

geht die Silbermünze mit 150 verschiedenen Prägungen ein.

Wenn hier von Münzwesen, Geldbedarf und Geldwechsel die Rede ist, dann darf auf eine Bevölkerungsgruppe nicht vergessen werden: die Juden. Der erste Münzmeister der Wiener Münzstätte ist der Jude Schlom (Salomon). Wie reich und geschäftüchtig muß dieser Mann gewesen sein, daß Herzog Leopold V. gerade ihn mit dieser großen Verantwortung betraut hat. Lange kann sich Schlom dieser Stellung allerdings nicht erfreuen, denn schon 1196 werden er und andere Juden ermordet. Sie werden Opfer eines Racheaktes, den Kreuzfahrer verüben. Noch ist solch grausiges Geschehen nicht allgemein typisch für die Situation der Juden in Wien und in Österreich. Aber am Beispiel Schlom wird eines deutlich ersichtlich: Die Juden sind mächtig und schutzbedürftig zugleich. Mächtig durch den Geldverleih gegen Zinsen, der den Christen durch mehrmaligen Konzilsbeschluß ausdrücklich verboten ist. Schutzbedürftig durch ihre Andersartigkeit inmitten einer Umwelt, deren religiöse Dogmatik keine Toleranz zuläßt. Gerade die Zeit der Kreuzzüge bekräftigt die Lehre der Kirche von der Kollektivschuld der Juden am Kreuzestod Christi. Zur ewigen Knechtschaft seien die deshalb verdammt, wird das Volk belehrt. Die Auswirkungen im praktischen und öffentlichen Leben bleiben nicht aus. Die Juden im Heiligen Römischen Reich erhalten den Status von „Knechten" der kaiserlichen oder königlichen

Kammer. Schließlich wird die Kammerknechtschaft die Form eines Sklaventums annehmen. Was könnte dazu aufschlußreicher sein als eine Urkunde Kaiser Ludwigs des Bayern aus dem Jahre 1328, in der es wörtlich heißt: *„Da Ihr uns und dem Reich mit Leib und Gut gehört, und wir damit schaffen, tun und handeln können, was wir wollen, und wie es uns gut dünkt . . ."* Wo der Kaiser das Judenregal an einen Lehensträger im Reich abgetreten hat, gilt die Kammerknechtschaft gegen diesen; in Österreich also gegenüber dem Herzog. Die Juden unterstehen jedenfalls einem Sonderrecht, das sie von der übrigen Bevölkerung abhebt. Rechtliche und soziale Diskriminierung sind vorprogrammiert. Wer außerdem schutzbedürftig ist, den Arm eines Mächtigen braucht, muß zahlen. Die den Juden abverlangte Steuer ist Schutzgeld. Möglichst viel will der Landesfürst in seinen Kassen sehen. Und so schreibt er den jüdischen Geldverleihern den Minimalzinssatz vor. In Österreich liegt er zeitweise bei 173$\frac{1}{3}$ (!) Prozent. Der Herzog von Österreich ist also sehr interessiert am wirtschaftlichen Gedeihen der Juden. Friedrich der Streitbare erteilt ihnen 1244 ein Privileg mit etlichen Absicherungen für beide Seiten. Dazu gehört die Bestimmung, daß jeder Christ als „Verschleuderer des herzoglichen Vermögens" einer schweren Strafe verfällt, wenn er einem Juden ein Pfand raubt oder auch nur gewalttätig in dessen Haus vorgeht. Im Falle eines Pogroms erhebt der Landesherr Anspruch auf das Vermögen der Ermordeten. Eine zweischneidige Rechtspraxis, wie sich später herausstellen wird. Denn wie automatisch schleicht sich die Versuchung für den Landesherrn ein, Auftraggeber und zugleich Nutznießer eines Pogroms zu sein; mit einem Federstrich sich anzueignen, was er ohnehin als ihm zustehendes Vermögen ansieht.

Aber noch ist es in Österreich nicht soweit. Noch sind die Juden keine bloßen Nutzobjekte, die den Launen des Herzogs und der christlichen Nachbarn auf Gedeih und Verderb ausgeliefert sind. Während sie in Frankreich, England oder den rheinischen Städten schon schlimme Verfolgungen erdulden müssen, ist Österreich für sie ein Hort der Ruhe: *„Judeisapta, der Juden verhaissen und gesegnet lant."* So wird Österreich in den mittelalterlichen Chroniken bezeichnet. Die Juden partizipieren am Aufblühen der Städte und des Handels. Noch ist auch ihr Ansehen groß. Sie sind unentbehrlich im Handels- und Finanzwesen. Adel und Geschäftsleute sind auf sie angewiesen. Der Kreditbedarf ist enorm in einer Zeit, in der der Lokal- und Fernhandel einen ungeheuren Aufschwung nimmt. Die Juden unterliegen keinen Beschränkungen im Haus- und Immobilienbesitz, dürfen christliche Dienstboten beschäftigen und ihren religiösen Bräuchen ungestört nachgehen. Noch drangsaliert sie niemand mit dem zwangsweisen Anhören von Predigten oder setzt sie massiv unter Druck, sich taufen zu lassen.

Doch dieses jüdische Eigenleben, ihr unbeirrbares Festhalten an ihren Sitten und Gebräuchen, machen sie in weiten Kreisen der Bevölkerung verdächtig. Böse Gerüchte über Hostienschändungen, Ritualmorde an entführten Christenknaben und Brunnenvergiftungen machen die Runde. Leben da nicht Feinde des Christengottes mitten unter einem; gerade jetzt, wo die Christenheit mit bewaffneter Macht auszieht, die Heiligen Stätten den Heiden in opferreichem Kampf zu entreißen? Dazu gesellt sich simpler Neid auf die Reichen und Erfolgreichen, nicht nur bei den Armen unter den Christen. Das handeltreibende Bürgertum empfindet die Juden zunehmend als lästige Konkurrenz, die es auszuschalten gilt. Man empört sich über die Höhe des Zinssatzes beim Geldverleih. Eine allgemeine Abneigung, für die später der Begriff Antisemitismus geprägt wird, macht sich breit. Die Judenstadt nördlich der ehemaligen Herzogsresidenz (um den heutigen Judenplatz), einst Ausdruck eigener jüdischer Lebensart und Selbstbewußtseins, wird zum abgesonderten Gebiet inmitten einer immer feindlicher eingestellten Umwelt. Das Ghettodasein beginnt.

Schließlich schützt der Landesherr die Juden nur mehr aus eigenem finanziellen Interesse. Die Habgier verdrängt menschliche Erwägungen. Es ist nur noch eine Frage der Zeit, wann sich ein Herzog der Umklammerung von neuen Krediten gegen neue höhere Sicherstellungen durch drastische Methoden entziehen wird . . .*

Was mag sich baulich alles verändert haben in den etwa 100 Jahren, da die Münzstätte Am Hof ihren Sitz hat. Schon bei der Umwandlung der ehemaligen Residenz der Babenberger in ein Zentralfinanzgebäude wird wohl manches verändert, „praktischer" gestaltet worden sein. „Unnötiges" und „Altmodisches" mag da wohl zerstört oder weggeschafft worden sein. Oder, wie Siegfried Weyr es formuliert, *„verkommen, wahrscheinlich als altmodisches Zeug auf Dachböden gestellt und verdorben".* Der einst prächtige Bau Am Hof muß desolat und unansehnlich gewesen sein, als die Münzstätte ihren Sitz verlegt. Für erhaltenswert hat man ihn jedenfalls nicht angesehen, denn er verschwindet im folgenden aus dem Stadtbild. Alles, was übrigbleibt, ist ein turmartiger Rest an der Ecke Am Hof/Bognergasse, der bis ins 18. Jahrhundert Bestand haben wird.

---

* Über das weitere Schicksal der Juden siehe Kapitel „Taschnerhaus"

Für den weiteren Verlauf der Geschichte Am Hof wird das Jahr 1386 von entscheidender Bedeutung. Herzog Albrecht III. schenkt dem Karmeliterorden *„die capellen und das gêsezze in dem Münczhof und um den Münczhof darzü gelegen ze Wienn in der stat auf dem Hof, darinn bei alten verlaufen Zeit unser vorvardern gesessen und wohnhaft gewesen sind".* Der Orden der Brüder Unserer Lieben Frau vom Berge Karmel hatte schon 1361 durch eine große Feuersbrunst sein Kloster vor dem Werdertor verloren. Der Herzog weist den Mönchen den schon leerstehenden Münzhof zunächst als provisorische Unterkunft zu. Aus dem Provisorium wird, wie so oft in Wien, ein Dauerzustand. Der Wunsch des Ordens, sich endgültig innerhalb der Mauern Wiens niederzulassen, geht mit dieser Schenkungsurkunde vom 4. Februar 1386 in Erfüllung. Es gelingt den Karmeliten überdies, eine Reihe von Häusern in der Umgebung des bisherigen Münzhofes in ihren Besitz zu bringen: die Häuser Heinrich des Paierleins, Peter des Suchenwirts, Linharts Maler, Ulrich des Schusters von Schärding, Dietrich des Schusters (die beiden letztgenannten in der Seitzergasse), Dietrich des Bogners, der Helberin auf dem Hof und Jäckleins von Amstetten, *„die all umb daz Kloster gelegen sind und ettleich auf den Hof stößend".* Die Erwerbungen dienen zur

Abrundung des Grundstückes, auf dem die Karmeliten bis 1418 Kirche und Kloster errichten. Leider wissen wir wenig darüber, wie die gesamte Anlage ausgesehen hat. Die spärlich vorhandenen Abbildungen sind lediglich skizzenhafte Andeutungen. Nur wer heute nach hinten zum Schulhof geht und einen Blick auf den Chor der Kirche „Zu den Neun Chören der Engel" wirft, kann den Rest des einst völlig gotischen Baucharakters erkennen und auf sich wirken lassen.

Die Bauaufsicht haben um 1400 Beamte und Günstlinge Herzog Albrechts V.: der Kellermeister Andre Schuestl, der den Bau des Chores aus eigener Tasche bezahlt, und der Leibarzt des Herzogs, Berthold Stark. Als Baumeister wirkt Simon der Steinmetz, die Glasgemälde fertigt Jakob Kaschauer an. Von ihm stammt vielleicht auch der Hochaltar der Kirche, der als Albrechts-Altar ein Begriff geworden ist.

Reichliche Geldspenden machen es möglich, Kirche und Kloster Zug um Zug fertigzustellen. Und auch danach können sich die Weißen Mönche, wie sie der Volksmund wegen ihres weißen Mantels über der braunen Kutte nennt, über Mangel an Zuwendungen nicht beklagen. Am 9. Mai 1435 verpflichtet sich Bruder Conrad Mosbach, Prior des Klosters der Karmeliten, für die Frau Wilbirgis von Bachsberg jährlich einen Jahrtag für Vigil und Seelenamt am

St.-Pankratius-Tag zu halten, weil dieselbe ihnen ihr halbes Haus und außerdem 150 Pfund Wr. Pf. zur Besserung ihrer Pfründe und 150 Pfund Wr. Pf. zum Bau ihres Klosters geschenkt hat. Für den Fall, daß sie ihrer Verpflichtung nicht nachkommen, *„sollen sie dem Stift St. Dorothea in Wien zur Pön verfallen sein, zu geben zwei Pfund Wachs und dazu alles ausrichten und wieder bringen, was sie an diesem Jahrtag versäumt haben".* Das angeführte Beispiel ist nur eines von vielen, in welch reichem Maß Adelige und wohlhabende Bürger den Karmeliten Stiftungen widmen, um dereinst ihr Seelenheil zu sichern. Auch Innungen und Bruderschaften sind in den Annalen der Karmeliterkirche als Wohltäter verzeichnet.

In ihrem genauen Tages- und Jahresablauf leben die Karmeliten nach strengen Regeln: Sie beten und meditieren, schließen die frommen Stifter in ihre Fürbitte ein, flehen zu den Heiligen und vor allem zur Jungfrau Maria, der ihre besondere Hingabe gehört. Sie singen ihr Chorgebet, schlachten ihr Vieh (beim Abbruch des Kriegsministeriums wurden zahlreiche Tierknochen und Krickel gefunden), nehmen im Refektorium gemeinsam ihr Mahl ein. Sie kleiden den Novizen mit der Kutte ein und beten am Sarg der verstorbenen Brüder, die draußen am „Freithof" bei der Kirche ihre letzte Ruhe finden.

Mag die Welt draußen voller Unruhe und Wirren, Nöte und Pestilenz sein, mag auch das Übel einer sündhaften Welt nicht völlig vor den Klostermauern haltmachen, eines scheint den Mönchen Am Hof gewiß: An ihren Regeln, ihrem Streben, den Willen des Himmels zu tun und dem Namen Gottes Ehre zu machen, wird das alles nichts ändern. Hat man nicht ein festgefügtes Fundament, ein Haus auf Fels und nicht auf Sand gebaut? Spricht etwas dagegen, daß das Mönchsleben, so wie es ist, nicht bis zum Jüngsten Gericht Bestand haben sollte? Außerdem gibt es auch Zeichen großer geistlicher Ermutigung; etwa wenn der berühmte Prediger Johannes de Capestrano 1451 nach Wien kommt. Ein eigenes Podest errichtet man für ihn vor dem Kloster Am Hof. Aeneas Silvius Piccolomini berichtet uns, es seien *„die üppigen Wiener täglich zu 20.000 bis 30.000 mit inniger Zerknirschung den Predigten eines 65jährigen, kleinen, bis auf die Haut und Knochen ganz ausgetrockneten und verdorrten Männleins"* gefolgt und hätten sich entschlossen, *„auf den Blitz seines Auges, auf den Donnerkeil seiner Stimme, erschüttert durch das gespenstische Zusammensein solcher lebendiger Kraft bei solcher Körperschwäche ihre Vergehen zu bekennen, ihren Wandel zu ändern".*

In diese scheinbar so festgefügte Welt der Mönche schlägt die Botschaft des Dr. Martin Luther wie eine Bombe ein. Von Mund zu Mund gehen seine Thesen, von Hand zu Hand seine Schriften und die von ihm ins Deutsche übersetzte Bibel. Sie allein sei die Quelle aller göttlichen Wahrheit, kirchliche Tradition und Philosophie hätten sie überwuchert und damit den Willen Gottes verfälscht, lehrt der ehemalige Augustinermönch aus Wittenberg. Aus dem Glauben allein erlange man Gerechtigkeit vor Gott (Römerbrief 3, 28), nicht aus Werken wie Wallfahrten, Fasten und dergleichen. Und Heil werde den Menschen in keinem anderen Namen zuteil als in dem Namen Jesu Christi (Apostelgeschichte 4, 12) – auch nicht im Namen Mariens; für Mönche wie die Karmeliten ein schwerer Schlag, ist doch ihrem Orden die Marienverehrung seit jeher ein ganz besonderes Anliegen. Mönchtum und Priestertum seien unbiblisch und damit nicht im Willen Gottes. Niemals habe Christus den Gläubigen den Auftrag erteilt, sich hinter Klostermauern zurückzuziehen. Und Priester als Mittler zwischen Gott und den Menschen brauche man nicht, diese Funktion komme ausschließlich Christus zu. Jeder aus dem Heiligen Geist wiedergeborene Christ habe durch Christus Zugang zu dem Himmlischen Vater – und nur durch ihn. Überhaupt beruhe die Macht der römischen Kirche über die Menschen auf diesem angemaßten Priestertum. Schreckliche Irrtümer, verzweifelte Seelen seien die Folge. Was einen echten Christen ausmache, seien Heilsgewißheit und innerer Friede, verkündet Luther unter Hinweis auf den Brief des Apostels Paulus an die Christengemeinde in Rom: *„So gibt es nun keine Verdammnis für die, die in Christus Jesus sind"* (Römerbrief 8, 1). Braucht sich da der bibelgläubige Christ noch Sorgen zu machen, um einen Ablaß, mit dem in höchst abstoßender Weise gehandelt wird zugunsten der römischen Kurie? Überhaupt Rom! Dort tut das Laster groß – Luther hat es 1510 mit eigenen Augen gesehen. Für ihn steht nach einigem Zögern fest: Der Mann, der sich als Statthalter Christi ausgibt, ist in Wahrheit der prophezeite Antichrist, *„der Türke Europas", „der schlimmste aller Diebe und Räuber"* (November 1520).

Die Wirkung dieser Botschaft ist eine ungeheuerliche. Kirche, Staat und Gesellschaft erbeben in ihren Grundfesten. Wen kann die Macht dieses wahrhaft revolutionären Wortes kaltlassen? Ob Adel oder Bürgertum, Städter oder Bauer, Priester oder Mönch – in alle Schichten, Stände und Familien dringt es ein wie ein zweischneidiges Schwert, proviziert leidenschaftliches Für und Wider. Bei den Weißen Mönchen Am Hof ist es nicht anders. Jeder einzelne ist mit einer Fülle von Fragen konfrontiert. Ist die Botschaft des Martin Luther wahr, dann kann das Leben im Kloster nicht so weitergehen wie bisher. Bin ich ein echter Christ oder ein in Traditionen gefangener Frommer ohne Heilsgewißheit? Gehöre ich womöglich zur Schar jener Eiferer, zu der der Herr am Jüngsten Tag sagen wird: „Weichet von mir, ich habe euch nie gekannt!"? Ist die Botschaft Luthers nicht ein Fingerzeig Gottes, ein Leben sinnloser Kasteiungen und vergeblicher Gebete aufzugeben und

Kirche und Kloster der Karmeliten Am Hof (Ausschnitt)

einen neuen Anfang zu machen? Draußen, in einer verlorenen Welt zwar, aber mit einer nie gekannten Geborgenheit in Gott? Viele Menschen sind zutiefst ergriffen. Dankbarkeit erfüllt ihre Herzen gegenüber dem glaubensfesten Mann, der ihnen – so wie etwa Albrecht Dürer schreibt – *„aus großen Ängsten geholfen hat"*.

Jetzt ist der Augenblick einer grundsätzlichen Weichenstellung da! Schon stehen die ersten Mönchszellen leer. Was für einen inneren Kampf machen die Zögernden durch. Unter welchem Druck stehen sie, wenn die Verteidiger der alten Glaubenslehre sie abhalten wollen, mit ihrem bisherigen Leben zu brechen. Welche Höllenqualen mag man ihnen ausmalen, wenn sie sich dem „Ketzertum" anschließen! Hitzige Dispute, flammende Appelle, eindringliche Aussprachen unter vier Augen bestimmen den Klosteralltag. Allein die Anziehungskraft der neuen Lehre ist so groß, daß ein wirkungsvoller Kampf gegen sie immer aussichtsloser wird. Auch wenn die Habsburger katholisch bleiben, ihr schützender Arm für die Anhänger der alten Kirche wird zusehends unzulänglicher. Dem Verlangen des pro-

31

testantischen Adels und seiner Prädikanten wagt sich bald niemand mehr zu widersetzen. Besonders Dreiste ziehen lärmend während der Messe mit Pferden und Knechten durch den Stephansdom. Und in der Karmeliterkirche Am Hof müssen die „Götzenbilder" verhüllt werden. Das Tuch dafür bezahlt der Rat der Stadt Wien. Auch andere Schattenseiten der großen Umwälzung machen sich bemerkbar. Nicht alle Mönche lassen aus Glaubensgründen das Kloster hinter sich. Einige packen die Gelegenheit beim Schopf, sich wieder ins weltliche, Abenteuer verheißende Getriebe zu stürzen. Manchmal lassen sie auch Klostergut „mitgehen", um sich den Start ins neue Leben zu finanzieren. Bei den Karmeliten wird dies nicht anders gewesen sein. Diese Praxis nimmt derart überhand, daß König Ferdinand I., von seinem Bruder Kaiser Karl V. als Regent in Wien eingesetzt, ein schon früher erlassenes Gesetz

verschärft. Wer Kirchengut ohne Erlaubnis des Landesfürsten verkauft, muß jetzt mit strengeren Strafen rechnen. Vielfach bleibt es bei der Drohung. Die entlaufenen Mönche stehen unter dem Schutz der bewaffneten Adeligen. Weitgehend vergeblich bleibt auch der Kampf gegen das gedruckte Wort. So wird die niederösterreichische Regierung angewiesen, *„mit Ernst darob zu sein, daß kein lutherisch oder ander new verfürlich sectisch und ergerlich Schrifft, Druck, Buch oder Gemäl[de] gekauft noch verkauft werde",* daß keine sektischen Prediger auftreten, daß die kirchlichen Behörden ebenfalls ihre Aufmerksamkeit auf solche Prediger richten und alle der neuen Lehre verdächtigen Priester *„examiniert werden mögen".* Ferdinand muß außerdem politische Rücksicht nehmen. Die Verhältnisse im Reich sind höchst labil, des Sultans Heer steht vor Wien, die Franzosen schüren gegen Habsburg. Die Not der Zeit zwingt zu

immer neuen Kompromissen und Zugeständnissen.

Man braucht sich in der Stadt nur umzusehen, überall springen einem die Zeichen des Verfalls ins Auge. Im Kloster Am Hof sind die Gesänge und Gebete der Weißen Mönche mittlerweile verstummt. Ein einziger bloß ist übriggeblieben – der Provinzial. An seinem Leben allein hängt nun der Anspruch des Ordens auf Kirche und Kloster. Die schöne gotische Hallenkirche ist zum Heumagazin verkommen. Und in die verödeten Klostermauern ziehen ungebetene Gäste – Hausbesetzer würden wir heute sagen. Gratis hausen sie hier, nehmen an sich, was nicht niet- und nagelfest ist. Solche Zustände beschleunigen den Verfall. Fenster und Böden werden morsch, das Dach undicht. Regen dringt ins Gemäuer. Der Wind heult durch die Ritzen. Eine Stimmung unabwendbarer Verlorenheit macht sich breit.

In dieser noterfüllten, wirren Zeit trifft
Ferdinand I. eine folgenschwere Entscheidung. Er ist auf dem Reichstag zu
Augsburg näher mit einem neuen Män-
nerorden in Berührung gekommen, der
sich dem Kampf für den alten Glauben
verschrieben hat. Societas Jesu nennt
er sich, gegründet von Ignatius von
Loyola. Religiöse Vertiefung, Predigt
und Unterricht der Jugend in der katholischen Lehre gehören zu den Haupt-
anliegen der Jesuiten. Das scheinen Ferdinand die rechten Männer zu sein, den
„rechten" Glauben in Habsburgs Erblanden uneingeschränkt wiederherzustellen. Auf die Einladung des Regenten,
nach Österreich zu kommen, reagieren
die Jesuiten prompt. Im Mai 1551 treffen die ersten in Wien ein. Vorerst finden sie bei den Dominikanern Unterkunft, dann übergibt man ihnen Kirche
und Kloster der Karmeliten Am Hof.
Der einzig verbliebene Provinzial erhält
eine Pfarrei. Vom desolaten Zustand
der Gebäude lassen sich die Jesuiten weder abschrecken noch ablenken. Sie sind
als geistliche Baumeister in diese Stadt
gerufen worden, einen Damm gegen
das Luthertum zu errichten. Von lang-
wierigen Umbau- und Renovierungsar-
beiten wollen sie sich keinesfalls abhalten lassen, zielstrebig ihre eigentliche
Aufgabe zu erfüllen. Deshalb genügen
ihnen vorerst notdürftige Adaptierun-
gen, alles Weitere wird sich finden.

Ferdinand I. nach einem Stich von Christoph Dietel

Predigt des Päpstlichen Nuntius vor Kaiser Ferdinand I. in der Augustiner Kirche 1560, nach einem Gemälde von Jakob Seisenegger

Wer künftig bestimmende Kraft sein will, muß heute schon die Jugend in seinen Bann ziehen und sie in seinem Sinn erziehen. Das wissen die Patres der Societas Jesu ganz genau. Und hier setzen sie auch den Hebel an. Schon vor ihrem Umzug in das leerstehende Karmeliterkloster haben sie eine öffentliche Schule eingerichtet. In kurzer Zeit weitet sich der Unterrichtsbetrieb Am Hof auf sechs Klassen mit 400 Schülern aus. In Wien spricht es sich rasch herum, daß die neuen Ordensmänner ausgezeichnete Pädagogen sind. Kinder aus allen Schichten sind dort bestens aufgehoben, gibt es doch nicht nur ein adeliges Konvikt, sondern auch ein unentgeltliches Kollegium. Wie viele Begabte sind im einfachen Volk vorhanden! Sie gilt es ausfindig zu machen und ihre Fähigkeit in den Dienst der katholischen Sache zu stellen, um dem eklatanten Mangel an Priestern abzuhelfen. Der Verzicht auf Einhebung eines Schulgeldes sichert den Zustrom der Lernwilligen und die Einwilligung von Eltern aus den bedürftigen Schichten.

Auf bloßen Schulunterricht kommt es den Jesuiten allerdings nicht an. Die ihnen anvertrauten Kinder sollen in ihrer gesamten Persönlichkeit geformt werden. Das Konvikt ist der beste Garant, die Schüler dem Einfluß des Elternhauses und des Freundeskreises zu entziehen; speziell dann, wenn die herkömmliche Umgebung gleichbedeutend ist mit „häretischem" Einfluß. Darauf hat der später heiliggesprochene Jesuitenpater Petrus Canisius frühzeitig hingewiesen. Dieser Mann ist rastlos tätig, das Luthertum überall in die Schranken zu weisen. Während seines nur vierjährigen Wirkens in Wien als Hofprediger, Dekan der Theologischen Fakultät der Universität Wien und Diözesanadministrator trägt er maßgeblich zur langfristigen Entwicklung auf religiösem Gebiet bei. Klar und einfach muß die Sprache sein, um den Kindern von der Elementarklasse an die religiösen Prinzipien der katholischen Kirche unauslöschlich in Verstand und Seele einzubrennen. Auf dieser Basis verfaßt Petrus Canisius ein religiöses Lehrbuch, das nach Fragen und Antworten gegliedert ist. Theologische Spitzfindigkeiten, verschwommene Mystik werden von ihm bewußt vermieden. König Ferdinand ist höchst zufrieden. Besser als sein Hofprediger hätte wohl niemand seinen Wunsch nach einem volksnahen Katechismus erfüllen können. Festliche Prozessionen mit Fahnen und kirchlichen Symbolen, mit Gesang und Weihrauch tun ein übriges, kindliche Gemüter zu prägen. Unvergeßlich, wenn man daran als Kind mitwirken darf!

Durch den Unterricht im Jesuitenkolleg sollen die jungen Menschen zu Kämpfern erzogen werden, erfüllt von Glaubenstreue und Bekennermut, jedem Einwand theologisch und rhetorisch gewachsen. Auf dieses große Ziel sind die Unterrichtsmethoden der Jesuiten abgestellt. Darum legt man schon in der untersten Klasse größten Wert auf freie Rede, Schlagfertigkeit und selbstbewußtes Auftreten. Gezielt werden die

Zöglinge dazu angespornt, in Monologen und Streitgesprächen ihr Bestes zu geben – alles in lateinischer Sprache. Kritik an den Leistungen von Mitschülern gehört dazu. Jugendlicher Geltungsdrang und die ständische Rivalität werden in den Dienst des hohen Ziels gestellt, eine Elite im Dienste Gottes und Roms heranzubilden. Die Tagesordnung fordert jedem das Äußerste an Disziplin ab.

5.00 Uhr Aufstehen
5.15 Uhr Morgengebet
5.30 Uhr Studium
7.30 Uhr Messe
8.30 Uhr Schule
10.00 Uhr Mittagessen und
　　　　　Erholung
12.00 Uhr Studium
13.00 Uhr Schule
15.00 Uhr Erholung
15.30 Uhr Studium
18.00 Uhr Abendessen und
　　　　　Erholung
20.00 Uhr Studium
20.30 Uhr Abendgebet, Gewissenserforschung und Psalm 50
20.45 Uhr Nachtruhe

Dies ist der Tagesablauf nach dem Beispiel des Jesuitenkollegs in München, in Wien wird er nicht wesentlich anders gewesen sein.

Als raffiniertestes Mittel zum Zweck setzen die Jesuiten das Theater ein. Als Meister der Psychologie haben sie ein wichtiges Phänomen durchschaut. Bei dem hiesigen Menschenschlag geht das

Hunc habuit Petrum felix Germania Patrem,
Quem stupuere olim, curia, Templa schola.
a.aa.j.

Im Dienste der Gegenreformation: Petrus Canisius nach einem Stich von Klemens Ammon

bloß gesprochene oder bloß geschriebene Wort nicht so in die Tiefe wie bei den Menschen im nördlichen Europa. Die Lust der Augen und der Ohren kommt dabei eindeutig zu kurz; speziell bei den Wienern, denen man seit jeher eine ausgeprägte Neigung für Spektakel und Schaugepränge nachsagt. Was liegt näher, als sich dies zunutze zu machen für den Sieg der Gegenreformation! Die Theateraufführungen sind das beste Werbemittel. Eltern, Angehörige und Freunde der Zöglinge sind geladen, wenn an hohen Feiertagen oder zum Schulschluß selbsteinstudierte Theaterstücke in Szene gehen. Mit Vorliebe wählt man Stoffe aus der Bibel, aus dem Leben von Heiligen und Märtyrern. Alle haben ein Ziel: Den Sieg der katholischen Kirche und ihrer „alleinseligmachenden" Lehre über alle Feinde zu dokumentieren und zugleich zu verherrlichen. Alle Register an Dramaturgie und Bühnentechnik werden gezogen, gilt es doch, manch laues oder schwankendes Herz unter den Zuschauern bis auf den Grund zu erschüttern und für die katholische Sache zu gewinnen. Mit Feuereifer gehen Zöglinge und Lehrer daran, das Szenarium bis ins kleinste vorzubereiten.

Und dann ist er da, der große Tag! Die Kulissen im Refektorium sind fertig bemalt und montiert, die Kostüme liegen griffbereit, die in unzähligen Proben erlernten Texte sitzen. Das Lampenfieber geht um. Kaum läßt sich die Spannung ertragen, wenn der Kaiser persönlich sein Kommen zugesagt hat. Da läßt man sich eine besondere Begrüßung einfallen, wie etwa für den Regenten und späteren Kaiser Matthias. Neun Faune empfangen den hohen Gast, heißen ihn mit Gesang, Tanz und Gedichten willkommen. Doch dann zerstobt jäh der heidnische Spuk. Ein „Gesandter" des kaiserlichen Namenspatrons tritt vor, geleitet den Regenten ins Kolleg, wo man vorerst zum Mahl mit Tafelmusik schreitet. Dann geht ein Schauspiel mit dem Titel „Der Triumph des Apostels Matthias über den Wahn und die heidnische Treulosigkeit in Scharca, dem Berg des Königreiches Böhmen" in Szene.

Ist das Glück zu fassen, wenn Herrscher, Lehrer und Zuschauer voll des Lobes sind für eine gelungene Vorstellung? Und dann erst die Jahrgangsbesten! Unter Trompetenschall werden ihre Namen verkündet, bevor sie die Ehrenurkunde mit ihren gedruckten Namen in Empfang nehmen, womöglich aus der Hand des Kaisers! Liegt einem da nicht die Welt zu Füßen, an solch einem Tag, der allen Beteiligten unvergeßlich bleiben wird? Eine gelungene Vorstellung ist für manchen tatsächlich entscheidend für seinen weiteren Lebensweg. Über Kaiser Ferdinand II. etwa heißt es in den Annales Khevenhüller: *„Wann einer seine Person mit Andacht und Geschicklichkeit vertreten hatte, wurde er ihm mit Gnaden gewogen, etlichen Studenten hat er eine Stelle unter den Alumnis, so von ihme gestifteten Seminariis erhalten werden, zu geben anbefohlen, darum, daß sie sich in den Comoedien wohl gehalten. Etlichen hat er andere Gnaden getan. Ich weiß, daß er deren etliche nach dem sie ihre Studia vollendet, anderen fürgezogen, und mit reichern Pfarren oder besseren Diensten versehen, weil er sich erinnerte, daß sie vorzeiten die Person eines Heiligen in der Comoedie zierlich und wohl vertreten haben."*

Die Theaterinszenierungen bei den Jesuiten im Refektorium, im Garten des Kollegs oder draußen auf dem Platz Am Hof erfreuen sich größter Beliebtheit. Glanzvolles Spektakel ist garantiert, die Bühnentechnik steht auf der Höhe ihrer Zeit. Selbst Seeschlachten können nachgestellt werden, auch echte Pferde kommen zum Einsatz. Wer des Lateinischen nicht kundig ist, bekommt einen Theaterzettel in deutscher Sprache in die Hand gedrückt, um die Handlung klaglos zu verstehen. Beliebt sind die Spektakel nicht zuletzt auch deshalb, weil manchmal auch Schmauserei und Trank nicht zu kurz kommen. Das alleine wäre jedoch zuwenig. Die beabsichtigte Wirkung auf eine eindeutige Glaubensentscheidung bleibt nicht aus. Etliche werden von der theatralischen Verherrlichung der Heiligen und Märtyrer bis ins Innerste erschüttert, verlassen das Theater mit dem ernsthaften Vorsatz, ein neues Leben in katholischem Glauben zu führen.

Bestens geschulte junge Menschen verlassen das Jesuitenkolleg Am Hof, bereit, ihr Leben in den Dienst der „alleinseligmachenden" Kirche zu stellen. Oder bereit, dem Kaiser, dem obersten Advocatus ecclesiae, zu dienen und dabei weltliche Karriere zu machen. Wieviel echte Glaubenskämpfer gehen aus dieser Eliteschulung hervor, wie viele eiskalte Karrieristen, die in Wahrheit nur einen Gott kennen, nämlich ihr eigenes Ich? Wie viele scheitern an den Leistungsanforderungen, können dem seelischen Druck nicht standhalten, verlassen das Kolleg als Gebrochene, die sich ihr Lebtag lang nicht freimachen können von bitteren Erfahrungen? Wie viele enden womöglich als Taugenichtse, Spiel, Trunk und Hurerei ergeben, trotz strenger Jesuitenzucht in ihrer Jugend? Wir wissen es nicht, aber manches läßt sich erahnen.

Die Saat der Jesuiten jedoch geht auf.

Das Theater als Glaubenswaffe: Szenenbild aus PIETAS VICTRIX, Aufführung 1659, Stich von Gerard Bouttats (?)

Durch ihre immer zahlreicher werdenden Kollegien in Habsburgs Erblanden wächst ihr Einfluß von Jahr zu Jahr, wenngleich das nicht ohne Widerstand vor sich geht. Nach dem Tode Ferdinand I. 1564 wittern die Protestanten Morgenluft. Sein Sohn Maximilian II. steht in dem Ruf, der Lehre Luthers geneigt zu sein. Die protestantischen Stände Niederösterreichs drängen den neuen Kaiser, die Jesuiten auszuweisen. Doch Maximilian lehnt ab. Nicht die Patres SJ gelte es zu vertreiben, sondern die Türken. Widerstand regt sich auch an der Universität Wien, deren Doktoren, Dekane und Rektoren damals meist noch Protestanten sind. Ihnen ist der Erfolg des Jesuitenkollegs ein besonderer Dorn im Auge, vor allem in einer Zeit, da die Universität vom völligen Ruin bedroht ist. Aber die Jesuiten überwinden alle Widerstände, sind sie auch hie und da gezwungen, Einschränkungen hinzunehmen. Zähes Ringen, beharrlicher Einsatz, kompromißlose Hingabe und brennender Ehrgeiz machen aus der gedemütigten, schwer

Neugestaltung nach dem Brand von 1607: Die Kirche der Jesuiten Am Hof und ihr Profeßhaus, Stich von J. A. Delsenbach, nach einer Zeichnung von J. E. Fischer von Erlach, um 1715

bedrängten katholischen Kirche Österreichs die Ecclesia triumphans des Barockzeitalters. Die Jesuiten haben das Gesetz des Handelns an sich gerissen, nun ist das Luthertum nach Jahrzehnten der kontinuierlichen Ausbreitung in der Defensive. Der 1555 im Reich geschlossene Augsburger Religionsfriede bietet dazu eine ideale Grundlage. Das dort fixierte Prinzip „cuius regio, eius religio" soll im Römisch-Deutschen Reich ein leidliches Gleichgewicht zwischen katholischen und protestantischen Fürsten herstellen. Glaubens- und Gewissensfreiheit werden einem politischen Kompromiß geopfert. Wer einen anderen Glauben als sein Herrscher hat, muß entweder konvertieren oder das Land verlassen. Protestanten in Habsburgs Erblanden haben damit keine Zukunft. Unsägliches menschliches Leid kommt über die Glaubenstreuen. Ihr Fleiß, ihre Heimatliebe fallen dabei nicht ins Gewicht. Was einzig zählt, ist der alleinzulässige Glaube. Die Schlacht am Weißen Berg bei Prag 1620 vollendet diese Entwicklung. Damit ist auch in Böhmen die Macht der Protestanten und der Stände gebrochen. Jetzt schlägt für die Jesuiten die Stunde ihres größten Triumphs. Ferdinand II. übergibt ihnen die Fakultäten der Theologie und der Philosophie an der Universität. Das bedeutet absolute Vorherrschaft über die Geisteswissenschaften. Nichts, was der Lehrmeinung der Jesuiten widerspricht, kann damit verbreitet werden. Die Bücherzensur ist in ihren Händen.

Zu dieser Zeit sind Am Hof bereits gewaltige bauliche Veränderungen im Gang. Ein Brand hat am Weißen Sonntag, dem 28. April des Jahres 1607, Kirche und Klostergebäude in Schutt und Asche gelegt. In wenigen Stunden wurde vernichtet, was die Jesuiten in jahrelanger Arbeit hatten um- und ausbauen lassen. In den Annalen heißt es dazu lakonisch: *„Es ist sicher, daß das Feuer heimlich von Übelwollenden angestiftet wurde."* So schmerzlich der Verlust auch sein mag, so bietet er doch Gelegenheit,

durch Neubau den erkämpften Status der triumphierenden Kirche auch baulich zum Ausdruck zu bringen. Aus der Kirche Am Hof wird in den folgenden Jahrzehnten jenes prächtige Gotteshaus, das den Stil des römischen Barock trägt. Neben der Kirche entsteht ein neues Gebäude, großzügiger und weitläufiger als das alte, noch aus der Zeit der Karmeliten stammende. Die Jesuiten nützen die neuentstandene Situation nach dem Brand, weitere Häuser in der Umgebung bis zur Seitzergasse in ihren Besitz zu bringen. Der starke Zulauf zum Jesuitenkolleg war seit jeher von ständigem Raummangel begleitet. So berichtet Pater Grimm: *„Für unsere mehr als 40 Mitbrüder haben wir nur 25 Zimmer, so daß in vielen Zimmern gegen die Gewohnheit und nicht ohne Unbequemlichkeit zwei zusammenwohnen müssen. Auch die Schulen reichen nicht aus, da wir für die acht Klassen nur fünf Schulzimmer haben, so daß zwei Lehrer in einem*

Schulzimmer unterrichten müssen und der eine den andern nicht selten stört. Die Bibliothek ist viel zu klein, es können dort kaum vier Scholastiker studieren und für die Aufstellung unserer nicht zahlreichen Bücher ist nicht genug Platz." Jetzt ist genug Platz. Er kommt allerdings nicht mehr dem Kollegium zugute. Diese so erfolgreiche Einrichtung wird in das Universitätsviertel nächst dem Stubentor verlegt, wo die Jesuiten zur selben Zeit ebenfalls eine imposante Neubautätigkeit entfalten. Das Kolleg wird 1623 Teil der Universität. Ein jahrzehntelang währender Konkurrenzkampf ist beendet, der Einfluß der Protestanten auf den Schul- und Bildungsbereich endgültig gebrochen. In den Annalen der Jesuiten heißt es zum Jahr 1625 kurz und prägnant: *„In diesem Jahr ziehen Unsere völlig in das Collegium academicum (in der unteren Peckerstraße) ein, das Collegium ist vom Profeßhaus völlig getrennt."*

Eine Inschrift am neuen Gebäude Am Hof verkündet seine neue Zweckbestimmung.

CAESARA DOMUS PROFESSA
SOCIETATIS JESU
FUNDATA A FERDINANDO II
ROM.IMP. MDCXXV.

Seit diesem Jahr 1625 befindet sich hier das Profeßhaus der Jesuiten, das erste im gesamten Heiligen Römischen Reich. Wer die höchsten Weihen des Regular-Kleriker-Ordens anstrebt, der muß sich als Profeß einer 17 Jahre dauernden Ausbildungszeit unterwerfen. An deren Ende steht das einzigartige vierte Gelübde, das bedingungslosen Gehorsam dem Papst gegenüber beinhaltet. Für Koadjutoren genügt eine zehnjährige Ausbildungszeit, die höchsten Ämter bleiben ihnen aber verschlossen. Sie legen auch nur drei Gelübde ab – die der Keuschheit, der Armut und des Gehorsams. Bewegliches Eigentum dürfen die Mitglieder des Profeßhauses keines besitzen. Auch ist ihnen nur erlaubt, ihren Lebensunterhalt aus milden Gaben von Wohltätern zu bestreiten. Diese Gaben fließen allerdings reichlich aus kaiserlicher Hand und – dem hohen Beispiel folgend – durch den Adel und die Bürgerschaft.

So manches unterscheidet das Leben im Profeßhaus von den herkömmlichen Orden. Man lebt nicht in Klausur, trägt keine eigene Ordenskleidung, man kennt auch keine Verpflichtung zum Chorgebet, ein weiblicher Ordenszweig existiert nicht. Die Patres sind außerdem schon von den Zeiten ihres Ordensgründers Ignatius von Loyola von jeglicher Verpflichtung entbunden, Frauen geistlich zu betreuen. Das Wichtigste im Leben eines Jesuiten sind die Exerzitien, geistliche Übungen in Zurückgezogenheit und Askese. Sie sollen den inwendigen Menschen stärken, damit er beglückende Reinigung, Erleuchtung und Einswerden mit dem allmächtigen Gott erfahren darf. Eineinhalb Jahrhunderte lang verläuft in diesem Sinne das Leben im Profeßhaus Am Hof. Jahrein, jahraus gehen die Patres meditierend durch den offenen gewölbten Kreuzgang, der eine Gartenanlage umschließt. Sie lesen die Messe oder verrichten ihre Gebete in der Kirche Am Hof oder in einer der Kapellen im Profeßhaus: der „Herren-Kapelle" im Verbindungstrakt zur Kirche, der „Junggesellen-Bruderschafts-Kapelle" oder der „Welschen Kapelle" im Eck Bognergasse/Seitzergasse. Sie ist das Glaubenszentrum der Italiener in Wien, geweiht Maria Schnee und dem hl. Rochus. In einer durch zwei Stockwerke reichenden Bibliothek oberhalb des Refektoriums steht das gebündelte Wissen, das die Professen sich zu eigen machen, um einmal einwandfrei die Waffen des Geistes im Dienste der römischen Kirche einsetzen zu können.

Theater gespielt wird weiterhin auch in und vor dem Profeßhaus, nicht nur im Collegium Academicum im Universitätsviertel. Der große Hof mit seinem Kreuzgang und den Ganggalerien darüber ist der ideale Rahmen für das Freilichttheater. Und auch unterrichtet wird ab 1658 wieder „bei den oberen Jesuitern", wie der Volksmund das Profeßhaus bezeichnet, zur Unterscheidung von „den unteren Jesuitern" im Universitätsviertel. Die Stadt Wien hat dem Profeßhaus ein Haus in der Seitzergasse übergeben, an dessen Stelle das Profeßhaus-Gymnasium errichtet wird. Auch dort darf ein eigener Theaterraum nicht fehlen. *„Theater vor dem Kaiser am 1. Jänner, wie alle Jahre vorher, im Profeßhaus"*, vermerkt der Chronist 1644 trocken, aber aufschlußreich. Auch dem Fasching verstehen die Jesuiten einen eigenen Akzent zu verleihen. So spielt man 1696 ein Theaterstück mit dem bezeichnenden Titel „Carnevale seu Voluntas de carne triumphans oder Sittliche Fasnacht in welcher der Will das bezwungene Fleisch beurlaubet". Langsam beginnen die Jesuiten auch von ihrem Anspruch auf ausschließlichen Gebrauch der lateinischen Sprache abzurücken.

Ist es möglich, daß irgendeine Macht die Stellung der Jesuitenpatres je zu erschüttern vermag? Jetzt, wo ihr Einfluß noch nie so groß war? Sie besitzen Ohr und Gunst des Herrschers. Als Beichtväter und Prediger bei Hof und bei den großen Adelsfamilien, als Lehrer und Meinungsbildner besitzen sie ungeheure Macht über den Verstand und die Herzen der Menschen. Was gottgefällig ist oder nicht, geistig und sittlich zulässig ist oder nicht, bestimmen sie als Herrscher über den Zeitgeist. Kaiser Ferdinand III. versichert bei seinem ersten Besuch im Profeßhaus 1638, er werde seinem verstorbenen Vater Ferdinand II. *in der Liebe zur Societas Jesu und Ehrerbietung nichts nachgeben"*. Leopold I. nimmt regen Anteil am Gedeihen der Jesuiten, zu deren Zöglingen er ebenso gehört wie seine Vorgänger. 1701 bestätigt er ihnen alle Privilegien und Freiheiten. Mit größter Zuversicht können die Jesuiten ins 18. Jahrhundert blicken. Wieder einmal scheint alles auf Ewigkeit hin angelegt zu sein.

Doch schon mit Kaiser Karl VI., der 1711 den Thron besteigt, wird ein neues Klima fühlbar. Er zahlt zwar die Prämien für die besten Schüler, persönlich kommt er aber nur selten zu Aufführungen. Kein Zweifel, der neue Monarch steht den Patres SJ distanziert gegenüber. Auch die kaiserliche Spendenfreudigkeit läßt fühlbar nach. Die ausbleibenden Mittel werden von anderer Seite ersetzt, unter anderem auch von der Stadt Wien.

Ein Geist der Skepsis, des notorischen Hinterfragens aller Zustände breitet sich aus. Man wirft den Jesuiten zunehmend Eigennutz, unduldsames, hochfahrendes Wesen, rücksichtsloses Zweckdenken und -handeln vor. Hat sich da nicht überhaupt ein Staat im Staate herausgebildet? Ist Verlaß auf solche Männer, deren wahre Loyalität ihren Auftraggebern in Rom gehört? Ist es außerdem zeitgemäß, daß die Jesuiten einen derartig mächtigen Einfluß auf das Geistesleben haben? Seht nur auf ihre Unterrichtsmethoden! argumentieren die Kritiker. Hauptsächlich Latein stucken müssen die Jesuitenschüler. Kein Ehrgeiz, den jungen Menschen eigenständiges Denken beizubringen. Wo bleiben die deutsche Sprache und ihre Literatur, der Unterricht in Französisch oder Italienisch, wo die modernen Naturwissenschaften? Statt dessen Diskussionen um philosophische Spitzfindigkeiten! Da erhält der Staat keinen gutgeschulten Nachwuchs. Staatliche Kontrolle muß deshalb her, lautet die immer stärker werdende Forderung eines neuen Zeitgeistes, der sich schließlich als geistige Bewegung formiert – die Aufklärung. Die ins Kreuzfeuer der Kritik geratenen Jesuiten reagieren teils mit Beharren, teils mit zögernden Reformabsichten in Details. Insgesamt stehen sie auf verlorenem Posten. Stück um Stück wird ihnen ein Machtbereich nach dem anderen entwunden. Richtig ernst wird es, als sich Kaiserin Maria Theresia nach den Schlesischen Kriegen der inneren Reform ihrer Staaten widmen kann. Unter Federführung Gerhard van Swietens wird das gesamte Studienwesen neu geordnet. Am Ende steht die völlige Ausschaltung des jesuitischen Einflusses auf die Universität 1759. Ein Jahr darauf folgt das Verbot des Theaterspielens an den Schulen der Patres SJ. Auch was das Theater betrifft, haben die Jesuiten ihre einst federführende Rolle im Kulturleben der Stadt verloren. Die glanzvoll inszenierte Barockoper steht nun im Mittelpunkt der Aufmerksamkeit. Trotzdem muß es die Patres schmerzen, diese Tradition aufzugeben, sich nur mit einfach gespielten Szenen und deklamatorischen Übungen zufriedengeben zu müssen. Erst 1733 hatte man sogar das Theater im Profeßhaus-Gymnasium in der Seitzergasse aufwendig renoviert, mit einer erhöhten Cathedra für den Vorsitzenden der Akademie, Bänken für die Akademiker, stufenweise ansteigenden Bänken für die Zuschauer und mit den Statuen der Gründer der vier Weltreiche der Antike geschmückt.

Aber was sind solche Rückschläge gegen das, was Ordensbrüder anderswo in Europa auf sich nehmen müssen! Die Bourbonen in Frankreich, Spanien, Neapel-Sizilien sowie in Parma und Piacenza vertreiben gar die Jesuiten aus ihren Ländern. Auch der König von Portugal tut solches. So schlimm wird es in Österreich schon nicht kommen, hoffen die Jesuiten hier. Maria Theresia ist zwar reformfreudig, aber auch bekannt für ihre Frömmigkeit und für ihr menschliches Einfühlungsvermögen. Solange außerdem Papst Clemens XIII. seine schützende Hand über die bewährten Mitstreiter hält, wird es schon

Neugestaltung vor dem Untergang: Das umgebaute Profeßhaus knapp vor Aufhebung des Jesuitenordens 1773, nach einer Zeichnung von E. F. Erl (Ausschnitt)

nicht zum Äußersten kommen. Aus dieser Sicht scheint es erklärlich, daß die Jesuiten im offenkundigen Vertrauen auf ihre ungefährdete Zukunft in Österreich das Profeßhaus und die Kirche Am Hof im großen Stil erneuern lassen. Die bisher schmucklose Fassade des Profeßhauses zum Platz wird in Harmonie mit der Kirche optisch untergliedert und mit einem Dreiecksgiebel über dem Mittelrisalit versehen.

Für den Abend des 10. September 1773 sagt Wiens Erzbischof Kardinal Christoph Graf Migazzi seinen Besuch im Profeßhaus an. Mit nervöser Spannung sehen die Patres diesem ungewöhnlichen Ereignis entgegen. Der Kardinal kommt in Begleitung des Nuntius Garampi und des Vizepräsidenten der Hofkammer Graf Wrbna. Auf Befehl der Kaiserin sei er gekommen, um eine Bulle Seiner Heiligkeit Papst Clemens XIV. zu verlesen. Völlige Stille herrscht im großen Saal, als Migazzi die mitgebrachte Schrift zu verlesen beginnt: *„Angehaucht von dem göttlichen Geiste, wie Wir vertrauen, durch die Pflicht getrieben, die Eintracht der Kirche zurückzuführen, überzeugt, daß die Gesellschaft Jesu den Nutzen nicht mehr leisten kann, zu dem sie gestiftet worden, und von anderen Gründen der Klugheit und Regierungsweisheit bewogen, die Wir in unserem Gemüte verschlossen behalten, heben Wir auf und vertilgen Wir die Gesellschaft Jesu, ihre Ämter, Häuser, Insti-* *tute.“* Wie einen Stich ins Herz mögen es die Patres empfinden, als das Wort „vertilgen“ fällt. Das heimlich Befürchtete, immer wieder Verdrängte ist schreckliche, vernichtende Wahrheit. Nach 222 Jahren des Wirkens in Österreich ist jetzt das endgültige Aus für die Jesuiten da. Alle Hoffnungen auf die Milde der Kaiserin waren vergebens. Niemand konnte ahnen, daß sich Maria Theresia längst entschieden hatte. Ihrer Tochter Marie Antoinette schrieb sie schon 1770 nach Versailles: *„Lasse Dich auf kein Gespräch über sie [Jesuiten] ein ... Ich erlaube Dir, Dich auf mich zu berufen und zu sagen, ... daß Du weißt, daß ich sie achte, daß sie in meinem Land viel Gutes getan haben, daß es mir leid täte, sie zu verlieren, daß ich aber, wenn der römische Hof es für gut finden sollte, den Orden aufzuheben, dem kein Hindernis in den Weg legen würde.“* Als besonders demütigend müssen es die im Profeßhaus Versammelten empfinden, daß sich Graf Wrbna sogleich alles Geld und die Aufzeichnungen über die Vermögenswerte aushändigen läßt. Die Gelder sollen dem Studienfonds zugute kommen.

Fünf Tage später vermeldet das Wiener Diarium, daß Seine Päpstliche Heiligkeit es für gut befunden haben, den Jesuitenorden gänzlich aufzuheben. Den hiesigen Gliedern des Ordens sei dies *„behördlich kundgemacht und deshalb Alles mit der größten Anständigkeit und Ordnung vollbracht worden“*. Um die ganze Tragweite dieses Beschlusses zu ersehen, muß man an dieser Stelle den Blick von Wien abwenden und sich eine die ganze Monarchie umfassende Statistik ansehen. Von der Bulle „Dominus ac redemptor noster" sind zu diesem Zeitpunkt insgesamt betroffen: 50 Kollegien, 36 Residenzen, zwei Profeßhäuser, ein Noviziat und zehn Missionen.

Im Profeßhaus Am Hof beginnt der Auszug der nunmehrigen Exjesuiten. Den einen weist man Pfarren zu, andere kehren in die Welt zurück, in der sie sich mehr oder weniger gut zurechtfinden. Etliche treten in andere Orden über. Die eingeschworenen Feinde der Jesuiten können triumphieren. Der Papst hat dem politischen Druck nachgeben müssen. Das Opfer am Altar des Fortschrittes ist vollbracht. Kein gutes Haar lassen militante Anhänger der Aufklärung am Wirken der Jesuiten:

„Ein schlaueres Mittel, die Welt zu beherrschen, hätten die Jesuiten nimmermehr ergreifen können als jenes war, daß sie allenthalben die öffentlichen Schulen an sich rissen. Dadurch bildeten sie nicht nur den jungen Nachwuchs der Nationen nach ihren Absichten, sondern gewannen auch Zutritt und Einfluß in den Häusern aller Familien, die von irgendeiner Wichtigkeit im Staate waren ... Und welche Erziehung gaben sie in ihren Schulen! –

Bei allen neun Musen! Es ist eine ihrer größten und unverzeihlichsten Sünden, daß sie den jungen Leuten acht bis neun Jahre stahlen, weil sie nichts lehrten als das arme Latein, mit dem sie die ersten sechs Jahre ganz ausfüllten, welche sie doch die Humaniora nannten, die man aber viel treffender die Barbariora hätte nennen sollen. Es ist wahr, was ein gewisser Schriftsteller sagt: hinter den Ruinen der Jesuitenkollegien stand der Tag im pädagogischen Verstande ... Sobald dieser Orden förmlich aufgehoben war, stiftete man die Normalschulen, worin junge Bürger für alle Stände nützliche Kenntnisse erhalten und richtete die Universitäten, Lyzeen und Gymnasien oder lateinischen Schulen auf einen weit brauchbareren Fuß ein." So urteilt Johann Pezzl in seiner „Skizze von Wien" um das Jahr 1786. Ein ungerechtes Urteil, wie man hinzufügen muß. Denn gerade die Schule der Jesuiten brachte in der Unterrichts- und Erziehungsorganisation Österreichs einen gewaltigen Fortschritt: kostenlose Schulung, gleiche Behandlung der Zöglinge ohne Unterschied ihrer sozialen Herkunft, festgelegtes Lehrprogramm mit Prüfungen, Ausbildung der Lehrkräfte, ja sogar hygienische Vorschriften und eine auf

Sicherheit abgestimmte Bauweise der Schulen. Daß die Praxis des Jesuitenschulbetriebes im 18. Jahrhundert dann erstarrt ist, rechtfertigt kein solches Pauschalurteil wie jenes des Johann Pezzl.

Auch im Falle der Ordensaufhebung der Jesuiten ist das Endgültige nur scheinbar. Jesuitenfeinde wie Pezzl werden es noch erleben, daß die Gesellschaft Jesu 41 Jahre nach ihrer Auflösung von Papst Pius VII. neu begründet wird. Wie ungläubig hätten die Zeitzeugen der Vorgänge von 1773 gestaunt, hätte man sie einen Blick in die Zukunft tun lassen können. Um die Mitte des 19. Jahrhunderts fassen die Patres wieder Fuß in Wien. Der Zustrom zu ihren Predigten wird enorm sein. 1856 wird Kaiser Franz Joseph ihnen die Universitätskirche und ein angrenzendes Gebäude überlassen. Ab 1908 steht dann die Kirche Am Hof ebenfalls wieder unter Leitung der Jesuiten. Und auch Kollegien, Kongregationen, Exerzitien- und Bildungshäuser, ein Priesterseminar etc. gibt es dann wieder. Sogar eine Erinnerung an das alte Jesuitentheater wird wach mit dem sommerlichen „Spectaculum" in der Jesuitenkirche im alten Universitätsviertel.

Der Platz Am Hof mit Hofkriegskanzlei und Garnisonskirche, 1780. Stich von Carl Schütz

Nicht lange nach dem Auszug der Patres SJ aus dem Profeßhaus verstellen Gerüste die Sicht auf den Bau Am Hof, in der Bogner- und in der Seitzergasse. Sogar in der Nacht sind die Bauarbeiter emsig am Werk, gilt es doch, das Haus möglichst bald seiner neuen Zweckbestimmung zuzuführen: als Sitz des Hofkriegsrates. Das ist die oberste militärische Verwaltungsbehörde, die Kaiser Ferdinand I. 1556 geschaffen hat; zuständig für Anwerbung, Ausrüstung und Verpflegung der kaiserlichen Truppen sowie für die Instandhaltung der Festungen.

Der Umbau ist derart umfangreich, daß man nahezu von einem Neubau sprechen kann. Die Vorgänge im Umfeld gehören zum nie enden wollenden Kapitel „'s wär' net Wien". Schon damals ist ein derartiges Großbauvorhaben begleitet von Umplanungen, Einsprüchen, Beschwerden, Kommissionssitzungen, Intrigen und Baukostenüberschreitungen. Dem Leiter des Hofbauamtes, Franz Anton Hillebrand, werden die andauernden Querelen bald zu bunt. Er bricht den Verkehr mit dem Hofkriegsrat und der Hofkammer ab, beantwortet keine Zuschriften mehr und baut ohne Rücksicht drauflos. Schließlich stammen die Umbauentwürfe von ihm. Er weiß am besten, was er will, mag auch die vorgesehene Geldsumme nicht reichen. Kaiser Jo-

Ein Relikt aus der Jesuitenära: der Brunnen im Hof

seph wird er das schon plausibel machen können. Hillebrand setzt sich tatsächlich durch. Die Hofkammer muß auf kaiserliche Anweisung zahlen, und zwar 290.845 Gulden – ohne die Einrichtung, für die der Hofkriegsrat aufzukommen hat. 'S wär' auch net Wien, wenn eine solche Neuplanung nicht von Raunzerei begleitet würde. Mit Bestürzung haben die teils schon recht betagten Mitglieder des Hofkriegsrates erfahren, daß sie auf kaiserlichen Wunsch hin Am Hof auch wohnen sollen; weil es für den Amtsverkehr viel praktischer

ist. Eine Dienstwohnung – wie entsetzlich! Wie schön und bequem hat man es doch zu Hause! Doch der Kaiser bleibt unerbittlich: *„Ich erwarte vom allseitigen Eifer, daß Sie sich in Vollziehung Meiner unabweichlichen Willensbildung so bereit als willig finden lassen werden. Nur diesen so unübersteiglich scheinenden Berg mit frischem Mut betreten und er wird, wie Ich Mir schmeichle, leicht überstiegen werden. Sollten sich jedoch einige Räte finden, deren lange Dienstjahre und Gebrechlichkeit nicht gestattet, dieser neuen Anordnung sich zu unterziehen, so möchten Sie es nur erklären, damit man von nun an auf deren wohlverdiente Jubilation und für deren Amtsersetzung fürdenken könne. Sie werden also die Einleitung vorgeschriebenermaßen zwischen den Hofräten und mit Beiratung des Architekten Hillebrandt ehestens vornehmen und alles zur besseren Gemächlichkeit derselben einrichten lassen, welche Einteilung Mir nachhero vorzulegen sein wird."* Kann es einem da ein Trost sein, daß das neue Kanzleigebäude einen Personenaufzug erhält – händisch betrieben und mit Bleigewichten ausbalanciert? Die alte Gemütlichkeit ist auf jeden Fall perdu . . .

Bereits im Sommer 1776 ist der Umbau vollendet. Etappenweise beziehen die verschiedenen Abteilungen wie Generalkommando, Oberkriegskommissariat, Genieamt etc. ihre neuen Dienst-

Innenräume des Kriegsministeriums. Gobelinsaal

Ratszimmer

Tafelzimmer

räume. Am 23. November geleitet der Kaiser – er ist für alle militärischen Agenden als Mitregent zuständig – seine Mutter Maria Theresia zur Besichtigung durch das neue Haus. Man hat dem einstigen Profeßhaus ein viertes Stockwerk aufgesetzt, nur nicht im unmittelbar anschließenden Bereich zur Kirche. Die Fassade gegen den Platz hat einen auf fünf Pfeilern ruhenden, von einer Balustrade gekrönten Portikus, Lisenen, Pilaster, Vasenaufsätze, Symbole und Trophäen des Krieges, nebst zwei großen Dachfenstern. Auf dem mächtigen Giebel prangt ein großer Doppeladler und darunter die Inschrift:

JOSEPHUS II. ET MARIA
THERESIA AVGG
SALVTIS PVLICAE TVTELAE
RE MILITARI NOVIS
INCREMENTIS AVCTA
HAS AEDES DEDICARVNT
MDDCCLXXV.

Vor den beiden Haupteingängen Am Hof und in der Seitzergasse stehen je zwei steinerne Schilderhäuser, ein fünftes neben der Hauptwache gegen die Bognergasse. Um das Gebäude ist eine an Steinen aufgehängte, grün gestrichene Kette gespannt. Die Hoffassaden sind den Außenmauern ähnlich gestaltet. Vom einst malerisch wirkenden Kreuzgang ist nichts mehr zu sehen. Man hat ihn zugemauert, um mehr Platz zu haben für Stallungen, Amtszimmer und Aktendepots. Der Brunnen, der einst in der Mitte des großen Hofes

stand, ist an die Wand versetzt worden. Im Inneren des Hauses dominiert schlichte Gestaltung, wie es einem Behördenbau als adäquat empfunden wird. Lediglich die Amts- und Privaträume des Präsidenten des Hofkriegsrates sind aufwendiger gestaltet. Die Antekamera, zugleich Tafelzimmer, ist mit rotem „Procatell" spaliert, weiß boisiert mit Goldleisten. Das Rats- oder Sessionszimmer, das Kabinett für den Präsidenten, sowie dessen Schlaf- und das große Arbeitszimmer, erhalten Spalierungen aus rotem Damast, das große Sitzungszimmer und das Paradezimmer sind mit Gobelins geschmückt. Die Komtessen-Schlafzimmer sind mit grünem Taft spaliert. In sämtlichen Räumen befinden sich der Wandbekleidung adäquate Polstermöbel, dazu Marmorkamine, vergoldete Luster und Konsolspiegel sowie ornamentierte Türen. Das Ratszimmer zieren die von Joseph II. gewidmeten Büsten Lacys und Laudons. Unverändert belassen wird hingegen die Bibliothek der Jesuiten mit ihrer Holztäfelung und der Galerie. Vor ihrem Eingang stehen zwei Statuen: die Unbefleckte Empfängnis Marie und der Heilige Johannes Nepomuk. Diesen Heiligen als Patron des guten Rufes verehrten die Jesuiten besonders. In keinem ihrer Profeßhäuser fehlte eine Statue von ihm.
Erster Präsident des Hofkriegsrates, der Am Hof amtiert und wohnt sowie 1790 hier auch stirbt, ist Generalfeldmarschall Andreas Graf Hadik von Futak. Er hat sich durch die Besetzung

Berlins im Siebenjährigen Krieg Ruhm erworben. Auch wenn dieser militärische Handstreich nicht länger als einen Tag dauerte, zeigte er doch, daß ein Vorstoß der Österreicher in die Hauptstadt des preußischen Gegners durchaus möglich war.
Die militärische Zukunft der Monarchie hält man in jenen Jahren für gesichert. Auch im Heer hat man unter Kaiser Joseph II. rationalisiert und reformiert. Und als 1789 die kaiserliche Armee im Kampf gegen die Osmanen Stadt und Festung Belgrad einnimmt, scheinen die glorreichen Tage des Prinzen Eugen wiederzukehren. Doch der Schein trügt. Nur aus Bündnistreue zu Rußland wird dieser Krieg geführt. Die Gloriole der abermaligen Eroberung Belgrads verdeckt strategische Mängel, der politische Nutzen bleibt aus. Ein kranker Kaiser kehrt aus dem Feldlager heim nach Wien. Nur noch kurz ist seine restliche Lebensspanne. Wie ein Wirbelwind bricht jetzt auch für die altgedienten Militärs eine neue Epoche an. Die Ereignisse in Frankreich machen klar, daß dem modernen Volksheer die Zukunft gehört. Von revolutionärem Elan erfüllt, erringen die Franzosen Sieg um Sieg. Österreich gerät in immer größere Bedrängnis. Noch ehe das 18. Jahrhundert zu Ende geht, sind Habsburgs Besitzungen links des Rheins und in Oberitalien verloren. Tiefgreifende Reformen sind vonnöten, soll von Österreich noch größerer Schaden abgewendet werden. Das sieht auch Kaiser Franz ein, der Veränderungen sonst recht abhold ist.

„Diese Hofstelle mit all ihren Branchen ist von nun an ganz Euer Liebden anvertraut; Euer Liebden sind allein von Mir abhängend und nur zwischen Uns soll verhandelt werden … Auch verspreche Ich Mir, in kurzem einen ausgearbeiteten Plan zur Regelung des Militärsystems Meiner ganzen Monarchie von Euer Liebden zu erhalten." Adressat dieses allerhöchsten Handschreibens ist Erzherzog Carl, des Kaisers jüngerer Bruder. Ihn hat Franz zum Präsidenten des Hofkriegsrates befördert. Und der Kaiser hat triftige Gründe für seine Wahl. Trotz seiner Jugend ist Carl erfahren in militärischen Belangen. Mehrere Siege über die französischen Generale Jourdan, Moreau, Massena und Bernadotte hat er erfochten. Sein Name hat Ansehen im eigenen Heer und beim Feind. Ihm traut der Kaiser nun auch zu, eine große Heeresreform in die Tat umzusetzen. Carl macht sich umgehend ans Werk. Später wird er über diese Zeit schreiben: „Nun opferte ich mich ganz der Erreichung meines Ideals. Ich dachte, handelte, arbeitete, bloß für mein Geschäft, welchem ich mich ausschließlich widmete, entzog mich allem Umgang, welcher nicht darauf Bezug nahm, bekümmerte mich sonst um nichts, am wenigsten um mich selbst; kurz, ich lebte wie ein Mönch in dem strengsten Orden, mit der größten Resignation." Resignieren würde wohl mancher altgediente General, sähe er sich an Carls Stelle der Fülle an Problemen gegenüber, die so rasch wie möglich gelöst werden müssen. Allein die Zustände im Haus! Zigtausende unerledigte Ein-

Die Bibliothek des einstigen Jesuiten-Profeßhauses, bereits geräumt vor dem Abbruch des Kriegsministeriums

gaben und offene Heeresrechnungen lagern in den Kellern. Der ganze Verwaltungsapparat des Hofkriegsrates ist zum Verzweifeln schwerfällig. Doch Erzherzog Carl läßt sich nicht entmutigen. Konsequent geht er daran, im Hause und draußen bei der Truppe Abhilfe zu schaffen. Diesmal darf die Reform nicht an der Oberfläche steckenbleiben wie zu Kaiser Josephs Zeiten. Daß jetzt eine Reform an Haupt und Gliedern ansteht, wird schon bald ersichtlich. Ein eigenes Kriegs- und Marineministerium, ein Generalstab, ein Kriegsarchiv und klare Kommandostrukturen sorgen für ein effizient arbeitendes „Haupt". Eine Ausbildungsreform, die Abschaffung der lebenslangen Dienstzeit für die Rekruten und ein neues Wehrgesetz

machen das Heer volksnäher. Bald schon wird man auch im Ausland aufmerksam auf den positiven Effekt der österreichischen Heeresreform. Doch der Erzherzog läßt sich von den ersten Erfolgen seiner Reformen nicht blenden. Klar erkennt er, daß noch viel zu tun übrigbleibt. Und das erfordert Zeit – Zeit in Frieden, den das angeschlagene Habsburgerreich jetzt um so nötiger hat, sich zu erholen und ausreichend zu wappnen für künftige Auseinandersetzungen. Ein Krieg zum jetzigen Zeitpunkt würde ein unvorbereitetes Österreich treffen. Ein Sieg wäre dem Feind gewiß. Carl wird nicht müde, vor leichtsinnigen Aktionen in der Außenpolitik zu warnen. Er weist auf den bedenklichen Gesamtzustand der Monarchie,

Ein unterschätzter Gegner: Napoleon zieht mit seinen siegreichen Truppen am 11. November 1805 in Wien ein, Stich von Francois Pigeot nach einer Zeichnung von Hippolyte Lecomte

besonders bei den Finanzen hin. Allein bei Hof haben die Schönfärber das Ohr des Kaisers. Alles halb so schlimm, meinen sie. Sicher hat es in jüngster Zeit einige schmerzliche Rückschläge gegeben. Aber das soll doch kein Grund sein, einer neuerlichen Koalition gegen den vom Kriegsglück verwöhnten Emporkömmling an der Seine fernzubleiben. Einmal muß sich das Blatt doch wenden! Und dann wird Österreich wieder triumphieren. Carls Warnungen werden als Schwarzmalerei abgetan. Mit Kassandra-Rufen macht man sich in Österreich immer unbeliebt. Der Einfluß des Erzherzogs wird systematisch zurückgedrängt. Das Unheil nimmt seinen Lauf. 1805 ist Napoleon in Wien. In Panik hat man Am Hof vor dem Eintreffen der Franzosen die wichtigsten Akten und kostbarsten Utensilien verpackt und fortgeschafft. Die meisten Beamten müssen zwangsläufig dableiben. Sie zittern nun ihrem Schicksal entgegen. Das Kriegskanzleigebäude wird so wie alle anderen öffentlichen Bauten von den Besatzern requiriert.

Fremder Stiefelschritt, fremde Sprache bestimmen den Tagesablauf im Haus. Die stabilen Türen zu den Räumen des Zahlamtes gehen laufend auf und zu. Kriegsgefangene Österreicher und Russen werden hier eingeschlossen,

Schlacht bei Aspern 1809, nach einem kolorierten Kupferstich von Johann Böhm

bevor sie den Weg nach Frankreich antreten müssen. Der Doppelsieg Napoleons bei Austerlitz im Dezember 1805 über Österreich und Rußland hat ihr Schicksal besiegelt. Erzherzog Carl, Befehlshaber der Truppen in Italien, konnte keine Hilfe am Hauptkriegsschauplatz in Mähren leisten. Ihm gelingt lediglich ein geordneter Rückzug seiner Krieger. Österreich muß sich den schweren Bedingungen des Friedens von Preßburg fügen. Dann ziehen die Franzosen ab. Wild gehaust, wie das bei Besatzern häufig vorkommt, haben sie nicht. Die Kosten für die Instandsetzungs- und Reinigungsarbeiten Am Hof sind verhältnismäßig gering. Im Jänner 1806 bezieht wieder der in die Flucht geschlagene Hofkriegsrat seinen Amtssitz. Mit schonungsloser Offenheit beschreibt Erzherzog Carl seinem kaiserlichen Bruder den katastrophalen Zustand der Monarchie: *„... Euer Majestät stehen allein am Ende eines kurzen, aber schrecklichen Krieges. Ihr Land ist verwüstet, Ihre Kassen geleert, die Ehre Ihrer Waffen gekränkt, Ihr Kredit verloren, Ihr Ansehen geschmälert, der Wohlstand Ihrer Untertanen auf lange Jahre vernichtet, die Liebe Ihres Volkes in dem Gefühl seiner Leiden schwankend, ohne Alliierte – allein am Ruder, ohne Hilfe, ohne Beistand in dem Chaos einer* *durch allgemeine Drangsale zerrütteten Verwaltung ... Ich bin es Eurer Majestät, Unserem Haus, der Monarchie und meinem Gewissen schuldig, am Rande des Abgrundes vorzutreten und Eurer Majestät mit dem redlichsten, aufgeklärtesten und ergebensten Teil Ihrer Untertanen zuzurufen: Herr! Auf diesem Wege sind wir verloren!"*

Mit ganzer Hingabe setzt Erzherzog Carl seine Reformarbeit fort. Mit der Aufstellung der österreichischen Landwehr gelingt ihm 1808 ein wichtiger Schritt in Richtung allgemeine Wehrpflicht. Wiederum drängt er auf Zeitgewinn, damit die Reformen auch Früchte tragen. Und wiederum halten die Ratgeber des Kaisers diese Taktik für übervorsichtig. Napoleon steht nach seinem Sieg auch über Preußen im Zenit seiner Macht. Aber er hat sich 1808 zu einer Intervention in Spanien verleiten lassen. Ein großer Teil der französischen Armee ist dort gebunden. Ist jetzt nicht der richtige Zeitpunkt gekommen, gegen Napoleon loszuschlagen? argumentiert die auf Revanche brennende Kriegspartei bei Hof. Sie setzt sich durch. Österreich wagt sich allein gegen die Franzosen vor. Im Mai 1809 stehen Napoleons Truppen vor Wien, beschießen die Stadt und nehmen sie ein.

Mit Müh und Not hat man Am Hof wenige Tage vorher wieder das Nötigste gepackt und per Schiff auf der Donau nach Pest in Sicherheit gebracht. Zum zweitenmal innerhalb von dreieinhalb Jahren requirieren die Franzosen die Kriegskanzlei. Diesmal bleiben sie länger – ein halbes Jahr. Erst im Dezember 1809 können der Hofkriegsrat und die verschiedenen Dienststellen in ihr angestammtes Quartier zurückkehren.

Für Erzherzog Carl als dem Generalissimus der österreichischen Armee wird der Kriegsverlauf zum Schicksal. Endlich Sieg! Sieg bei Aspern im Mai 1809 kurz nach der Einnahme Wiens durch die Franzosen. Napoleons Nimbus der Unbesiegbarkeit ist dahin. Carl wird mit diesem von ihm erfochtenen Sieg zum Hoffnungsträger für alle in- und außerhalb Österreichs, die mit brennender Ungeduld darauf warten, sich dem harten Zugriff des französischen Imperators entwinden zu können. Carl ist von Stund an ihr Held. Doch dann sind zwei Wochen später durch die Schlacht von Wagram alle Hoffnungen zunichte. Napoleon macht die Scharte von Aspern wett, abermals ist ihm das Kriegsglück hold. Er verfolgt die Truppen Erzherzog Carls bis nach Mähren, wo in Znaim der Waffenstillstand vereinbart wird. Zu früh, befindet Kaiser Franz, der sich bei der Armee in Ungarn aufhält. Er enthebt den Bruder vom Oberbefehl über die Armee. Die Maßregelung ist für alle Welt ersichtlich. Carls militärische Karriere ist beendet, er zieht sich ins Privatleben zurück. Mit ihm nimmt zugleich der Chef des Generalstabes (damals General-Quartiermeister genannt), Maximilian Freiherr von Wimpffen, den Abschied. In seine Amtsräume Am Hof zieht ein neuer Mann: Johann Joseph Wenzel Graf Radetzky.

Aus altem böhmischen, aber verarmten Adel stammend, wählte er den Soldatenstand, weil er in ihm – wie er später erzählte – seine Heimat fand. Radetzky bringt reiche Erfahrung in sein neues Amt mit. Auf den Kriegsschauplätzen gegen die Türken und gegen die Franzosen in den Niederlanden und in Italien hat er sich glänzend bewährt. Unter Erzherzog Carl wirkte er an der Reorganisation der Armee mit. Im jüngsten Krieg gegen Napoleon sicherte Radetzky das Gebiet nördlich der Donau, während Carl die Franzosen bei Aspern schlug. Sein neues Amt tritt er mit Vorbehalten an:

„Wenn man die Kriege, welche Österreich geführt hat, durchschaut, ihre Ereignisse mit deren Ursachen vergleicht, und das Verhalten bei jedem eintretenden Frieden dagegenstellt, so bemerkt man auffallendes Immerwiederkehren der nämlichen Ereignisse, der nämlichen Ursachen, des nämlichen Verlangens nach Verbesserung und einer gleichgroßen Abneigung, die Mittel dazu anzuwenden ... man bemerkt bei jedem Anfang eines Krieges ein Mißverhältnis der Mittel zum Zweck. Die Armeen, welche ins Feld rücken, sind entweder nicht stark genug, oder nicht hinlänglich gerüstet. Nach jeder Schlacht, welche die Tapferkeit der Truppen gewinnt, ist die Armee zu schwach, die Früchte des Sieges zu ergreifen und sie festzuhalten; nach jeder verlorenen Schlacht muß sie in der Flucht oder in einem Waffenstillstand ihr Heil suchen." Und Radetzky folgert daraus für sich persönlich, *„daß ich auf dem Posten, zu dem ich gerufen*

Erzherzog Carl, umgeben von den berühmtesten Feldherren der österr. Hauptarmee 1809, Lithographie v. Franz Hanfstaengl nach einem Gemälde von Karl August Aerttinger

bin, den ich – ich gestehe es offenherzig – mit Bedenken betreten habe, und nicht mit Vergnügen bekleide, nur aus Gehorsam fortwandle."

Es sind die denkbar schlechtesten Voraussetzungen, die Radetzky bei seinem Dienstantritt vorfindet. Österreich ist durch den Frieden von Schönbrunn zur Mittelmacht abgesunken, ohne Zugang zum Meer. Die Stärke der Armee darf nicht mehr als 150.000 Mann betragen. Und 1811 ist der Staatsbankrott da. Außenpolitisch kann jede weitere Reizung des Herrn von Europa für Österreich tödlich enden. Mit dem altbewährten Mittel der Heiratspolitik und betontem Wohlverhalten versucht man, die prekäre Situation zu entschärfen, so gut es eben geht. So stellt Österreich auch ein eigenes Truppenkontingent, als Napoleons Große Armee im Sommer 1812 zum Feldzug gegen Rußland aufbricht. General „Winter" bringt die Wende. Die Große Armee wird weitgehend aufgerieben, Napoleon setzt sich Richtung Westen ab. Das Gesetz des Handelns hat er zugleich mit dem Desaster in Rußland verloren. Nun gilt es für seine Gegner zu handeln, um ihm die Basis für neue Kriegsabenteuer zu entziehen. Rußland und Preußen verbünden sich. Österreich zögert noch. Man hat genügend Lehrgeld bezahlt durch allzu leichtfertig begonnene Kriege gegen den Korsen. Doch in der neuentstandenen Konstellation gibt es keine Alternative für Österreich, als sich wieder einer Koalition gegen die Franzosen anzuschließen. Diesmal geht die Rechnung auf.

Sieg! Sieg in der Völkerschlacht bei Leipzig! Nach mehr als 20 Jahren der Demütigungen ist Österreichs militärische Ehre wiederhergestellt. Unter dem Oberkommando des Fürsten Karl Schwarzenberg, nach den Operationsplänen Radetzkys bringt diese von Österreichern, Russen und Preußen gemeinsam geschlagene Schlacht im Oktober 1813 die endgültige Wende. Nur jetzt dem geschlagenen Gegner keine Zeit zur Erholung lassen; auch jetzt nicht, da der Winter bevorsteht, rät Radetzky und setzt sich damit auch bei den Verbündeten durch. Konsequent verfolgen die siegreichen Armeen den schon an seiner Archillesferse getroffenen Gegner bis ins Zentrum seiner Macht. Napoleon dankt gezwungenermaßen ab. Europa kann zur Ruhe kommen.

Der Wiener Kongreß ordnet den schwergeprüften Kontinent neu. Mit diplomatischem Geschick weiß Außenminister Fürst Metternich die führende Rolle Österreichs im Konzert der Mächte zu sichern. Der Glanz des Kongresses verdeckt im Moment das ganze Ausmaß des jahrelangen Ringens. Die Wirtschaft liegt darnieder, der Staatsbankrott sitzt allen noch in den Knochen. Jetzt muß überall gespart werden – auch bei der Armee. Konkret heißt das Verringerung der Truppenstärke.

Nie wieder Revolution! Das haben sich die Vertreter der siegreichen konservativen Mächte beim Wiener Kongreß geschworen. Was für Hekatomben an Opfern waren seit jenem ominösen 14. Juli 1789 (Erstürmung der Bastille und damit Beginn der Französischen Revolution) erforderlich gewesen, um mit diesem politischen Beben und seinen Folgewirkungen fertig zu werden. Die so mühsam wiederhergestellte Ruhe in Europa muß unbedingt von Dauer sein! Das soll die in Wien geschlossene Heilige Allianz sicherstellen. Bei allen gegensätzlichen Interessen wollen die Partnerstaaten jeden Anschlag auf die neue Ordnung Europas solidarisch abwehren und in Folgekonferenzen die notwendigen Maßnahmen beschließen.

Die österreichische Armee dient als Garant für die Einhaltung des Legitimitätsprinzips. In den folgenden Jahren intervenieren die Soldaten des Kaisers in Parma, Modena, Piemont-Sardinien, im Kirchenstaat, ja sogar in Neapel. Überall dort wollen sich reformfreudige Kräfte nicht damit abfinden, daß ihr jeweiliger Herrscher absolut regiert und den Bürgern jede Teilnahme an politischer Mitwirkung verwehrt wird. In Spanien intervenieren französische Truppen, um die unumschränkte Macht der dort herrschenden Bourbonen wiederherzustellen. Die Solidarität der Herrscher von Gottes Gnaden funktioniert – in diesen Fällen. Anderswo werden bald ihre Grenzen deutlich. Die Kolonien Spaniens und Portugals in Lateinamerika sagen sich von ihren Mutterländern los. Wer soll dort intervenieren, um den Status quo ante von Mexiko bis Feuerland wiederherzustellen? Weit bedeutsamer für Europa wird aber der nationale Freiheitskampf der Griechen. In ganz Europa herrscht Sympathie für dieses Volk, das seit Jahrhunderten unter der Herrschaft des Sultans steht. Zum Entsetzen Metternichs greifen Großbritannien (es ist außer dem Kirchenstaat das einzige Nichtmitgliedland der Heiligen Allianz), Frankreich und Rußland direkt zugunsten der Griechen in die Kämpfe ein; ein schwerer Verstoß gegen das Legitimitätsprinzip, das man konsequenterweise auch dem Sultan zubilligen muß. Doch damit nicht genug, lodert die Fackel der Revolution in Frankreich wieder auf, bringt einen politisch illegalen Sproß der Bourbonen auf den Thron – den Bürgerkönig Louis Philippe. Die Belgier revoltieren gegen ihren legitimen niederländischen König, ertrotzen sich ein unabhängiges Königreich. Nur in Polen wird der dort legitim herrschende russische Zar mit den Revolutionären fertig.

Überhaupt diese nationalen Sehnsüchte! Auch so ein fatales Erbe, das der unselige Napoleon hinterlassen hat. Seine Politik erst hat die Sehnsucht der Italiener, der Deutschen und anderer nach staatlicher Einheit geweckt. Jetzt hat man alle Hände voll zu tun, den Bürgern klarzumachen, daß solches Verlangen „illegitim" ist. Repression und Stagnation gelten als probate Mittel, die „gottgewollte" Ordnung aufrechtzuerhalten, die auch durch soziale Unruhen in Frage gestellt wird. Zum Glück verfügt man über eine Polizei und eine Armee, auf die Verlaß ist ...

Oktober 1848. Seit März dieses Jahres ist in Wien vieles nicht mehr so, wie es war. Eine Revolution hat das Regime des Fürsten Metternich zu Fall gebracht. Seitdem sind die Dinge in Fluß; ob in Wien, in der gesamten Monarchie oder außerhalb in den meisten europäischen Staaten. Mit revolutionärem Elan hat man den alten Mächten Zugeständnisse abgetrotzt. Jetzt gilt es, das Erreichte für die Zukunft zu sichern und auszubauen. Die dazu nötige Beruhigung der Lage bleibt allerdings aus. Man spürt förmlich, daß der politische Gärungsprozeß noch voll im Gange ist. Regierung und Revolutionäre mißtrauen einander. Die in die Defensive gedrängten Kaiserlichen blicken voll Hoffnung nach Oberitalien. Der 82jährige Feldmarschall Graf Radetzky hat dort den aufständischen Italienern eine militärische Niederlage nach der anderen zugefügt. Mit den Siegen von Santa Lucia, Vicenza und Custozza hat er die nationalen Aspirationen des Königreichs Piemont-Sardi-

Graf Radetzky nach einer Zeichnung von Josef Kriehuber

nien auf das zu Österreich gehörende Königreich Lombardo-Venetien in die Schranken gewiesen. Die Lombardei bleibt in österreichischem Besitz. Große Erwartungen setzt die kaiserliche Partei auch in die habsburgtreuen Kroaten. Sie haben sich unter der Führung ihres Banus Jellačić gegen die aufständischen Ungarn erhoben. Mit größter Aufmerksamkeit verfolgt man in Wien die Entwicklung. Die hiesigen Revolutionäre hoffen auf den Erfolg der Ungarn, die Konservativen möchten die Kroaten unterstützen.

Kriegsminister ist zu dieser Zeit Theodor Graf Baillet de Latour. Er ist zugleich der einzige Vertreter der äußersten Rechten in der konstitutionellen Regierung. Das erste Wiener Grenadier-Bataillon soll sich zum Abmarsch Richtung Ungarn bereitmachen, befiehlt Latour. In der Gumpendorfer Kaserne kommt es daraufhin am 6. Oktober 1848 zur Meuterei. Im Nu springt der Funke der Empörung auf die Stadt über, tatkräftig unterstützt von ungarischen Agenten. Menschenmassen wälzen sich Richtung Kriegsministerium, drängen dort an der Hauptwache vorbei in den Hof hinein. Alle warten darauf, daß jetzt irgend etwas passiert. In dem Gedränge hat man zunächst nicht bemerkt, daß einige zivil gekleidete Herren aus einer Tür in den Hof getreten sind. Plötzlich ein Aufschrei: „Der Latour!" Der 68jährige Kriegsminister ist erkannt worden. Die Menge hindert ihn am Weitergehen. Der Hut wird ihm vom Kopf geschlagen. Umstehende

beginnen, den Wehrlosen zu stoßen und immer stärker mit Schlägen zu traktieren. Plötzlich hebt einer der Rabiatgewordenen einen Hammer auf und läßt ihn auf Latours Kopf niedersausen. Tödlich getroffen sinkt der alte Herr zu Boden. Niemand bemerkt es sogleich. Die Raserei steigert sich vielmehr noch. Ein Pioniersäbel zerschmettert dem reglos Daliegenden das Gesicht, gefolgt von einem Bajonettstich in die Brust. Unter gräßlichem Gejohle wird die Leiche hinaus auf den Platz geschleift und auf einen Gaskandelaber gehängt. Damit nicht genug, mißhandeln die Rasenden den baumelnden Leichnam, stechen und schießen auf ihn ein, reißen ihm auch alle Kleider herunter.

Am nächsten Tag stürmen militante Revolutionäre das kaiserliche Zeughaus. Tote bleiben zurück. Das ist das Fanal zur Oktoberrevolution. Der Kaiserhof flüchtet nach Olmütz, etwa 20.000 Bürger verlassen die Stadt, in der nun die Radikalen nach Gutdünken agieren. Im kaiserlichen Lager gewinnen die „Falken" die Oberhand. Von jetzt an wird kein Pardon mehr gegeben! Noch Ende Oktober nimmt die Armee unter Befehl des Fürsten Alfred Windisch-Graetz Wien und seine Vorstädte unter Beschuß – ärger, als dies die Franzosen 1809 getan haben. Die Mobilgarde, die die revolutionären Verteidiger gebildet haben, ist gegen die Armee chancenlos. Am 31. Oktober endet der Kampf um Wien mit dem vollständigen Sieg der Windisch-Graetz-Gruppen. Die Militärregierung verhängt zahlreiche Todesurteile. Auch

die Mörder Latours können ausgeforscht werden. Sie büßen ihre Tat am Galgen. Nie wird man in der Armee den schmachvollen Tod des Kriegsministers Latour vergessen. Auch der Gaskandelaber als unliebsame Erinnerung an den Sadismus einer entmenschten Masse muß entfernt werden. Unter Aufbietung aller Kräfte werden die Truppen des Kaisers – seit 2. Dezember 1848 ist dies der 18jährige Franz Joseph – der Revolution Herr. In Ungarn allerdings nur unter Mithilfe russischer Truppen. Ein Solidaritätsakt des Zaren Nikolaus I., dessen Reich als eines der wenigen damals von einer Revolution verschont bleibt.

In gedrückter, von Mißtrauen erfüllter Atmosphäre geht das Leben weiter. Vorbei sind die Zeiten biedermeierlichen Wohlbehagens, nun wimmelt es im Wiener Stadtbild von Uniformen. Sehr zum Mißvergnügen der Wiener, die sich mit der üblich gewordenen Militarisierung nicht anfreunden können. Selbst den blutjungen Kaiser sieht man nur in Generaluniform. Er regiert sein militärisch ruhiggestelltes Reich nun unumschränkt, mit seiner Mutter, Erzherzogin Sophie, als Ratgeberin im Hintergrund. Beide wissen nur zu gut, wem sie die Rettung von Dynastie und Reich zu verdanken haben: dem Militär, allen voran „Vater" Radetzky, Windisch-Graetz, Jellačić und dem für sein brutales Vorgehen gefürchteten General Haynau. Nach der Hofburg ist das Kriegsministerium Am Hof – Hofkriegsrat gibt es keinen mehr – das wichtigste Machtzentrum.

Extremes Sicherheitsdenken beherrscht die Köpfe der Militärs. Nie wieder will man dem Ausbruch revolutionärer Gewalt so hilflos gegenüberstehen wie 1848. Es gilt Vorsorge zu treffen, daß diese Gefahr ein für allemal gebannt wird. Über der Stadt hinter der Linie nächst dem Belvedere wächst die Trutzburg des Neoabsolutismus empor – das Arsenal. Festung, Ruhmeshalle und Rüstungsbetrieb in einem und allgegenwärtige Drohung für das Wien hinter den Wällen, das fünf Jahre lang im Belagerungszustand leben muß. Als bald darauf die Stadtmauern fallen und mit dem Bau der Ringstraße begonnen wird, haben die Militärs bei der Planung ein gewichtiges Wort mitzureden. An beiden Enden der entstehenden Prachtstraße werden festungsartige Kasernen errichtet, die Franz-Josephs- und die heute noch existierende Roßauer Kaserne. Von ihnen aus will man notfalls das Feuer auf den revoltierenden „plebs" eröffnen. Und um die Hofburg errichtet man ein prachtvolles, aber zweckmäßig hohes und stabiles Eisengitter, um den Palastbereich entsprechend abzusichern.

Während die Armeeführung ganz mit Sicherheitsplänen beschäftigt ist, der politisch entmündigte Bürger der anhebenden Gründerzeit die wirtschaftliche Hochkonjunktur nützt, verschieben sich außenpolitisch die Gewichte zuungunsten der Monarchie. Militärisch hat man auch in den italienischen Provinzen der Monarchie die Revolution niederkartätschen können. Aber in den Herzen und Köpfen der Menschen

Das schmähliche Ende eines Kriegsministers: Die Leiche des Grafen Latour auf dem Gaskandelaber Am Hof, zeitgenössische Darstellung

lebt der Gedanke und die Sehnsucht nach nationaler Einheit weiter. In Frankreich regiert nun ein Mann, der sich in seiner Jugend aktiv als Carbonaro, als Mitglied eines nationalliberalen Geheimbundes engagiert hat: Kaiser Napoleon III., der Neffe des großen Korsen. Er wird zum Protektor der italienischen Einheitsbestrebungen, die politisch vom Königreich Piemont-Sar-

Schicksalswende auf dem Schlachtfeld: Die Niederlage von Solferino beendet Österreichs Vormachtstellung in Italien, 1859

dinien ausgehen. In Turin hat man die Niederlage durch Radetzkys Armee nicht vergessen. Man sehnt den Tag der Revanche und der nationalen Glorie herbei. Der Kriegsausbruch 1859 trifft ein nach dem Krimkrieg isoliertes Österreich. Der Kaiser übernimmt persönlich das Kommando der österreichischen Truppen in der Lombardei. Man fühlt sich sicher durch das Festungsvier-eck Verona–Mantua–Peschiera–Legna-no, das der selige Radetzky nach seinen Erfahrungen am italienischen Kriegs-schauplatz zu Zeiten des ersten Napole-on hat anlegen lassen. Wie ein Keulen-schlag trifft es die so selbstbewußten Militärs, als in Wien die Nachricht von den Niederlagen bei Magenta und Sol-ferino eintrifft. Der Krieg ist verloren! Dahin ist auch die Lombardei, eine der reichsten Provinzen der Monarchie. Die Sekundogarnituren der Habsburger ver-lieren ihre Staaten in Oberitalien, die Toskana und Modena. Nur Venetien bleibt in österreichischem Besitz.

Niedergeschlagen kehren der Kaiser und seine ihm verbliebenen Truppen zu-rück nach Wien, wo sie eisiges Schwei-gen erwartet. Nie wieder wird Franz Joseph ein militärisches Kommando

Warten auf die Entscheidung: Ludwig von Benedek im Hauptquartier der Nordarmee in Olmütz 1866

übernehmen. Als Folge der Niederlage läßt sich der so vehement betonte Absolutheitsanspruch des Monarchen beim Regieren nicht aufrechterhalten. Die Suche nach einer konstitutionellen Lösung beginnt.

Außenpolitisch sind die Gefahren für Österreich keineswegs gebannt. Eine andere wichtige Frage harrt einer endgültigen Lösung. Preußen hat seit 1862 einen neuen Ministerpräsidenten: Otto von Bismarck. Er ist entschlossen, die höchst fragile Konstruktion des Deutschen Bundes durch eine Entscheidung zwischen Österreich und Preußen zu ersetzen. 1815 hat man den Deutschen Bund gegründet als Ersatz für das 1806 aufgelöste Heilige Römische Reich und Österreich den Vorsitz in diesem losen Staatenbund überlassen. Das Verlangen nach nationaler Einheit der Deutschen bringt die Politiker in Wien und in Berlin in Zugzwang. Die Frankfurter Paulskirche hat sich zu Zeiten der Revolution 1848/49 als untaugliches Mittel herausgestellt, den Traum von deutscher Einheit zu verwirklichen. Ebenso gescheitert ist damals der Versuch, eine Union unter Preußens Führung zustande zu bringen. Österreich hat nach Niederschlagung der Revolution auch die Zustände im Deutschen Bund wiederhergestellt und Preußen gezwungen, dies zu akzeptieren. Diese „Schmach von Olmütz" ist in Berlin unvergessen. Jetzt bestimmt dort ein Politiker, der überzeugt ist, die deutsche Einheit könne man nicht durch Reden und Majoritätsbeschlüsse, sondern nur durch Blut und Eisen herbeiführen. Mit atemberaubender Entschlossenheit geht Bismarck an die Lösung der deutschen Frage in preußischem Sinne heran. Der Krieg mit Dänemark vereint die Rivalen Preußen und Österreich noch einmal. Die Beute – die Herzogtümer Schleswig und Holstein – wird nach dem Sieg geteilt. Ein auf die Dauer unhaltbarer Zustand, der im Vertrag von Gastein fixiert ist. Zugleich ein idealer Vorwand, Österreich beim geringsten Verstoß dagegen den Krieg zu erklären. Bismarck wartet nur darauf, *„Österreich auf die Hühneraugen zu treten"*, wie er einem Mitarbeiter wörtlich sagt. Die Österreicher tun ihm den Gefallen. Ein Militärpakt zwischen Preußen und Italien vom April 1866 ist wie ein Menetekel an der Wand, daß Österreich ein Zweifrontenkrieg bevorsteht. Mitte Juni bricht er aus.

Sieg! Sieg bei Custozza! Die Südarmee hat unter dem Oberbefehl Erzherzog Albrechts das zahlenmäßig überlegene Heer der Italiener geschlagen. Hoffentlich kommt solch gute Nachricht bald auch von der Nordarmee, die unter dem Kommando des Feldzeugmeisters Ludwig von Benedek steht; ein erfahrener Militär, den man auf höchsten Befehl von Italien nach Böhmen abkommandiert hat; ein Land, das er als Stratege nicht näher kennt. Doch bereits die Meldungen über die ersten Gefechte der Österreicher mit den rasch nach Böhmen vorstoßenden Preußen lauten ungünstig. Soll man da noch eine Hauptschlacht wagen?

„Bitte Eure Majestaet dringend um jeden Preis den Frieden zu schließen. Katastrophe für Armee unvermeidbar", lautet Benedeks chiffriertes Telegramm an den Kaiser, aufgegeben in Königgrätz am 1. Juli 1866, 11 Uhr 30.

Er bekommt zur Antwort: *„Einen Frieden zu schließen unmöglich – ich befehle – wenn unausweichlich, den Rückzug in größter Ordnung anzutreten. Hat eine Schlacht stattgefunden?"*

Franz Joseph läßt damit durchblicken, daß die Ehre es gebiete, sich der großen Herausforderung trotz allem zu stellen. Mit der Elbe im Rücken wagt Benedek am 3. Juli 1866 bei Königgrätz die Schlacht. Das Verhängnis nimmt seinen Lauf. So vernichtend die Niederlage für die Österreicher ist, so fulminant der Sieg für die Preußen unter dem Kommando Hellmuth von Moltkes. Seine überlegene Taktik des „Getrennt marschieren, vereint schlagen" gibt ebenso den Ausschlag wie das Zündnadelgewehr, die damals modernste Angriffswaffe. Sie hat die fünffache Feuerkraft der österreichischen Vorderlader. Wieder einmal hat man in Österreich die Bedeutung technischer Neuerungen nicht erkannt und muß jetzt einen hohen Preis dafür zahlen.

Nur mit Mühe gelingt es, die Reste der geschlagenen Armee an die Donaulinie zurückzuführen. Die siegreichen Preußen stoßen unterdessen weiter ins Innere des Landes vor. Die Wiener lassen sich von den Hiobsbotschaften von der Front nicht stören und geben sich ihren gewohnten Vergnügungen hin. Der politisch entmündigte Bürger revanchiert sich mit offen zur Schau gestellter Gleichgültigkeit, wenn nicht sogar mit Schadenfreude. Im kaiserlichen Lager hingegen hegt man schlimmste Befürchtungen. Womöglich rücken die Preußen in Wien ein, halten ihre Siegesparade auf der Ringstraße ab, die erst im Vorjahr festlich eröffnet worden ist. Nach Napoleon nun womöglich der preußische König Wilhelm in Schönbrunn oder in der Hofburg! Unvorstellbar diese Schmach! Doch es kommt nicht soweit. Bismarck besitzt eine für Staatsmänner seltene Eigenschaft. Er versteht im Triumph maßzuhalten. Erst seine politischen Erben werden mit Blick auf seine Erfolge in Maßlosigkeit verfallen und das von ihm mit so viel Geschick errichtete Reich vernichten. Bismarck denkt an das Morgen. Die große Monarchie Habsburgs kann man als künftigen Bündnispartner gut brauchen. Eine Demütigung jetzt wäre sicher das falsche Mittel dazu. So muß Österreich keinen Quadratmeter seines Territoriums abtreten, die auferlegte Kriegsentschädigung ist höchst maßvoll. Nur in deutschen Angelegenheiten hat Österreich nichts mehr mitzureden. Der Deutsche Bund ist Geschichte. Von nun

Das zweite große militärische Desaster: Nach der Niederlage von Königgrätz muß Österreich die Vormachtstellung Preußens in Mitteleuropa akzeptieren, kolorierte Lithographie

an bestimmt Preußen, wie es mit der deutschen Einigung weitergeht.

Mitten in die sich überstürzenden Ereignisse platzt eine erfreuliche Meldung. Die österreichische Flotte hat vor der dalmatinischen Insel Lissa einen glänzenden Sieg über die italienische Flotte errungen. Admiral Wilhelm von Tegetthoffs Rammtaktik war erfolgreich. Nach Custozza der zweite Tropfen Balsam auf die wunde österreichische Seele. Doch nützt das etwas? Im Gegenteil! Der zu Land und zur See geschlagene Gegner wird mit der Abtretung des reichen Venetien noch belohnt. Unfaßbar! Die altgedienten Militärs verstehen die Welt nicht mehr. Wozu hat man denn mit dem Einsatz des Lebens

Der Allerverachteste: Ludwig v. Benedek in der Uniform des Feldzeugmeisters, Photo

gekämpft? Konnten sie wissen, daß die Abtretung Venetiens so oder so gekommen wäre; daß Österreich sich bereits vor dem Kriegsausbruch die Neutralität Napoleons III. erkauft hatte mit der Zusicherung, auch im Falle eines Sieges über die Preußen Venetien herauszugeben. Die verschlungenen Pfade der Geheimdiplomatie machen solches möglich.

Die Wunden, die die Niederlage von Königgrätz geschlagen haben, vernarben nur oberflächlich. Bei Kaiser und Armee wird das Selbstbewußtsein nie mehr wieder das alte sein. Benedek, in Ungnaden in Pension geschickt, ist der meistgeschmähte, allerverachtetste Mensch in der ganzen Monarchie; *der* Versager schlechthin. Man stellt ihn vor ein Kriegsgericht. *„Will niemand anklagen, will mich nicht verteidigen, will nicht schreiben, will nicht reden zu meiner Entschuldigung",* schreibt er seiner Frau. Das Verfahren wird auf Befehl des Kaisers eingestellt. Weiterhin kommt kein Wort über seine Lippen. Erst später erfährt man die Vorgeschichte der Tragödie. Benedek wollte schon 1863 in Pension gehen. Man ließ ihn nicht, zwang ihm – den Italien-Erfahrenen – das Kommando über die Nordarmee gegen seinen ausdrücklichen Willen auf. Der alte, kranke Mann opferte sich für Kaiser und Reich. Der Dynastie bleibt die Schmach erspart, daß eines ihrer Mitglieder die Niederlage gegen die Preußen zu verantworten hat. Erzherzog Albrecht geht als Sieger von Custozza in die Geschichte ein und erhält ein Denkmal. Benedek stirbt einsam 1881 in Graz. Einen militärischen Leichenkondukt hat er sich verbeten …

Die Monarchie bleibt eins – und wird doch zweigeteilt. Der nach Königgrätz nicht mehr aufschiebbare Ausgleich mit Ungarn bringt die dualistische Lösung und damit die Doppel-Monarchie: mit zwei Reichshälften, zwei Regierungen, zwei Parlamenten und zwei Hauptstädten. Gemeinsam bleiben nur der Herrscher, die Außenpolitik, die Finanzen und – das Heer. Beide Reichshälften verfügen allerdings über je eine eigene Landwehr (in Ungarn die königliche Honvéd). Es besteht nun allgemeine Wehrpflicht für alle Männer zwischen 21 und 42 Jahren. Die aktive Dienstzeit beträgt drei Jahre.

Möglichst sorgsam bewahren oder dynamisch weiterentwickeln? Vor dieser grundsätzlichen Entscheidung steht man um die Jahrhundertwende auch in Fragen, die die Zukunft der k. u. k. Armee betreffen. Nur keine Experimente, heißt die Devise des Kaisers. Bei dem nationalen Hader, unter dem die Monarchie leidet wie nie zuvor, kann jede unbedachtsame Änderung das ganze mühsam aufrechterhaltene Gleichgewicht zum Kippen bringen. Konservieren heißt sichern für die Zukunft, ist Franz Joseph überzeugt.

Konservieren heißt Stagnation und Rückschritt! Die Monarchie ist in Lebensgefahr, wenn sie sich nicht den Herausforderungen der neuen Zeit stellt, argumentieren die Verfechter der Erneuerung. Sie drängen zu neuen Taten, die Anhänger der konservativen Seite fühlen sich bedrängt. Der Meinungskonflikt zweier Grundanschauungen zieht sich hinauf bis zur Spitze von Staat und Armee. Dem nunmehr schon mehr als 70 Jahre alten Kaiser steht ein etwa 40 Jahre alter Thronfolger gegenüber. Erzherzog Franz Ferdinand ist der Erbe des Thrones, nachdem Kronprinz Rudolf mit einem Schuß gegen die Schläfe seinem Leben ein Ende gesetzt hat; nach den militärischen Katastrophen noch ein Unglück, das die Monarchie bis in ihre Grundfesten erschüttert hat. Franz Ferdinand, mißtrauisch, unwirsch, aber hochintelligent und von rascher Auffassungsgabe, macht sich keine Illusionen über den Gesamtzustand des Reiches. Sein besonderes Interesse gilt dem Militär. Die Zustände in diesem Bereich bereiten ihm größte Sorge. Die Großmächte rüsten um die Wette. Österreich-Ungarn, das sich zu ihnen zählt, ist dabei ins Hintertreffen geraten. Sogar kleinere Staaten verfügen über ein größeres Heer, als es die Monarchie mit ihrem seit langem gleichgebliebenen 450.000 Mann Friedensstärke hat. Die technische Ausrüstung ist höchst mangelhaft, es fehlt an automatischen Gewehren, die Artillerie ist veraltet, die Flotte total vernachlässigt. So kann, so darf es einfach nicht weitergehen, bedrängt Franz Ferdinand den Kaiser. Vor allem müssen die alten Herren an der Spitze der Armee endlich jüngeren, dynamischen Kräften Platz machen. Der Chef des Generalstabs, Friedrich von Beck-Rzikowsky, ist genauso alt wie der Kaiser und ebenso konservativ. Franz Joseph hängt sehr an ihm, nennt ihn „Mein Freund", im Volksmund heißt Beck „Vizekaiser". Franz Ferdinand hat auch schon einen geeigneten Kandidaten bereit: Franz Conrad von Hötzendorf, ein höchst erfahrener Offizier und angesehener Militärschriftsteller. Der Thronfolger hält große Stücke auf diesen Mann und seine Tatkraft. Conrads Befehlsgebung bei den Manövern in Tirol 1905 hat bei ihm einen un-

Franz Conrad v. Hötzendorf, über den Kartentisch gebeugt, Photo

auslöschlichen Eindruck hinterlassen. 1906 gibt der Kaiser, von Franz Ferdinand immer mehr in die Defensive gedrängt, nach. Beck wird pensioniert, sein Nachfolger heißt Conrad.

Mit Skepsis liest der Kaiser die Berichte seines neuen Generalstabschefs oder hört ihm beim direkten Vortrag zu. Die Wahrheit zu sagen hatte der Oberste Kriegsherr Conrad ausdrücklich zur Pflicht gemacht – aber in dieser Art? Dieses Insistieren, diese nahezu brutal offene Sprache ist der alte Herr nicht gewöhnt. Immer dieses Hervorheben von Mängeln in der Armee, so als ob alles dort schlecht wäre! *„Ich ärgere mich immer, wenn ich Ihre Denkschriften lese!"* sagt Franz Joseph Conrad einmal bei einem seiner Vorträge wutentbrannt. Sein Gesicht ist hochrot, die Adern treten hervor. Conrad hat Angst, den Hochbetagten könnte der Schlag treffen. Zehn Minuten sitzen sie schweigend einander gegenüber, ehe der Chef des Generalstabs seinen Vortrag fortsetzen kann. *„Ich danke",* sagt der Kaiser zum Abschluß trocken und läßt Conrad gehen ... Und dann noch dieses Politisieren! Auch so ein Phänomen der neuen Zeit, das dem Kaiser mißfällt. Was geht einem Chef des Generalstabs die

Herbstmanöver 1909: Kaiser Franz Joseph, Thronfolger Erzherzog Franz Ferdinand (ganz links) und Generalstabschef Franz Conrad von Hötzendorf

Wachablösung vor dem alten Kriegsministerium, Photo, Frühjahr 1913

Außenpolitik an? Sie ist seit jeher die Domäne der Krone. Allen Ernstes schlägt Conrad vor, die Monarchie solle Präventivkriege gegen Italien und gegen Serbien führen. Von beiden Staaten erwachse Österreich-Ungarn eine von Jahr zu Jahr größere Gefahr. Jetzt sei noch Zeit, sie militärisch auszuschalten, denn mit der Rüstung seien sie noch im Rückstand, argumentiert Conrad. Nicht nur er hat erkannt, daß Italien ein höchst fragwürdiger Verbündeter der Monarchie innerhalb des Dreibundes ist. Mit unverhohlener Begehrlichkeit blickt Rom auf die „terra irredenta", die unerlöste Erde, wie man dort die italienischsprachigen Gebiete Österreich-Ungarns bezeichnet. Es besteht kein Zweifel, daß Italien die nächstbeste Gelegenheit nutzen wird, um sich diese Gebiete anzueignen. In Serbien wiederum ist es zu einem für das Habsburgerreich höchst ungünstigen Machtwechsel gekommen. Auf bestialische Weise wurden dort 1903 die österreichfreundliche Dynastie Obrenović und ihre politischen Hauptvertreter ausgerottet. Die Nachricht von dem grausigen Geschehen in Belgrad hatte man dem Kaiser just während der traditionellen Fronleichnamsprozession in Wien mitteilen müssen. Jetzt regiert in Serbien die russenfreundliche Dynastie Karageorgević. Dieses Serbien fühlt sich als „Piemont" der südslawischen Völker; also als Kristallisationskern für ein künftiges großes südslawisches Reich, das hauptsächlich auf Kosten Österreich-Ungarns zustande käme. Jetzt mit den noch verwundbaren Gegnern in Form eines blitzartigen Überfalls abzurechnen, wäre ein Gebot staatspolitischer Klugheit, empfiehlt der tatendurstige Chef des Generalstabs.

„Kommt nicht in Frage!" entgegnet der Kaiser, dem die wiederholten Forderungen Conrads nervlich ziemlich zusetzen. „Meine Politik ist eine Politik des Friedens. Dieser Meiner Politik müssen sich alle anbequemen. In diesem Sinne führt Mein Minister des Äußern Meine Politik. Es ist ja möglich, daß es zu diesem Krieg kommt, auch wahrscheinlich. Er wird aber erst geführt werden, bis Italien uns angreift", stellt Franz Joseph im November 1911 energisch klar. Außenminister ist zu dieser Zeit Aloys Lexa Freiherr von Aehrenthal. Er steht im schroffen Gegensatz zu Conrad. Was für eine höchst gefährliche Idee, einen langjährigen Verbündeten wie Italien aus heiterem Himmel anzugreifen! Österreich-Ungarn ist vertragstreu, der erneuerte Drei-Bund-Vertrag gilt bis 1914. Und

dabei bleibt es, insistiert Aehrenthal. Was bildet sich dieser wildgewordene Militär denn ein, sich in außenpolitische Angelegenheiten einzumischen. Kriegsvorbereitungen sind Conrads Sache und nichts anderes, verteidigt der Außenminister energisch seine Kompetenzen. Dieser Conrad ist ihm höchst widerwärtig, bis ins Persönliche hinein. Kaiser und Thronfolger werden in den tiefgreifenden Konflikt involviert, müssen schlichtend eingreifen. Das alles kostet den Beteiligten viel Nervenkraft.

Sosehr Franz Ferdinand Conrad protegiert, dessen Präventivkriegsideen vermag auch er nichts abzugewinnen: *„Nehmen wir sogar den Fall, daß kein anderer uns stört, wir in aller Ruhe mit Serbien abrechnen! Was hätten wir davon? Nur einen Haufen Diebe, Mörder und Halunken mehr und ein paar Zwetschkenbäume, den Verlust von soundso viel Soldaten und einige Milliarden Kosten."* Der Thronfolger, erfüllt von Ungeduld und Tatendrang, zieht in diesen Jahren immer mehr militärische Kompetenzen an sich. In einem zähen Kampf ringt er sie dem kaiserlichen Onkel ab, bis er 1913 als „Generalinspekteur der gesamten bewaffneten Macht" sich den generellen Einfluß auf alle Armeeangelegenheiten sichern kann. Ein seltsamer, schädlicher Dualismus hat sich mit den Jahren in Wien herausgebildet. Hofburg und Belvedere verkörpern einen Generations- und Kurskonflikt an der Spitze des Staates: hier der beharrende alte Monarch, dort der nervös auf die Stunde seiner Thronbesteigung wartende

Thronfolger. Auch dem Kriegsministerium Am Hof entsteht mit der Militärkanzlei Franz Ferdinands im Schloß Belvedere eine Konkurrenz. Dem Ausland bleibt die Doppelgleisigkeit in Wien nicht verborgen. Die Monarchie erscheint in einem diffusen Licht: einmal als „kranker Mann an der Donau", dann wieder als Hort von Kriegstreibern.

Trotz aller Querelen und Doppelgleisigkeiten kommt die Modernisierung von Heer und Flotte voran. In Südtirol wird ein Festungsgürtel auf der Hochfläche der Sieben Gemeinden (Folgaria-Lavarone) gebaut, um im Kriegsfall von dort aus militärisch in die Ebene Venetiens vorstoßen zu können. Der 30,5-Zentimeter-Mörser wird nach vielfachem Widerstand doch eingeführt. Das als Wunderwaffe geltende schwere Geschütz soll im Fall des Falles die Festungen der Italiener aufbrechen. Kriegsminister Moritz von Auffenberg entgeht mit seiner Initiative nur knapp einer Ministeranklage, weil er gegen einen abschlägigen Ministerratsbeschluß vom Dezember 1911 verstoßen hatte. Ein Glück für ihn und seinen Reformehrgeiz, daß die Nachricht vom Beginn des Balkankrieges 1912 die Politiker beider Reichshälften zum Einlenken veranlaßte. Die ersten modernen Schlachtschiffe der k. u. k. Marine laufen vom Stapel, man beginnt mit der Aufstellung einer Luftflotte. Ein neues Wehrgesetz wird endlich im Juli 1912 angenommen. Die Friedensstärke der k. u. k. Armee soll schrittweise von 450.000

auf 600.000 Mann angehoben werden, 1918 (!) will man soweit sein! Zum Leidwesen der Militärs ist nie genug Geld da, um rasch aufrüsten oder auch mehr für den Nachrichtendienst und die Spionageabwehr tun zu können. Die Zahl der Spionagefälle hat in den vergangenen Jahren geradezu explosionsartig zugenommen – untrügliches Vorzeichen für die wachsende Kriegsgefahr. Zum Glück verfügt der Generalstab über ein Evidenzbüro, das im vierten Stock des Kriegsministeriums untergebracht ist; in einem einzigen Raum – man muß schließlich sparen. Auch für die Anwerbung und die fortgesetzten Dienste brauchbarer Konfidenten im Ausland ist viel zu wenig Geld vorhanden. Dafür hat man besonders tüchtige, allzeit getreue Fachleute mit der heiklen Aufgabe betraut, wie August von Urbanski als Chef des Evidenzbüros und als seinen Stellvertreter und Chef der Spionageabwehr, Alfred Redl ...

Düstere Wolken sind unterdessen am Horizont der Weltpolitik aufgezogen. Spannungen zwischen den Großmächten gehören zum Alltag, die Bündnissysteme in Europa verfestigen sich. Man spricht immer öfter vom unvermeidbaren Krieg. Auf dem Balkan ist er als Regionalkrieg bereits im Gange. Den Stein ins Rollen brachte Italien mit seinem Krieg gegen das Osmanische Reich 1911. Tripolitanien (heute Libyen) und die Inselgruppe des Dodekanes in der Ägäis sind Italiens Kriegsbeute. So leicht ist also ein Sieg gegen die einst so gefürchteten Türken zu erringen, stellen

Offizier und Wache eines ungarischen Regimentes vor dem Portal Am Hof, Photo 1905

die Politiker in Serbien, Montenegro, Griechenland und Bulgarien überrascht fest. Muß es da nicht ein leichtes sein, die Türken gänzlich von europäischem Boden zu verjagen, wo sich ihr Groß-

reich doch eindeutig als Papiertiger entpuppt hat? Gemeinsam stürzen sich die vier Balkanstaaten 1912 über die Türken und jagen sie bis knapp vor Konstantinopel. Doch dann geraten sich die

Sieger über die Verteilung der Beute in die Haare. Bulgarien, das den Hauptbeitrag zum Sieg über die Osmanen leistete, wird nun selbst zum Opfer. Die bisherigen Verbündeten fallen 1913 zusammen mit dem bis jetzt unbeteiligten Rumänien über die Bulgaren her und bereiten ihnen eine Niederlage. Hauptsieger ist nun Serbien, das sein Staatsgebiet verdoppeln kann. Das Ziel im Süden ist erreicht, der Rücken für die Serben frei. Die Augen Belgrads richten sich nun auf die Mitte Europas, auf Habsburgs altes Reich, dem man die Annexion Bosnien-Herzegowinas im Jahr 1908 niemals verzeihen kann ...

Einigkeit besteht in Wien bei allen, daß ein neues Kriegsministerium dringend erforderlich ist. Das ehrwürdige Haus Am Hof ist längst viel zu klein geworden. Zahlreiche Dienststellen befinden sich anderswo in der Stadt, zum Teil in Mietshäusern, für die man viel zahlen muß. Ein Architektenwettbewerb für einen Neubau wird ausgeschrieben. 67 Architekten beteiligen sich. Der erste Preis geht an Ludwig Baumann. Sein neobarocker Kolossalbau von 200 Metern Länge und mit etwa 3.000 Fenstern wird auf den Gründen zwischen Stubenring und Wienfluß errichtet, die noch nicht verbaut sind. Bevor noch die Träger der schimmernden Wehr mitsamt ihren Büros in das neue Haus übersiedeln, verabschiedet sich ihr verewigtes Idol vom Platz Am Hof: Radetzkys 6.000 kg schwere Reiterstatue, die 1892 vor dem Kriegsministerium enthüllt worden ist. Zwanzig Jahre lang

hat Vater Radetzky mit gebieterischer Feldherrngeste die Standeln des Marktes Am Hof beherrscht. Nun tritt er in der Nacht vom 27. auf den 28. Juli 1912 die technisch beschwerliche und aufwendige Fahrt zum Stubenring an. Seit September dieses Jahres weist er gebieterisch hinüber auf Otto Wagners Postsparkasse; dem berühmten Werk jenes Architekten, dessen Entwurf für das neue Kriegsministerium papierene Phantasie bleiben mußte.

Unter Getöse, verschleiert in Staubwolken, zerbrechen im Sommer 1913 die geschichtsträchtigen Mauern Am Hof. Hier haben sich Ordensleute zur höheren Ehre Gottes und für das eigene Seelenheil kasteit, hier haben Gewissenskämpfe um den rechten Glauben stattgefunden, Schüler haben hier gebüffelt und Theater gespielt, Österreichs höchste Offiziere haben sich hier den Kopf zerbrochen, wie man die militärische Stärke der Monarchie ausbauen könnte. Jetzt klafft ein großes Bauloch an dieser Stelle. Und während die einen den Verlust eines weiteren Stückes von Alt-Wien, den verletzten Grundakkord des schönen Platzes betrauern, richten andere ihre Blicke sorgenvoll auf die Zukunft. Die Monarchie wird in diesem Sommer 1913 durch eine Affäre bis in ihre Grundfesten erschüttert. Der einstige Chef der Spionageabwehr, Oberst des Generalstabes Alfred Redl, hat alle militärischen Planungen für den Fall eines Krieges mit Rußland verraten. Seit Jahren schon wissen die Russen bis in jedes Detail Bescheid. Nur durch Zufall

war man dem Verräter auf die Spur gekommen. Ein von Redl begangener simpler Fehler hatte die Falle zuschnappen lassen. Er leugnete nicht, nahm schließlich die ihm gebotene Gelegenheit wahr, mit einem Pistolenschuß seinem Leben ein Ende zu setzen. Zu gerne hätten Regierung und Armeeführung die ganze Affäre vertuscht. Schon ist eine heuchlerische Würdigung des so überraschend Dahingegangenen in der Presse erschienen, da kommt der Journalist Egon Erwin Kisch ebenfalls durch einen simplen Zufall der Wahrheit auf die Spur. Nun weiß die Allgemeinheit, daß Oberst Redl Opfer einer Erpressung wegen seiner homosexuellen Veranlagung war. Der Schaden, der der Monarchie daraus entsteht, ist immens. Auf der ganzen Welt erregt die Affäre Redl Aufsehen. Kaiser Franz Joseph, mittlerweile 83 Jahre alt, versteht die Welt nicht mehr: *„Das also ist die neue Zeit. Und das die Kreaturen, die sie hervorbringt. In unseren alten Tagen wäre so etwas nicht einmal denkbar gewesen!"*

Die Wachen im Geiste, die Feinfühligen erahnen die Tragweite der Spionageaffäre. Der damals 32jährige Stefan Zweig spürt das erste Mal *„das Grauen an der Kehle"*. Eine Persönlichkeit ist in ganz besonderem Maße bis in ihr Innerstes getroffen: Bertha von Suttner. Ihren Namen kennt alle Welt durch den Roman „Die Waffen nieder". Krieg – das bedeutet für sie Bestialität, Greuel, Vernichtung. Den Kampf gegen den Wahnsinn des Krieges hat sie zu ihrer Lebensaufgabe gemacht und dafür 1905 auch den Friedensnobelpreis erhalten. Dafür haben die stolzen Krieger und „ganzen Männer" nur Verachtung und Spott übrig: Weibergewäsch, Humanitätsduselei! Wieder so eine nervtötende Kassandra! Das Bekanntwerden der Affäre Redl bringt die sonst so stille, gütige Aristokratin kurzzeitig sogar aus der Fassung. Auf der Straße, wo sie zufällig Stefan Zweig begegnet, schreit sie ganz laut: *„Die Menschen begreifen nicht, was vorgeht. Das war schon der Krieg, und sie haben wieder einmal alles vor uns versteckt und geheimgehalten. Warum tut Ihr nichts, Ihr jungen Leute? Euch geht es vor allem an! Wehrt Euch doch, schließt Euch zusammen! Laßt nicht immer alles uns paar alte Frauen tun, auf die niemand hört … Es steht schlimmer als je, die Maschine ist doch schon im Gang!"*

Im August 1914 soll ein Weltfriedenskongreß in Wien stattfinden. Mitten in den Vorbereitungen dazu stirbt Bertha von Suttner am 21. Juni 1914. Sieben Tage später fallen die Schüsse von Sarajevo …

Das große Österreich versinkt, dann auch das kleine Österreich. Zum zweitenmal in kurzer Folge stürzt der Wahnsinn eines weltumspannenden Krieges Land und Menschen in tiefstes Elend. Wo einst die kriegerische Planung Alt-Österreichs ihren Amtssitz hatte, werden 1944/45 die grauenhaften Auswirkungen moderner Kriegstechnik sichtbar. Eine tausend Kilogramm schwere Bombe und Luftminen lassen an dem strahlend schönen Sonntag, dem 10. September 1944, den Bankpalast in seinen Grundfesten erzittern. Mauern und Zwischenwände stürzen krachend zusammen. Schwerste Betonträger werden verbogen, Fenster und Türstöcke herausgerissen, Zwischenböden hoch aufgewölbt. Überall Schutt und Glas – mehr als 3.000 Quadratmeter Glasbruch, darunter die Reste herrlicher Bleigläser und kunstvoller Glasmalereien. Vom Glasdach samt der Eisenkonstruktion des Kassensaales ist nichts übriggeblieben. Ein Notdach wird errichtet. Doch die Schrecken des Krieges

sind noch nicht ausgestanden. Im Kampf um Wien stellen die ins Stadtinnere vorgedrungenen Sowjettruppen im April 1945 ein Geschütz vor dem Bankgebäude Am Hof auf, feuern von hier aus auf die abziehenden Deutschen jenseits der Donau. Diese machen den Standort der sowjetischen Batterie aus und antworten mit Artilleriegeschossen. Noch mehr Schäden sind die Folge. Das Notdach wird zerstört. Regen dringt in das ungeschützte Gemäuer, beschädigt auch die Tresorräume. Es dauert Jahre, bis die letzten Spuren des Krieges Am Hof Nr. 2 beseitigt sind.

Heute herrscht hier Bankenalltag wie anderswo auch. Merkwürdig, wie wenig Zeit vergehen muß, daß Geschäftigkeit des Augenblicks die Erinnerung auch an jüngst Vergangenes aus dem Bewußtsein verdrängt. Das stimmt gerade hier nachdenklich. Denn hier ist ein Stück Wiener Bodens, auf dem sich wie bei keinem anderen der Werdegang Österreichs in so vielfältiger Weise acht Jahrhunderte hindurch entschieden hat.

Das Mozarthaus zu Wien.

Der Mozarthof in der Rauhensteingasse 8, Xylographie Mitte 19. Jahrhundert

DAS LETZTE LEBENSJAHR EINES GENIES UND EIN ITALIENER IN WIEN

Das Sterbehaus des Wolfgang Amadeus Mozart und der Mozarthof

Rauhensteingasse 8

Von der Kärntner Straße, der Singerstraße, der Seilerstätte kommen sie in Scharen. Mit Schirmen, Stöcken, Fähnchen oder anderen markanten Erkennungszeichen halten die Anführer ihre Gruppen der Wien-Besucher zusammen und weisen ihnen den Weg Richtung Rauhensteingasse. Jeder Wien-Reisende mit einigermaßen kulturellem Niveau hält es für ein „Muß" im Besichtigungsprogramm: das kleine zweistöckige Haus Rauhensteingasse 8. Ein gütiges Geschick hat es vor der Abrißwut der Gründerzeit und vor der Kriegsfurie der Jahre 1944/45 bewahrt. Später, als die Zeiten wieder besser waren, hat man es sorgfältig außen und innen restauriert; nicht zuletzt auch, weil Wien der Stadt Salzburg nicht nachstehen wollte. Auch die anderen Häuser in der engen, einst eher düster wirkenden Rauhensteingasse präsentieren sich in neuem Glanz, so als ob es gelte, dem eigentlichen Mittelpunkt keine Schande zu bereiten. Längst schon ist der Autoverkehr verbannt aus dem Viertel ringsum. Eine Fußgängerzone, gepflastert und nächtens mit Altstadtkandelabern beleuchtet, erhöht die Attraktivität der

Gasse. Trotzdem kommt es in der Tourismushauptsaison immer wieder zu Stauungen. Das Haus auf Nummer 8 ist einfach zu klein, um all die Scharen der Interessierten und Organisierten auf einmal fassen zu können. So muß sich manche Gruppe vorerst einmal gedulden, bevor sie in das Sterbehaus des Wolfgang Amadeus Mozart eingelassen wird. Durch das breit ausladende Tor führt der Weg hinauf in die geräumige Wohnung im ersten Stock. In anschaulicher Weise, auch für den Laien verständlich, wird hier dokumentiert, was Mozart in seinem letzten Lebensjahr Unvergängliches geschaffen hat. Originale und – wo es nicht möglich war – Kopien veranschaulichen, was sich in diversen Fachbüchern oft recht trocken liest. Vor allem die „Zauberflöte" mit ihren volkstümlichen Melodien hat es den meisten Besuchern angetan. Auch das Menschliche im Leben des Wolfgang Amadeus Mozart kommt an dieser Gedenkstätte nicht zu kurz. Von den Geldbettelbriefen, den derb spaßhaften Stellen in anderen Schreiben, über Gegenstände des täglichen Gebrauchs bis hin zu Krankheitsschilderungen und

Totenprotokoll ist hier alles dokumentiert. Zugleich wird mit abstrusen Legendenbildungen um Mozarts Leiden und Sterben aufgeräumt. Und so verläßt der Besucher dieses denkwürdige Haus in der Überzeugung: Wäre ich nicht hierhergekommen, dann hätte ich etwas Wichtiges zum Verständnis Wiens und seiner Kultur versäumt.

Das eben Geschilderte ist leider zur Gänze ein PHANTASIEBILD. Mozarts Sterbehaus besteht schon seit etwa 150 Jahren nicht mehr. An seiner Stelle befindet sich heute ein moderner, nichtssagender Neubau – der Hintertrakt des Kaufhauses „Steffl". Lediglich eine marmorne Gedenktafel auf weißgetünchtem Sichtbeton gleich neben dem Kaufhauseingang erinnert den wirklich Schauenden, daß er hier auf historisch bedeutsamem Boden steht. Ebenfalls Hausnummer 8 trägt der rechts anschließende Altbau mit der schmutzigbraunen Stuckfassade und dem Balkon über dem Haustor. Man braucht gar nichts Genaues zu wissen. Ein wacher Blick genügt, um zu erahnen, daß dieses Haus einst bessere Tage gesehen haben muß. Tatsächlich ist es der letzte Rest

Die Realität von heute: Rauhensteingasse 8, rechts der Rest des einstigen Mozarthofes, links die Rückfront des Kaufhauses „Steffl" anstelle des Sterbehauses, Photo 1996

eines einst repräsentativen Wohnhauses, das Mitte des 19. Jahrhunderts anstelle von Mozarts Sterbehaus und zweier angrenzender Häuser errichtet worden ist. Als „Mozart-Hof" ist dieser Bau in die Geschichte der Stadt eingegangen. Bis 1964 war er komplett. Dann wurden nahezu zwei Drittel des Hauses abgetragen, um Platz zu schaffen für die Erwei-

terung des Kaufhauses, das seine Hauptfront in der Kärntner Straße hat. „Warenannahme – Expedit – Lieferanten bitte läuten" steht auf dem hohen Rundbogentor des stehengebliebenen Altbaues in der Rauhensteingasse. Er wird als Warenlager benutzt. Wochentags, wenn die Dunkelheit hereinbricht, bringt der aus allen Fenstern gleichmä-

ßig herausleuchtende Schein von Neonlampen zugleich den baulichen Zustand im Inneren ans Licht. Das alte Haus hat jeden Charakter eines Wohnhauses verloren. Die Zwischenwände sind eingerissen worden, Metallstiegen verbinden die einzelnen Stockwerke, in denen die Waren gestapelt liegen. Außen wird die ganze Trostlosigkeit durch den Zwischenraum zum Haus Nummer 4 verstärkt. Beide Bauten sind durch Stahlstreben gegenseitig abgestützt. Die tief hineinreichende hofartige Fläche, umschlossen vom steil aufragenden Rohziegelmauern, nutzen Autofahrer zum Parken ihrer Fahrzeuge. Trotz mancher Hausrenovierung in den vergangenen Jahren hat die Rauhensteingasse kein attraktives Innenstadtflair wie etwa die Naglergasse oder die Annagasse. Die enge Gasse ist verparkt, die Gehsteige mancherorts so schmal, daß der Fußgänger die Fahrbahn betreten muß. Neonröhren auf Abspannungsdrähten erhellen mit ihrem kalten Licht des Nachts die Gasse. Des Tags ist von Touristenscharen nichts zu sehen. Was soll es hier auch zu besichtigen geben? Auf dem Tor des alten Hauses Nummer 8 findet sich ein kleiner Hinweis für englischsprachige Touristen, die sich hierher verirren oder gezielt suchen: *„The house in which Mozart died, was next door. It was demolished in 1849."* Nur einmal – im Mozart-Gedenkjahr 1991 – wurden die Vorbeigehenden aufmerksam. Ein hölzernes, naturgroßes Fassadenmodell, bunt bemalt, vermittelte einen Eindruck, wie das Haus ausgesehen hat, in dem sich vor 200 Jahren das irdische Geschick des Wolfgang Amadeus Mozart erfüllte.

„Schreib mir doch, wie Du mit dem Quartier zufrieden bist", fordert Mozart seine Frau Constanze in einem Brief vom Oktober 1790 auf. Er befindet sich auf der Rückreise von Frankfurt nach

Mozart-Gedenken 1991: Naturgroßes Fassadenmodell des Sterbehauses vor dem rückwärtigen Kaufhauseingang

Wien. Schon vor Antritt dieser Reise muß sich das Ehepaar Mozart einig gewesen sein, die Wohnung am Judenplatz (heute Haus Nummer 4) gegen ein neues Domizil zu tauschen. Und zwar, wie damals üblich, zu Georgi (23. April) oder zu Michaeli (29. September). Ein Wohnungswechsel war damals lange nicht so aufwendig wie heute. Man besaß im allgemeinen nur wenige

Möbelstücke, die anderen Habseligkeiten waren rasch gepackt und weggeschafft. So gelingt es auch Constanze ohne Beistand ihres Mannes, in die neue Wohnung in der Rauhensteingasse einzuziehen.

Das Haus mit der alten Nummer 934, ursprünglich „Zur Blauen Kugel", ist damals unter der Bezeichnung „Kleines Kaiserhaus" bekannt. Mit dem

Herrscher hat das gar nichts zu tun, wahrscheinlich aber mit dem Umstand, daß ein Bäcker namens Wolf Khayser dieses Haus im Jahr 1692 erwarb. Dessen Familie besaß es mehr als 50 Jahre. Warum das Adjektiv „klein" hinzugefügt wurde, läßt sich nicht eruieren.

Während der langsamen Heimreise über Mainz, Ulm, Augsburg und München hat Wolfgang Amadeus Mozart reichlich Zeit, Bilanz zu ziehen. Und diese sieht in jenem Herbst 1790 nicht erfreulich für ihn aus. Auf eigene Faust ist er zu den Krönungsfeierlichkeiten für Kaiser Leopold II. nach Frankfurt gereist. Obwohl Mozart fix angestellter Hofkompositor ist, hat ihn der neue Monarch übergangen und zehn andere Kammermusiker nach Frankfurt mitgenommen. Doch so leicht gab sich Mozart nicht geschlagen! Derlei Festivitäten bieten beste Gelegenheit, künstlerischen Ruhm zu ernten und diesen in klingende Münze umzusetzen. So versetzte Mozart sein letztes Silberzeug und machte sich auf nach Frankfurt. Doch welche Enttäuschung sollte ihn hier erwarten! Zwar sind seine Werke in Frankfurt ebenso bekannt und beliebt, aber das Publikum ist auch launisch und ungeduldig. Das von Mozart veranstaltete Konzert muß ohne die Schlußsymphonie beendet werden, ein zweites geplantes Konzert kommt gar nicht erst zustande. Welchen Erfolg hat hingegen Paul Wranitzkys Krönungsoper „Oberon, König der Elfen". Wranitzky ist im Troß der Hofmusiker von Wien nach Frankfurt gekommen. Scha-

renweise strömt das Publikum ins Theater, um sein Werk zu hören. Das Interesse ist so heftig wie der Applaus. Rasch zerstoben ist Mozarts anfänglicher Enthusiasmus. Nun sitzt er im Reisewagen Richtung Wien, um so manche Hoffnung ärmer als zuvor, ist doch auch der erhoffte finanzielle Gewinn ausgeblieben. *„Als ich die vorige Seite schrieb, fiel mir auch manche Träne aufs Papier! – Nun aber lustig! – Fange auf! Es fliegen erstaunlich viel Busserl herum"*, versucht Mozart seine Constanze brieflich zu trösten. Der Gedanke an Wien kann ihm nur privat ein Trost sein.

Seine Lage hat sich in den vergangenen Jahren eindeutig verschlechtert. So manche Erfolge als Opernkomponist und als Konzertveranstalter konnte er verbuchen, der Name Mozart hat zweifellos Klang, öffnete ihm die Türen zu den Häusern der Reichen und Einflußreichen. Aber der große Durchbruch, der sein Genie unanfechtbar über die anderen Musiker seiner Zeit setzen würde, er ist ausgeblieben. Im Gegenteil! Der Geschmack des Wiener Publikums hat sich gewandelt. Welchen Andrang gab es einstmals zu Mozarts Akademien (eigene Konzerte), wie tosend war der Applaus gewesen! Doch dann wandte sich die Gunst der Wiener anderen Komponisten und Virtuosen zu. Mozart ist kein Modekünstler, paßt sich nicht an, so daß sich schließlich niemand mehr in seine Subskribentenliste eintrug. Alles, was ihm bleibt, ist die Mitwirkung an fremden Konzerten. Gelegentlich veranstaltet er an Sonntagvor-

mittagen in seiner Wohnung kleine Musikdarbietungen, zu denen Freunde und Gönner kommen, die dafür einen kleinen Obolus entrichten. Wahrlich kein angemessener Ersatz für die einst glänzenden Konzerteinnahmen!

Problematisch ist auch die kaiserliche Gunst. Auf sie ist ein Musiker wie Mozart als Hofbediensteter ganz besonders angewiesen. Vom neuen Kaiser Leopold II. hat er sichtlich nichts zu erwarten. Aber auch mit dessen Vorgänger und Bruder war es nicht leicht. Joseph II. schätzte Mozart als Klaviervirtuosen, lobte gelegentlich seine Opernwerke, aber zu seinen Lieblingskomponisten zählte er nicht. Wie hatte der Kaiser zur „Entführung aus den Serail" gesagt? *„Zu schön für unsere Ohren und gewaltig viel Noten, lieber Mozart!"* Trotzdem blieb diese Oper im Repertoire des k. k. Hofburgtheaters, bis Joseph II. das Projekt des deutschen Nationalsingspieles 1788 aufgab und die Rückkehr zur italienischen Oper anbefahl. Groß war der Erfolg des „Figaro", aber schon nach acht Aufführungen mußte er auf kaiserlichen Befehl vom Spielplan abgesetzt werden. War doch sogar dem liberal denkenden Joseph der Stoff des Franzosen Beaumarchais allzu revolutionär. So aufgeschlossen der Kaiser sonst allem Neuen gegenüberstand, auf musikalischem Gebiet blieb er stets der Tradition seiner Jugend verhaftet. Ein Antonio Salieri, der traf seinen Geschmack. Bei dessen Oper „Axur" konnte der Kaiser direkt ins Schwärmen geraten. Ein Carl Ditters von Dittersdorf wurde von ihm

Das Kleine Kaiserhaus: Mozarts dreizehntes und letztes Wiener Quartier, Zeichnung

Mozarts Sterbezimmer, nach einer Wiedergabe im Wiener Extrablatt, 1887

mit Ehren und Geschenken überhäuft. Davon kann Wolfgang Amadeus Mozart nur träumen.

Niedergeschlagen kommt er im November 1790 in der Rauhensteingasse an, begrüßt Frau und Sohn und besichtigt das neue Domizil. Es ist seine dreizehnte Wiener Wohnung und wird – was er nicht ahnen kann – auch seine letzte sein.

Bald hat Mozart der Alltag eingeholt, und das bedeutet für ihn Geldnot. Das Fixeinkommen als Kammermusikus von 800 Gulden im Jahr reicht bei weitem nicht, alle Aufwendungen zu bestreiten. Mozart ist keineswegs arm, seine Einkünfte würden ihm ein Auslangen ermöglichen, gäbe er sich mit einem gutbürgerlichen Lebensstil zufrieden. Aber er liebt den aristokratischen Aufwand, wie er ihn in den führenden Häusern beobachtet. Seine Wohnungen, seine Kleidung sind teuer. Kein Durchschnittsverdiener könnte sie sich leisten. Auch Constanzes Kuren in Baden bei Wien gehen ins Geld. Aber seit die Akademien weggefallen sind, die Zahl der Schüler sich rapide vermindert hat, ist Mozarts finanzielle Lage prekär. Noch im Herbst 1790 verpfändet er den gesamten Hausrat, um über die Runden zu kommen. Er läßt sich auch in zwielichtige Geschäfte mit Wucherern ein. *„Ich muß N. N. gefangenhalten. Darf ihn nicht echappieren lassen. Alle Tage um 7 Uhr früh bin ich schon bei ihm. – N. N. versprach mir, zu mir zu kommen, kam aber nicht. Ich warte bis zwei Uhr, dann werfe ich ein bißchen Essen hinein*

und suche ihn aller Orten auf. – Uns ist ein gar nicht angenehmes Leben. – Geduld! – Es wird sich schon bessern.“ Zum Glück gibt es auch redliche Menschen, die es gut mit Mozart meinen. Seit Jahren wendet er sich immer wieder an Johann Michael Puchberg, den Freund und Logenbruder bei den Freimaurern. Dieser Mann, durch die Gunst des Schicksals reich geworden, ist so etwas wie ein letzter Rettungsanker für Mozart. Ihm getraut er sich unverhohlen seine mißliche finanzielle Lage einzugestehen. Daran schließt sich die Bitte um eine *„ansehnliche Summe auf einen längeren Termin“*, um *„mit sorglosem Gemüth und freyem Herzen arbeiten, folglich mehr verdienen“* zu können. *„Wenn Sie, liebster Bruder, mir in dieser meiner laage nicht helfen, so verliere ich meine Ehre und Credit, welches das einzige ist was ich zu erhalten wünsche.“* Puchberg läßt sich erweichen und schickt Geld, immer wieder; wenn auch nicht in jener Höhe, die Mozart sich vorstellt.

Die Schilderung solcher Umstände macht betroffen und nachdenklich zugleich. Mozart, der Superstar der Musikwelt von heute, als geradezu demütig flehender Bittsteller. Mozart, dessen Werke in aller Welt bekannt und beliebt sind, dessen Konterfei auf Österreichs höchstwertigen Geldschein uns ebenso vertraut ist wie auf einer nach ihm benannten Süßigkeit. Dieses Genie ist zu Lebzeiten ein von Existenzsorgen Getriebener, wenn auch nicht ohne eigenes Verschulden. Ein Bruchteil jenes Geldbetrages, den die Schallplattenindustrie

heute pro Jahr an Mozarts Werken verdient, hätte genügt, um ihn *„mit sorglosem Gemüth und freyem Herzen arbeiten“* zu lassen. Aber wir müssen uns die Betrachtung der damaligen Umstände immer wieder vor Augen halten: Mozart ist nur einer von den bekannteren Tonsetzern, dessen Wertschätzung in der Publikumsgunst sich immer wieder ändert.

In jenem Herbst 1790, in dem er in das „Kleine Kaiserhaus“ einzieht, denkt er vielleicht an jenen Brief, den er vor nahezu zehn Jahren an den Vater in Salzburg gerichtet hatte: *„Mein Wunsch, und meine hofnung ist, mir Ehre, Ruhm und Geld zu machen.“* Vor allem beim Geld ist sein Wunsch als damals 25jähriger, lebenssprühender Optimist, nur unvollkommen in Erfüllung gegangen. Jetzt ist Mozart rastlos bemüht, jede Möglichkeit des Geldverdienens zu nutzen. Für ihn heißt das Auftragskompositionen zu schreiben, auch dann, wenn ihm der Auftrag zuwider ist. So bestellt der Besitzer eines Wachsfigurenkabinetts drei „Stücke für ein Orgelwerk in einer Uhr“. Joseph Graf Deym – ein Sonderling – läßt für sein Kuriositätenkabinett das Modell für ein Mausoleum des jüngst verstorbenen Feldmarschalls Laudon anfertigen. Dazu soll stündlich Trauermusik erklingen, automatisch abgespielt von einer Art Orgelwalze, die mit einem Uhrwerk verbunden ist. Mozart ist dies eine *„sehr verhaßte Arbeit . . . Ich schreibe alle Tage daran – muß aber immer aussetzen, weil es mich ennuiert – und gewiß, wenn es nicht einer so wichti-*

Wolfgang Amade Mozart

„. . . Gehe ich ans Klavier und singe etwas aus der Oper, so muß ich gleich aufhören. Es macht mir zu viel Empfindungen." Aquarell von Karl Lorenz Gindl

quiem. Um diese Zusammenhänge weiß 1791 niemand, außer der aristokratische Möchtegernkomponist. Der tatsächliche Komponist muß seine Arbeit an diesem Auftrag immer wieder unterbrechen. „La Clemenza di Tito" und die „Zauberflöte" sind vordringlicher. Aber auch danach kann sich Mozart dem Requiem nicht voll widmen. Für seinen Logenbruder Anton Stadler komponiert er das Klarinettenkonzert in A-Dur (KV 622) und dann noch die Freimaurerkantate „Laut verkünde unsere Freude" (KV 623) – sein letztes vollendetes Werk, das er am 18. November in der Loge selbst dirigiert.

Zwei Tage später fesselt eine akute Erkrankung Mozart ans Bett. Die Hand- und Fußgelenke sind angeschwollen, gerötet und schmerzen, werden schließlich gänzlich unbeweglich. Fieberschübe stellen sich ein, die Haut wird von einem griesartigen Ausschlag überzogen. Ekel erfaßt den Kranken vor dem eigenen Körper. Mit vollem Bewußtsein nimmt er den Krankheitsverlauf wahr. Ärzte treten an Mozarts Bett, erst Doktor Closset und dann zusätzlich Doktor Mathias Sallaba, der Primararzt des Allgemeinen Krankenhauses in Wien. Gemäß ihrem damaligen Wissensstand verordnen sie Umschläge, Brechmittel und Aderlässe. Es gilt, die „bösen Säfte" aus dem Blut zu entfernen. Was zur Bekämpfung des „hitzigen Frieselfiebers" gut gemeint ist, stellt sich später als falsche Behandlungsmethode heraus. Die Widerstandsfähigkeit des Kranken wird geschwächt statt gestärkt.

Nichts weiß man damals von einer Streptokokkeninfektion, die zumeist erst lange Zeit später das rheumatische Fieber auslöst, an dem Mozart nach den Erkenntnissen der modernen Medizin höchstwahrscheinlich gelitten hat. Nichts weiß man auch von der Herzentzündung, die das rheumatische Fieber mit sich bringt und unausweichlich zu einer Herzinsuffizienz führt. Falsch ist damals auch die Annahme, das „hitzige Frieselfieber" sei ansteckend.

Die Krankheit kommt überraschend. Gesundheitliche Sorgen hat sich Mozart bis kurz vor seiner Bettlägerigkeit nicht um sich, sondern in fürsorglicher Liebe um die Constanzes gemacht. Nun ist sie es, die ihren kranken Mann umsorgt. Ihre Schwester Sophie, verheiratete Haibl, unterstützt sie dabei. In seinen Briefen vom Oktober hatte Mozart nichts erwähnt von Erschöpfungszuständen oder irgendeinem Leiden. Vielmehr hatte er von seinem ausgedehnten „Favorit-Spaziergang" berichtet, zu dem er als körperlich Geschwächter wohl kaum in der Lage gewesen wäre. Weder die Briefe noch das Schriftbild seiner letzten Arbeiten lassen die übliche Festigkeit vermissen, die ein Hinweis auf eine Verschlechterung seiner körperlichen Verfassung hätte sein können.

Die Gedanken des Kranken kreisen um das Erreichte und das Unerledigte. Wenn es Abend wird, ist er mit ganzem Herzen bei der „Zauberflöte". Er weiß genau, wann gerade drüben im Freihaus-Theater der erste Akt zu Ende ist, wann die Königin der Nacht ihren

großen Auftritt hat usf. Auch finanziell hat sich Mozarts Situation gebessert. Angebote aus Ungarn und Holland liegen vor, versprechen ein Leben mit „sorglosem Gemüth". Im Frühjahr schon hatte er sich die Anwartschaft auf die Domkapellmeisterstelle von St. Stephan gesichert. Sind das nicht glänzende Aussichten? Und gerade jetzt muß ihn diese schwere Erkrankung niederwerfen!

Der Gedanke an das Requiem läßt Mozart nicht zur Ruhe kommen. Von den geplanten zwölf Teilen ist bis jetzt nur der Introitus mit dem Kyrie vollständig fertig, von den folgenden Teilen bis zum Lacrimosa liegen Teilpartituren vor. Vokalstimmen und Generalbaß sind von Mozarts Hand schon ausgeführt, die Instrumentalstimmen aber lediglich angedeutet. Mit seinem Schüler Süßmayr bespricht er die weiteren Teile, zu denen nur flüchtige Vorskizzen existieren. (Süßmayr ist es dann auch, der den Torso des Requiems im Auftrag Constanzes vollenden wird.)

Wann Wolfgang Amadeus Mozart jede Hoffnung für sein Leben aufgegeben hat, wissen wir nicht genau. Mit Skepsis nimmt der Betrachter von heute den Bericht von einer Probe für das Requiem am Nachmittag des 4. Dezember im Krankenzimmer Mozarts auf. Ein Weinkrampf soll ihn geschüttelt haben, als man beim Lacrimosa abbrechen mußte, wird uns überliefert. Endgültige Einsicht, daß er das Werk nicht werde vollenden können. Wie maßgeschneidert wirkt diese Episode für die Nachwelt, für die Liebhaber des süßlich Bedeutungsvollen und für die Kinoromantik. Ebenso offen bleibt die Frage, ob Sophie Haibl uns die ganze Wahrheit über die letzten Stunden ihres Schwagers berichtet hat. Am Abend jenes 4. Dezember kommt sie wieder in die Rauhensteingasse. Der Kranke ruft ihr angeblich zu: *„Ach, gut, liebe Sophie, daß Sie da sind. Sie müssen heute nacht dableiben, sie müssen mich sterben sehen. Ich habe ja schon den Totengeschmack auf der Zunge, und wer wird denn meiner liebsten Constanze beistehen, wenn sie nicht hierbleiben?"* Sophie bleibt, ebenso wie Süßmayr. Unzweifelhaft ist, daß sich Mozarts Zustand an diesem Abend verschlechtert. Man schickt nach dem Arzt, der nach einem Theaterbesuch in die Rauhensteingasse eilt. Er verordnet kalte Umschläge auf den Kopf. Ohnmächtig sinkt der Kranke zurück. Ein Aderlaß soll ihm Erleichterung schaffen. Wie schon so oft in den vergangenen Tagen sprudelt Blut aus dem Arm Mozarts in ein bereitgestelltes Gefäß, wahrscheinlich diesmal mehr als sonst. Die Visite ist beendet. Doktor Closset verabschiedet sich. Nun kann man nur hoffen, daß der beabsichtigte Effekt eintritt. Aber für den von ärztlichen Brachialmethoden zusätzlich geschwächten Körper ist das zuviel. Etwa zwei Stunden nach dem Aderlaß setzt die Herztätigkeit aus, wahrscheinlich hat ein Entblutungsschock das Ende beschleunigt. Die Uhr zeigt fünf Minuten vor ein Uhr früh am 5. Dezember 1791.

Als es draußen langsam hell wird,

kommen die wenigen Leidtragenden ins Haus, sprechen der soeben verwitweten, noch nicht 30jährigen Constanze Trost zu. Zutiefst erschüttert steht Schikaneder vor dem toten Freund. Neun Wochen ist es erst her, daß die „Zauberflöte" uraufgeführt wurde. Welchen Erfolg hatte sie in der kurzen Zeit seitdem gebracht! Wieviel hätten sie beide noch planen und verwirklichen können! Und jetzt dieser unumkehrbare Schlußstrich. Auch der sonderliche Graf Deym stellt sich ein, nimmt dem Verblichenen die Totenmaske ab. Eine Sensation wäre es, würde diese längst verschollene Maske plötzlich wiederauftauchen. Horrende Summen würden bei Versteigerungen für sie geboten werden. Auch Gottfried van Swieten, Präses der Studienhofkommission, kommt, er steht Constanze bei der Erledigung des organisatorisch Notwendigen bei, das keinen Aufschub duldet. Ein Begräbnis dritter Klasse soll es sein, kommt man überein. Alles andere wäre leichtsinnig, hinterläßt der Verstorbene doch Schulden. Constanzes finanzielle Zukunft ist nicht gesichert, außerdem durch das Fehlen eines Testaments nichts geregelt. Vorerst werden die unumgänglichen Amtshandlungen vorgenommen: Totenbeschau, Ausstellung des Totenscheines, Eintragung ins Sterberegister, Anmeldung für die Einsegnung in St. Stephan und Entlehnung des für ein Begräbnis Notwendigen beim Barleiher. Vorerst wird der Tote im offenen schlichten Holzsarg im Arbeitszimmer nahe dem Klavier aufgebahrt. Man hat ihm – so

berichtet uns Ludwig Gall – einen schwarzen Kapuzenmantel angezogen, wie ihn die Freimaurer bei ihrem Totenritual tragen. Am 6. oder 7. Dezember wird der Leichnam Mozarts nach St. Stephan gebracht. Dort findet am Nachmittag die Einsegnung statt – im Freien, vor der Kruzifixkapelle an der Nordseite des Albertinischen Chores neben der Capistrankanzel. Die Einsegnung ist den Sitten der Zeit gemäß das eigentliche Leichenbegängnis, zu dem Familienangehörige und Freunde kommen. Wer und wie viele anwesend sind, um von Wolfgang Amadeus Mozart letzten Abschied zu nehmen, wissen wir nicht. Nach dem letzten Segen zerstreut man sich. Was mit dem Toten danach geschieht, ist wieder reine Amtshandlung und den Blicken der Anteilnehmenden entzogen. Der Sarg bleibt bis zur Überführung auf den Friedhof vor der Linie in der Totenkammer stehen. Erst nach Einbruch der Dunkelheit wird der Transport der Leichen vorgenommen – so wie es amtlich vorgeschrieben ist. Für drei Gulden ist für ihn ein eigener zweispänniger Leichenwagen bestellt worden. Bei aller gebotenen Sparsamkeit wollte Constanze ihm die kostenlose gemeinschaftliche Fuhre mit mehreren Särgen anderer Verstorbener ersparen. Ein Begleiten dieser Totenfahrt ist nicht verboten, aber durchaus nicht üblich. So ergeht es Mozart wie Tausenden anderen auch, als er seine letzte Fahrt, nur von Fuhrknechten begleitet, über das Pflaster der Stadt zum Stubentor hinaus über die Landstraße zum St. Marxer Friedhof antritt. Dort steht dann der Sarg, bis der Totengräber seine Pflicht tut. An welchem Tag, zu welcher Stunde dies der Fall ist, wissen wir nicht, denn niemand war Zeuge. Der Sarg wird in ein „allgemeines einfaches Grab" gesenkt, alle späteren Berichte über ein Massengrab oder gar ein „Sackbegräbnis" für Mozart gehören in den Bereich der Legendenbildung. Dumpf fallen die Erdbrocken auf den Sarg, bis nichts mehr von ihm zu sehen ist. Mit dem letzten Wurf der Totengräberschaufel beginnt für das Sterbliche an Wolfgang Amadeus Mozart die letzte Ruhe.

In der Rauhensteingasse wird bald schon „amtsgehandelt". Ein Sperrs-Kommissär des Wiener Magistrats ist gekommen, sich den Nachlaß anzuschauen und eine Sperrs-Relation darüber anzulegen. Sachkundigen Auges besieht er Kleidungsstücke, Wäsche, Möbel, Geschirr, Bücher und Bilder, verzeichnet penibel alles in einer Inventarliste: *Weis Tüchener Rock mit manschester Schilleweste [Giletweste], ein blaulichter deto von Nangim [Nanking], ein mausfarber Kaput [langer Überrock], ein Schlafhauben, 18 Sacktüchl, 8 Gardehosen [Gatjehosen = Unterhosen], zwei Bettleibl"* usf. 73 Bücher und Musikalien werden in das Verzeichnis aufgenommen. Die Autographen Mozarts – heute Kostbarkeiten von Millionenwert – streift das Auge des Beamten nur flüchtig: Nichts wert und damit auch nicht vermerkenswert! Ergibt unter dem Strich eine Summe von 592 Gul-

den 9 Kreuzer hinterlassenes Vermögen. Die Ausstände betragen 1.473 Gulden 16 Kreuzer, macht einen Passivstand von 881 Gulden 7 Kreuzern; anerkannt vom Wiener Magistrat. Constanze braucht damit keine Erbschaftssteuer zu bezahlen.

Am 11. Dezember ist sie beim Kaiser zur Audienz, um ein Gnadengesuch zu überreichen. Leopold empfängt sie freundlich, rät ihr, ein Konzert von hinterlassenen Werken ihres Mannes zu geben. Damit kann ein Teil der Schulden abgedeckt werden. Im März 1792 bewilligt Leopolds Nachfolger, Kaiser Franz, der Witwe Mozart eine Pension von 266 Gulden 40 Kreuzer im Jahr.

Constanzes Zukunft ist damit halbwegs gesichert. Ihre Pension bessert sie mit Einkünften aus Werken ihres verstorbenen Mannes und mit Zimmervermietung auf. Georg Nikolaus Nissen, Diplomat in dänischen Diensten, wird auf diese Weise die Witwe Mozart kennenlernen und sie später zur Frau nehmen. 1794 gibt Constanze die Wohnung in der Rauhensteingasse auf. Als Etatsrätin von Nissen wohnt sie nach ihrer Wiederverheiratung in Kopenhagen und dann in Salzburg. 51 Jahre überlebt sie ihren Wolfgang Amadeus. Wieviel sie von seinem Genie verstanden hat, ist schwer zu beurteilen. In einem Punkt allerdings wird die Kritik der Nachwelt an ihr für immer haften bleiben: Sie hat sich nicht um das Grab ihres Mannes gekümmert. Erst siebzehn Jahre nach seinem Tode wird sie es der Mühe wert finden, den Friedhof in

St. Marx aufzusuchen, um Näheres zu erfahren – zu spät! An solch einem „allgemeinen einfachen Grab", in dem Mozart beigesetzt wurde, besteht kein Eigentumsrecht. Es fällt nach zehnjähriger Dauer anheim und wird in der Regel neu belegt, wenn sich niemand darum kümmert. Ob es bezeichnet ist oder nicht, spielt dabei keine Rolle. Mozarts Grab war es nicht. Kein Kreuz, kein Stein bezeichnete je die Stelle, wo er seine letzte Ruhe fand. Constanze hat in ihrer Unerfahrenheit und Naivität angenommen, daß dies die Pfarre, die die Einsegnung vornimmt, besorgt. So bleibt zuletzt von den Recherchen nichts anderes übrig als die vage Angabe des Totengräbers, die Toten von 1791 seien damals in der dritten und vierten Reihe, vom Kreuz an gerechnet, beigesetzt worden. Franz Gräffer, der später in Mozarts Sterbehaus wohnt, resümiert: *„Seltsame Fügung das, fürwahr; Grell genug! . . ."*

So unglaublich es uns heute vorkommen mag: Nicht nur Mozarts Grab, auch sein Sterbehaus gerät damals in Vergessenheit. Mozart-Verehrern, die in die Rauhensteingasse kommen, zeigt man immer wieder ein falsches Haus, entweder das dem Kleinen Kaiserhaus benachbarte mit der Mutter-Gottes-Statue, ebenso das daran anschließende Haus zum Goldenen ABC oder auch das heute noch erhaltene „Bäckerhaus". Ergriffen stehen sie da, betrachten aufmerksam die Fassade, die einige später in Publikationen genau beschreiben, und denken an Mozarts Leiden und Sterben – und das immer wieder vor dem falschen Haus. Selbst Antonio Salieri irrt sich, als er seinen Schüler Anselm Hüttenbrenner auf dessen Wunsch in die Rauhensteingasse führt. Auch in diesem Fall legen spätere Aufzeichnungen den Irrtum bloß.

An dieser Stelle muß man kurz innehalten. Antonio Salieri hat dieses Haus also nicht gekannt, folglich auch zu Mozarts Lebzeiten nie betreten! Er, der knapp vor seinem Tod gestanden haben soll, Mozart durch Gift beseitigt zu haben, aus rasender Eifersucht auf das überlegene Genie. Das ist der ideale Stoff für Gruselgeschichten mit historischem Hintergrund; so ideal, daß auch Hollywoods Filmproduzenten ihn für ihre Zwecke nutzten. Ein publikumswirksames Ränkespiel mit tödlichem Ausgang, die Figur eines weltweit bekannten Musikers als Opfer, ein geständiger Mörder, der noch zu Lebzeiten mit dem allgemeinen Vergessen seiner Werke bestraft wird, und das alles in der farbenprächtigen Kostümierung des 18. Jahrhunderts. Das ist die Mixtur, aus dem der Film „Amadeus" gemacht wurde. Mit nüchterner historischer Wahrheit hat dies nur am Rande zu tun.

Die Verwechslung von Mozarts Sterbehaus bereits im frühen 19. Jahrhundert zeitigt unerwünschte Folgen. Wie eine Kette ziehen sich die falschen Bilddarstellungen in diverser Fachliteratur bis in unsere Tage und zeugen neue Irrtümer.

Ein italienischer Mozart-Verehrer: Pietro di Galvagni, Lithographie von August Prinzhofer, 1847

85

Das weitere Schicksal des Kleinen Kaiserhauses ist zugleich auch die Geschichte eines interessanten Mannes: Pietro di Galvagni, ein Italiener in Wien. Alles, was er in die Hand nimmt, bringt Profit. Durch Großhandel mit Stoffen erwirbt sich Galvagni ein solides Vermögen, vergrößert es durch die Sanierung eines verschuldeten ungarischen Adelsgutes. Später verlegt er sich darauf, in der Wiener Innenstadt alte, baufällige Häuser aufzukaufen, abzureißen und an ihre Stelle größere, repräsentative Neubauten zu setzen, die er dann oft wieder mit Gewinn verkauft. Auf sein gesellschaftliches Ansehen ist Galvagni äußerst bedacht, pflegt nutzbringende Verbindungen mit dem hiesigen Adel. Heutzutage wäre er wahrscheinlich eine unumgängliche Größe in der „Seitenblicke"-Gesellschaft. Zu gerne hätte er seinen finanziellen Erfolg mit einem Adelstitel verbrämt. Allein das Glück ist ihm hier nicht gewogen. Alle Eingaben enden mit einem negativen Resultat. Die Neidgenossenschaft unter den Hofbeamten spielt dabei offenbar ebenso eine Rolle wie das Fehlen besonderer Verdienste Galvagnis. Hat dieser Italiener jemals etwas Wohltätiges unternom-

Der noch intakte Mozarthof mit den Musikerbüsten, Photo um 1960

men, das ihm nicht zum Profit gereicht hätte? liest man in den Stellungnahmen zu seinen Eingaben um Erhebung in den Adelsstand. So muß sich der ehrgeizige Mann schließlich damit zufriedengeben, bloß seinen Stand als reicher Mann zur Schau zu stellen. Dazu gehört es, Kunstsammler und Mäzen zu sein. Als Vizepräfekt der Congregatione della Chiesa Italiana ergreift er die Initiative, dem einstigen Hofdichter Pietro Metastasio in der Minoritenkirche ein würdiges Denkmal zu setzen. Den finanziellen Hauptanteil übernimmt Galvagni.

Er ist es auch, der Wolfgang Amadeus Mozart in Wien das erste Denkmal errichtet. Egal, was man von diesem Mann halten mag, ob man ihn als Bauspekulanten oder eitlen Gecken einstuft, dieses Verdienst muß man ihm zugestehen. Die Stadt Wien wird erst 1896 ein Mozartdenkmal errichten, also 105 (!) Jahre nach dem Tode des Komponisten. Galvagni erteilt dem Vorarlberger Johann Baptist Fessler den Auftrag, eine Kolossalbüste von Mozart herzustellen. Für diese Büste hat sich der Auftraggeber einen besonderen Platz ausgedacht, eine Art Weihestätte für den von ihm besonders verehrten Künstler . . .

Mit Häusern in der Stadt kennt sich ein Geschäftsmann wie Galvagni gut aus. Vor allem weiß er um ihren Bauzustand und über Besitzerwechsel bestens Bescheid, natürlich auch über die in der Rauhensteingasse. Das Kleine Kaiserhaus hat seit Mozarts Tod fünfmal den Besitzer gewechselt. Trotz Umbauten und Aufstockung ist der Zustand

des Hauses schlechter geworden; nicht viel anders ist es bei den Nachbarhäusern. In Galvagni reift der Entschluß, ein großes, repräsentatives Wohnhaus in der Rauhensteingasse zu errichten. Schritt für Schritt verwirklicht er sein Vorhaben. Im Herbst 1846 erwirbt er Mozarts Sterbehaus von Sophie von Mühlwerth, geborene Freiin von Gärtner. Bis zum Frühjahr 1847 sind auch die beiden Nachbarhäuser Nr. 935 und 936 in seinem Besitz. Der Abbruch dieser Bauten wird im Jänner 1848 behördlich benehmigt, im März – eben erst ist die Revolution in Wien ausgebrochen – wird die Baubewilligung erteilt. Trotz der Revolutionswirren kommen die Bauarbeiten gut voran, bereits 1849 ist das neue Haus vollendet. Die Bezeichnung „Mozarthof" wird amtlich bewilligt, wozu es im Magistratsakt heißt: *„. . . in dem vorliegenden Falle aber muß der Stadtgemeinde insbesondere selbst daran gelegen sein, das Andenken des Großen Tonmeisters durch die anerkennenswerte Pietät des Herrn Hauseigentümers geehrt und die Benennung Mozarthof, die Geburtsstätte vieler unsterblicher Tonwerke des vaterländischen Meisters für die Nachwelt bezeichnet zu wissen."* Die Errichtung des Mozarthofes soll dem Bauherrn sogar finanzielle Nachteile gebracht haben. Denn in einem Gesuch an Kaiser Franz Joseph um Standeserhebung führt Galvagnis Sekretär an, sein Dienstherr *„habe das Haus Wipplingerstraße – Salvatorgasse sogar mit Opfer und Verlust verkauft, um in der Rauhensteingasse ein Prachtgebäude auszuführen,*

das er aus Pietät für Mozart, der einst in diesem Hause lebte, errichtete . . ."

Galvagni verläßt seine herrschaftliche Wohnung im Seitzerhof an den Tuchlauben und übersiedelt in die Beletage des Mozarthofes. Es ist dies eine weitläufige Wohnung mit viel Platz an den Wänden für seine Gemäldesammlung, die Jahr für Jahr größer wird. 172 Bilder umfaßt sie schließlich bei seinem Tod. Hauptsächlich Werke zeitgenössischer Maler, von Amerling über Danhauser, Gauermann, Pettenkofen bis Waldmüller. Aber auch alte Meister sind vertreten wie beispielsweise Giorgione, Tintoretto, Veronese. Nicht alle dürften Originale gewesen sein. Gerne läßt Galvagni Schätze seiner Sammlung als Leihgaben für Ausstellungen des Österreichischen Kunstvereins öffentlich bewundern.

Von seiner Leidenschaft für Musik zeugt die bauliche Auschmückung des Mozarthofes. Im Auftrag Galvagnis hat Baumeister Leopold Mayr runde Scheinfenster an der Fassade angebracht, aus denen Reliefbüsten von Beethoven, Cherubini, Gluck, Haydn, Rossini und Weber auf die Vorübergehenden niederblicken. In den beiden Eingangshallen glänzen Büsten von Bellini und Donizetti. Blickfang im Stiegenhaus mit einem schönen palmettenartigen Geländer ist Fesslers Mozartbüste auf einem nobel gestalteten Sockel.

Galvagni bleibt nicht lange Hausbesitzer. Bereits 1852, also nur drei Jahre nach der Fertigstellung des neuen Hauses, verkauft er es an den Industriellen Ludwig von Brevillier – sicher mit Ge-

Geschehen der Gegenwart", wie die staatlich gelenkte Presse den Krieg umschreibt, macht gerade in diesen Tagen neue Schlagzeilen, abermals hält die Welt den Atem an. Der Vorstoß der Deutschen Wehrmacht auf Moskau kommt knapp vor der Stadt in der Eis- und Schneehölle dieses Winters zum Stehen. Hitler befiehlt die „sofortige Einstellung aller größeren Angriffsoperationen" und „den Übergang zur Verteidigung". Japan fordert mit seinem Überraschungsangriff auf Pearl Harbor den Kriegseintritt der USA heraus. Am 11. Dezember erklärt Hitler den Amerikanern den Krieg. Was seit 1939 ein Krieg auf europäischem Boden war, weitet sich nun innerhalb weniger Tage zum echten Weltkrieg aus.

Die Rückwirkung dieser folgenschweren Entwicklung bekommt auch Wien bald zu spüren. Tod und Vernichtung sind das Resultat. Der Mozarthof übersteht die Zeit des großen Schreckens. Die Familie Neumann erhält sowohl den Mozarthof als auch das zerstörte Kaufhaus in der Kärntner Straße rückerstattet. Dieser schon aus der Vorkriegszeit herrührende Zusammenschluß der Häuser Kärntner Straße 19

und Rauhensteingasse 8 von den Besitzverhältnissen her wird für das weitere Schicksal des Mozarthofes entscheidend. Ein neues Kaufhaus anstelle des vernichteten Baus von Otto Wagner entsteht und wird schließlich zur Rauhensteingasse hin ausgebaut. Die Büsten der Musiker werden rechtzeitig ins Depot verfrachtet, bevor der Krampen niedersaust und zwei Drittel des einst prächtigen Mozarthofes zunichte macht.

Und heute? Wie sieht es mit dem Gedenken an Mozart heute hier aus? „Besuchen Sie auch unsere Mozart-Gedenkstätte im fünften Stock", lädt eine sanfte Frauenstimme über Lautsprecher die Kauf- und Schaulustigen im Kaufhaus „Steffl" ein. Die wenigsten haben wohl Lust und Muße, der Aufforderung nachzukommen, wenn sie diese überhaupt aus der Musik- und Werbeberieselung heraushören. Angekommen im obersten Geschoß, muß man sich erst auf die Suche nach der Gedenkstätte machen, denn sie ist denkbar klein und unauffällig, hinter einer Glaswand. Auf verschiedenen Tafeln werden Mozarts Schaffen im letzten Lebensjahr, seine Krankheit und sein Sterben geschildert – in verschiedenen Sprachen,

auch in Japanisch. Ein zeichnerisches Fassadenmodell gibt dem Interessierten eine Vorstellung, wie Mozarts Sterbehaus ausgesehen hat. Daneben sind zwei originale Requisiten aus dem einstigen Mozarthof zu sehen.

Der Tonkunst
unerreichtem Meister
der bis zum Tode
hier gewohnt
weihte dies Denkmal
beim Umbau des Hauses
Pietro di Galvagni
1849

Es ist die Tafel, die einst im Sockel des ersten Wiener Mozartdenkmals eingelassen war. Darüber steht Fesslers Büste als Hauptattraktion der Gedenkstätte. Unverwandt blickt Wolfgang Amadeus Mozart auf die Kunden und das Personal der Tonträgerabteilung für klassische Musik. Am Fuße der Büste liegen vertrocknete Rosen. Stille Huldigung von Verehrern, die sich hier wohl einen würdevolleren Rahmen erwartet haben werden, um eines der größten Genies der Musikwelt zu gedenken.

DIE WIEGE EINER HYMNE UND POLITISCHE GEWALT IM HOTEL

Das Hoföbstlerische Haus und das Hotel Meißl und Schadn

Neuer Markt Nr. 2/Kärntner Straße 16

In unserer konsum- und damit schaufensterorientierten Zeit muß es schon etwas Besonderes sein, daß sich die Blicke der Menschen spontan nach oben richten. Dieses Phänomen kann man in der Kärntner Straße immer wieder beobachten. Am besten, wenn man sich in der schönen Jahreszeit in den Schanigarten der ehemals k. k. Hofzukkerbäckerei Ludwig Heiner setzt. Im unaufhörlichen Auf und Ab der Flanierer und Hastenden bleibt immer wieder einer stehen, manchmal sind es sogar kleine Gruppen. Photoapparate und auch Videokameras werden auf das Haus Kärntner Straße 16 gerichtet. Das Interesse gilt nicht der glatten Fassade mit dem ewig schwarzgrauen Spritzputz, sondern dem großflächigen Mosaikbild in der Höhe des ersten Stockes. Ein weißgewandeter Schwarzer – Mohr hat man früher gesagt –, ein bärtiger Inder mit Turban, ein Ritter im Harnisch zu Pferd und andere teils phantasievoll gekleidete oder nackte Gestalten sind hier höchst dekorativ versammelt, so als wären sie einem alten Märchenbuch entstiegen. Was hat dieses Bild zu bedeuten, wie kommt es an dieses unattraktive

Haus, werden sich wohl die meisten fragen; Touristen ebenso wie Wiener. Orient und Okzident oder die fünf Kontinente sind hier allegorisch dargestellt, geben Wien-Führer und Sachbücher dem Detailinteressierten Auskunft. Mit dem Zusatzhinweis, daß das von Eduard Veith geschaffene Glasmosaik 1959 erneuert wurde. Aber sonst?

Was hier sooft die Blicke der Menschen auf sich zieht, ist der letzte Rest des einstigen Nobelhotels Meißl und Schadn. Es war dies ein aufwendig gestalteter Bau aus dem Jahr 1896. Erker, Loggien, mit Türmchen gekrönte Treppengiebel sowie allerlei Zierat waren typisch für das übersteigerte Repräsentationsbedürfnis der damaligen Zeit. Der Haupteingang des Hotels lag am Neuen Markt Nr. 2. Da die Rückfront in die Renommierstraße Wiens schaute, fühlten sich die Bauherren offenbar zu einer besonderen Ausschmückung der Fassade verpflichtet, wovon das Glasmosaik zeugt.

Auf dem Grundstück standen ursprünglich sieben kleinere Häuser, vier davon schauten in die Kärntner Straße. Schmal waren sie, höchstens drei Stock

hoch, mit steil aufragenden Giebeln und Balken unter der Dachluke zum Aufziehen von Waren aller Art. Sie hatten zum Teil phantasievolle Namen wie etwa „Zum Chineser" oder „Zu den sieben Schwaben". Eines dieser Häuser muß hier besonders erwähnt werden. Es stand mit der Front zum Neuen Markt und war als das Hoföbstlerische Haus bekannt. Ein Name, wie in Fritz von Herzmanovsky-Orlando nicht besser hätte erfinden können. Doch er stammt nicht von einem Dichter mit Hang zum schrulligen Wienertum. Es sind die als Hoföbstler bezeichneten Eheleute Georg und Anna-Maria Pichler, von denen diese Bezeichnung herrührt. Sie hatten dieses Haus 1753 für 4.000 Gulden erworben. Die Erinnerung daran ist längst erloschen, denn schon im Vormärz wurde dieses Haus mit den Nachbarhäusern in eines verbaut. Und doch ist das Hoföbstlerische Haus von ganz besonderem Interesse. Joseph Haydn hat in den letzten Jahren des 18. Jahrhunderts hier gewohnt. Er ist damals Mitte Sechzig und eine internationale Berühmtheit. Eine Fülle von Sinfonien, Streichquartetten, Klavier-

Immer wieder ein Blickfang für Einheimische und Touristen: Das Glasmosaik am Haus Kärntnerstraße 16, Photo 1996

Für kurze Zeit Nachbarn: das alte und das neue Hotel Meißl und Schadn

werken und italienische Opern hat er bis jetzt geschaffen. In Paris und London feierte er erst vor kurzem wahre Triumphe. Die englische Königsfamilie empfing ihn mit größter Ehrerbietung, die Universität Oxford würdigte ihn mit dem Doktortitel. Den Heimgekehrten betraut Fürst Nikolaus der Zweite Esterházy mit der Neuaufstellung der fürstlichen Hauskapelle. Ihre Leitung hatte Joseph Haydn schon einmal inne, bevor sie 1790 aufgelöst worden war. Jetzt, in seinem für damalige Zeiten hohen Alter, hat Haydn viel mehr Freiheiten als früher. Kein Vergleich zu jenen Zeiten, in denen er und die Mitglieder der fürstlichen Kapelle in Eisenstadt und Esterhaza gleichsam interniert waren. Die Erfolge haben sich auch finanziell günstig ausgewirkt. Joseph Haydn ist ein wohlhabender Mann und weiterhin viel beschäftigt. 1796 beginnt er mit der Arbeit an dem Oratorium „Die Schöpfung", nachdem er das Oratorium „Die sieben letzten Worte unseres Erlösers am Kreuz" und die Paukenmesse vollendet hat. Und ebenfalls in diesem Haus komponiert er eine schlichte Melodie, die in den zwei Jahrhunderten seitdem wohl zu seiner meistgespielten Komposition geworden ist: die Volks- oder Kaiserhymne. Längst hat zu dieser Zeit England sein „God Save the King" von Henry Carey. Dänemark, Preußen und Sachsen haben diese Melodie mit eigenen Texten übernommen. Und jüngst hat auch Frankreich sein eigenes, identitätsstiftendes Nationallied: die Marseillaise von Joseph Rouget de Lisle.

Orchesterfassung der Kaiserhymne „Gott erhalte …" Autograph J. Haydns, 3. u. letzte Seite

Was übt dieses Lied auf die Truppen des revolutionären Frankreich doch für eine zündende Wirkung aus! *„Ein Lied, das aufrauscht … zu den hämmernden, federnden, fordernden Takten, ‚Aux armes citoyens'"*, das sich an *„eine Masse, eine Menge wendet"* und dessen *„wahre Orchestrierung klirrende Waffen, schmetternde Fanfaren, marschierende Regimenter sind"*, wie Stefan Zweig das Lied des Hauptmanns Rouget – das Genie einer Nacht – charakterisiert. Seit Jahren schon gellt den österreichischen Truppen die Marseillaise in den Ohren. Was den Kriegsgegner zu ganzer Hingabe antreibt, verbreitet bei ihnen Furcht und Schrecken. Überall sind die Franzosen auf dem Vormarsch. 1796 wirft ein 27jähriger General namens Napoleon Bonaparte mit seinen Truppen die noch aus dem Mittelalter stammende Struktur der Staatenwelt in Oberitalien über den Haufen. Österreich ist in höchster Bedrängnis, bald schon werden die Franzosen tief in der Steiermark stehen. In dieser prekären Situation wächst die Sehnsucht nach einem eigenen Nationallied, das österreichische Wesensart und Zusammengehörigkeit ausdrückt. Joseph Haydn schafft eine Melodie, die

Joseph Haydn, nach einem Gemälde von Thomas Hardy

Gedenktafel für Joseph Haydn am Neuen Markt Nr. 2, Photo 1990

tet in seinen „Briefen an den Herrn Vetter in Kakran" über diesen denkwürdigen Abend:

„S' Theater ist noch nie so gsteckt voll gwesn, und weil einige zum Singen nicht recht gsehn habn, so habn s' sogar Lichtl anzundn, wie bei der Johannisandacht, und habn dadurch zeign wolln, daß unser Kaiser Franz wirklich unser Schutzpatron ist ... Weil unser beßter Kaiser kein Freund von Komplimentern und Schmeicheleyn ist, so ist er mit Fleiß später ins Theater kommen. Aber da sind d'Wiener auch fein gwesen, und habn mitn Lied aufn Monarchen gwart, und da hat ers halt mit Gwalt anhörn müssen; da hat er aber gezeigt, wie gerührt er von der Lieb seiner Untertanen ist."

Haydns Hymne ist ein Erfolg. Viele Generationen lang prägt seine Melodie das staatsbürgerliche Bewußtsein der Österreicher. Sie lernen die Hymne in der Volksschule, singen sie vor allen möglichen Honoratioren, manchmal sogar vor dem Kaiser selbst. Mehr oder minder musikalisch begabte Bürgerstöchter und -söhne lernen sie auf dem Klavier oder auf der Geige zu spielen, denn die Melodie eignet sich vorzüglich zum Salonstück. Nur der Text ändert sich im Laufe der Jahre.
Aus dem

> „Gott erhalte Franz den Kaiser
> unsern guten Kaiser Franz"

des Lorenz Leopold Haschka wird später namensneutral das

den ganzen Gegensatz zur Marseillaise ausdrückt. Hier ist nichts Aufrauschendes, Hämmerndes, Forderndes, kein Appell an die Volksmasse spürbar. Bei Haydns Melodie werden die Herzen still, man blickt auf den Kaiser. Er ist der Landesvater, der Beschützer seiner Landeskinder. Nichts von einem stolzen Imperator haftet ihm an. Ist die Marseillaise ganz extrovertiert, so verkörpert Haydns Kaiserhymne das Introvertierte der österreichischen Wesensart. Am 12. Februar 1797, dem Geburtstag von Kaiser Franz, wird die Hymne unter der Leitung Haydns im Hofburg-Theater uraufgeführt. Der Eipeldauer berich-

„Gott erhalte, Gott beschütze,
unsern Kaiser, unser Land"

Als es dann keinen Kaiser mehr gibt, dient nach einer Übergangsperiode ab 1930 Ottokar Kernstocks Dichtung als Text:

„Sei gesegnet ohne Ende,
Heimaterde wunderhold"

Als es dann auch kein Österreich mehr gibt, müssen sich die nunmehrigen Ostmärker an keine neue Hymne gewöhnen, denn Joseph Haydns Melodie ist seit 1922 auch Nationalhymne des Deutschen Reiches. Dafür gilt es aber, den Text des August Heinrich Hoffmann von Fallersleben zu lernen:

„Deutschland, Deutschland über alles
über alles in der Welt"

Der Versuch, diesen Anspruch auf dem Weg der Gewalt durchzusetzen, wird für Deutschland zum Gericht. Seitdem ist für die Deutschen nur noch die dritte Strophe dieser Dichtung offiziell zulässig:

„Einigkeit und Recht und Freiheit
für das deutsche Vaterland"

Ob je ein Wien-Besucher aus Deutschland das Haus am Neuen Markt Nr. 2 gezielt aufsucht oder im Vorübergehen stehenbleibt, um die Tafel zu lesen, die hier an die Entstehung auch seiner Hymne erinnert? Das wiedererstandene Österreich hat sich eine neue Hymne gewählt. Aber das ist schon eine andere Geschichte.

Der alte Hotelbau anstelle des heutigen Hotel „Europa", Photo um 1870

100 Jahre nachdem hier zum ersten Mal die Tonfolge der Kaiserhymne in Haydns Wohnung erklungen ist, steht nichts mehr von den alten Gemäuern. Ein Stück neues Wien ist im Entstehen. Schon wachsen die Mauern des neuen Hauses aus dem Boden, muß umgeplant werden. Die Besitzer des angrenzenden Hotels Meißl und Schadn haben sich ziemlich abrupt entschlossen, den Hotelbetrieb in das neue Haus zu verlegen. Ihr jetziges Hotel liegt an der Ecke Neuer Markt 3/Donnergasse. Die alten

Photographien zeigen es uns als vierstöckiges, spärlich geziertes Haus, das durch und durch bürgerliche Solidität ausstrahlt. Links und rechts des Balkons im zweiten Stock ist deutlich die Aufschrift „Hotel Meißl und Schadn" zu erkennen. Unten schirmen eine Markise und eine begrünte Einfriedung den Schanigarten ab. Offenbar wollten die Hotelbesitzer die günstige Gelegenheit nützen, im unmittelbar benachbarten Neubau ein größeres, den gewachsenen Erfordernissen entsprechendes Hotel zu eröffnen. Was als Wohnhaus konzipiert war, plant der Architekt Karl Hofmeier nun für einen Hotelbetrieb um. So entsteht ein modernes Hotel der ersten Klasse mit 70 Zimmern sowie Speisesälen im Erdgeschoß und im Mezzanin. Das alte Hotel weicht ebenfalls bald einem Neubau. Heute befindet sich dort das Hotel „Europa".

Das neue Hotel Meißl und Schadn ist in einem Stil errichtet, gegen den sich um die Jahrhundertwende wachsender Widerstand regt. Die Imitation alter Stile und die Dekorationssucht werden als unehrlich und unzeitgemäß empfunden. Wien-Kenner und -Liebhaber wie etwa Siegfried Weyr werden später an solchen Bauten mit Schaudern vorübergehen und dem alten Wien nachtrauern, das im großen Stil abgerissen worden ist. Den weniger Geschichts- und Stilbewußten ist ein solcher Disput ziemlich egal. Hauptsache, man kann bei Meißl und Schadn gut essen. Wer Liebhaber von Rindfleisch ist, kommt immer wieder hierher; vor allem ältere Herren sind Stammgäste. Sie sind gewohnt, daß man ihnen Gustostückerln reserviert. In der Schwemme genießen die Fiaker des nahen Standplatzes ihr heißgeliebtes Beinfleisch, abgerundet durch ein oder mehrere Krügerl Bier oder einen „Roten". Nichts scheint so sicher wie diese biedermännische Behaglichkeit. Zwar die Welt ringsum ist voller Unruhen; nationaler Hader, soziale Konflikte, Spannungen zwischen den Großmächten – und immer wieder der Balkan! Man liest es in der Zeitung, legt

sie kopfschüttelnd beiseite, denn es ist Zeit für Kuchen und Kaffee. Doch dann gerät der Name Meißl und Schadn ganz unversehens in die Schlagzeilen der großen Politik.

Wie kein anderer Tag prägt sich der 21. Oktober 1916 in die Geschichte dieses Hauses ein. Es ist der nunmehr dritte Herbst im großen Krieg. Längst verblaßt sind die Tage des Kriegsausbruchs vom Sommer 1914 mit ihrem ins Hysterische überschwappenden Hurrapatriotismus. Zu Weihnachen sollten die Soldaten längstens wieder daheim sein, meinte man damals im Überschwang der Gefühle. Nun steht bald die dritte Kriegsweihnacht bevor, und ein Ende des massenmörderischen Ringens in Europa ist nicht absehbar. Die Situation an den Fronten hat sich festgefahren. Für die Mittelmächte besteht wenig Grund zu Optimismus. Die Schreihälse von damals sind längst verstummt. Im Alltag der Menschen wird der Mangel von Monat zu Monat deutlicher fühlbar. Schon seit April 1915 sind Brot und Mehl rationiert, 1916 folgen Kartoffeln, Fett, Zucker, Milch und Kaffee. Mit minderwertigen, schal schmeckenden Ersatzstoffen werden die Speisen „gestreckt" oder imitiert. Wie mit einem Grauschleier überzieht die Not das Leben in allen Bereichen.

In Nobelhotels wie dem Meißl und Schadn ist freilich noch heile Welt spürbar. Rindfleisch in allen Variationen, mit gewohnter Sorgfalt zubereitet, dampft so wie seit jeher in den Kasserollen. So-

lange es das noch gibt, kann es nicht so schlimm sein, ist der Gourmet überzeugt. Auch der Zauber der Montur ist in diesen eleganten Räumlichkeiten noch wirksam, wenn Offiziere mit Orden an der Brust, die behandschuhte Linke auf dem Degengriff ruhend, zwischen den Tischreihen entlangschreiten, Damen der Gesellschaft die Hand küssen und sich dann bei Tisch mit ihnen angeregt unterhalten. Das mörderische Getöse der Kanonen draußen an der Front, das Schreien der verletzten Soldaten, ihr Todesröcheln im Dreck der Schützengräben dringt nicht bis hierher, in diese vornehme Welt, der alles Getöse anrüchig ist und in der schon zu lautes Geklapper mit Tellern ein Stirnrunzeln hervorruft.

Am Samstag, dem 21. Oktober 1916, betreten zur Mittagszeit zwei Herren das Hotel, unabhängig voneinander. Der eine kommt regelmäßig hierher, um sein Mittagessen einzunehmen. Der andere, weil er um diese Gewohnheit weiß. Der eine ahnt nicht, daß der andere seine Anwesenheit geradezu sehnsüchtig erwartet, denn verabredet sind sie nicht. Hastig tasten die Augen des Suchenden die Anwesenden im ebenerdigen Speisesaal ab. Er ist nicht da – durchzuckt es ihn jäh. Die Nervosität steigt. Aber es gibt da noch den Speisesaal im ersten Stock. Der 37jährige eilt die Stiege hinauf, gibt Mantel und Hut ab und betritt den Raum. Das muß er sein! Gott sei Dank, er ist doch gekommen – stellt der Suchende mit einiger Erleichterung fest. Und schon schießt es ihm durch den Kopf: Jetzt oder später? Er entscheidet sich fürs Zuwarten, setzt sich möglichst nahe dem Gesuchten. Beflissen tritt der Kellner an den neuen Gast heran. Sieht aus wie ein Künstler oder Redakteur, mag der Kellner oder einer der Anwesenden denken. Gesehen hat man den Herrn mit dem Wuschelkopf, dem Schnauzbart und der runden Brille hier noch nie. Essen muß ich etwas, das dämpft auch die Nervosität – denkt dieser bei sich und gibt die Bestellung auf. Beiläufig erkundigt er sich, ob der elegante Herr mit dem graumelierten Spitzbart und dem Zwicker tatsächlich der ist, dem sein heimliches Interesse gilt. Ja, er ist es – bestätigt nichtsahnend der Piccolo und eilt schon wieder fort. Wann ist die beste Gelegenheit? – überlegt der neue Gast fortwährend. Die Dame, die im Rücken des Beobachteten sitzt, bereitet ihm Sorge. Solange beide in dieser Konstellation verharren, kann und will er nichts unternehmen. Quälend langsam verrinnt die Zeit bei Reibgerstlsuppe, Rindfleisch mit Kohl, Gießhübler Mineralwasser und abschließend Zwetschkenkuchen und schwarzen Kaffee. Auch der elegante Herr hat mittlerweile sein Mahl eingenommen und sich einen Likör bestellt. An der Sitzkonstellation hat sich nichts verändert. Für das Vorhaben des nervös Wartenden ist die Lage vielmehr noch komplizierter geworden. Zwei Herren haben beim Tisch des Beobachteten Platz genommen: ein Zivilist – der Statthalter von Tirol, Friedrich Graf Toggenburg, wie sich

später herausstellt – und ein Rittmeister. Der Zuwartende versenkt sich einstweilen in eine Zeitschrift, sucht nach kritischen Anmerkungen auf seine Person. Zwischendurch tasten seine Augen immer wieder die Situation rund um den Fixierten ab. Endlich! Die Dame in dessen Rücken zahlt und erhebt sich. Auch der Zivilist und der Offizier entfernen sich vom Tisch des ihnen wohlbekannten Herrn. Kein Kellner ist mehr in der Nähe. Die Uhr zeigt halb drei. Jetzt oder nie – durchzuckt es den Wartenden, der das lange Ausharren kaum noch ertragen kann. Wild entschlossen erhebt er sich, geht mit raschen Schritten auf den allein sitzenden Herrn zu, greift in seine rechte Rocktasche, zieht einen mit sechs Patronen geladenen Browning heraus und gibt aus nächster Nähe drei Schüsse auf ihn ab. Totenstille in den ersten Schrecksekunden, dann entsteht im Meißl und Schadn ein Getümmel. Der Attentäter versucht durch den Ausgang zu entkommen. Anwesende Offiziere zücken ihre Degen, eilen ihm nach. Herren in Zivil ergreifen den nächstbesten Sessel, offensichtlich in der Absicht, den Fliehenden niederzuschlagen. Es kommt zu einem Handgemenge, ein vierter Schuß löst sich, trifft aber niemanden. Einem sportgestählten Zahlkellner namens Fruhmann gelingt es schließlich, den Täter zu überwältigen. *Ich bin der Doktor Adler, ich werde es vor Gericht rechtfertigen!* schreit dieser. Mancher der Umstehenden ist verwirrt. Der Dr. Viktor Adler, der Führer der Sozialdemokraten? Das soll er sein?

Nein, stellt sich heraus, es ist sein Sohn Dr. Friedrich Adler, der Parteisekretär und Abgeordnete zum Reichsrat.

Für das Opfer des Attentats kommt jede Hilfe zu spät. Zwei der drei Schüsse Friedrich Adlers töteten Karl Graf Stürgkh, Ministerpräsident seiner k. & k. Apostolischen Majestät, auf der Stelle. Völlig unbefangen hatte er zwei Stunden vorher das Hotel-Restaurant betreten, sich das Rindfleisch schmecken lassen wie immer, vielleicht zwischendurch an seinen knapp bevorstehenden 57. Geburtstag gedacht oder an den nächsten Vortrag beim Kaiser. Gelöst hatte er mit den an seinen Tisch herantretenden Herren geplaudert, womöglich mit einem eingeflochtenen Bonmot. Und das alles nicht ahnend, daß der unauffällige Mann drei Tische weiter an nichts anderes dachte, wie er ihn, Graf Stürgkh, ermorden könnte, ohne andere zu gefährden. Die plötzliche Hast des Mannes war ihm noch aufgefallen. Bevor er aber noch überlegen konnte, blickte er bereits in den Lauf eines Revolvers, weniger als einen halben Meter von seinem Gesicht entfernt. Das war das letzte, was Karl Graf Stürgkh in seinem Leben sah. Das Krachen des ersten Schusses mochte er noch gehört haben, dann wurde es Nacht um ihn.

Wenig später erfährt Kaiser Franz Joseph in Schönbrunn, daß sein Ministerpräsident ermordet worden ist. Das wievielte politische Attentat, die wievielte Hiobsbotschaft generell ist es eigentlich, die man ihm jetzt melden

Eine repräsentative Rückfront: Das Hotel mit dem Glasmosaik, Kärntnerstraße 16

muß im achtundsechzigsten Jahr seiner Herrschaft? Lang ist die Liste mit den Namen derer, die mit seinem Leben eng verbunden waren und die eines gewaltsamen Todes starben. Allen voran seine „Engels-Sisi", dann Kronprinz Rudolf, sein einziger Sohn, bis hin zum Thronfolger Franz Ferdinand und dessen Frau, deren Ermordung das Verhängnis für ganz Europa ausgelöst hat. Ganz zu schweigen von der Vielzahl ausländischer Monarchen, Präsidenten und Minister, deren Ermordung Franz Joseph seit seiner Thronbesteigung im Jahre 1848 erfahren hat. Nun ist auch sein Ministerpräsident der politischen Gewalt zum Opfer gefallen. Genau ein Monat später, am 21. November 1916, schließt der letzte Monarch der alten Schule, wie er sich selbst bezeichnet hat, für immer die Augen. Ihm ist ein friedlicher Tod in Form eines langsamen Hinüberdämmerns in eine andere Welt vergönnt. Für die sichtbare Welt ist dieser Tod weit bedeutsamer als das gewaltsame Ende des Grafen Stürgkh, denn er bedeutet den Abschluß einer langen Epoche und den Abschied von einer Welt, die sich mitten im Untergang befindet, ohne es vorerst gewahr zu werden.

Das ist aber schon ein Vorgriff auf die Zukunft. Noch sind wir beim 21. Oktober 1916. Am Nachmittag dieses Tages rollen zwei Wagen über das Pflaster der Wiener Innenstadt zum Hotel Meißl und Schadn; ein Leichenwagen und ein Arrestantenwagen. Ein Polizeirat namens Johannes Schober ist unterwegs,

Kritisierte Baupracht: Das neue Hotel Meißl und Schadn

Die Hauptfront des Hotels Neuer Markt 2

den Attentäter in Polizeigewahrsam zu nehmen. Als Polizeipräsident, Außenminister und schließlich Bundeskanzler wird Schober später die Geschicke des nachhabsburgischen Österreich wesentlich mitbestimmen. Auf dem Weg zum Polizeikommissariat läßt er die Rouleaus herunter, um ungestört mit Friedrich Adler reden zu können.

Schober: Was ist Ihnen denn eingefallen?
Adler: Eingefallen! Können Sie sich nicht in mein Inneres hineindenken? Wo alles in unserer Partei so feig ist und niemand Ideale hat? Ich habe mein Leben in die Schanze geschlagen, um den Zuständen ein Ende zu machen.
Schober: Was wollten Sie damit erreichen?
Adler: Ich habe schon lange an die Möglichkeit gedacht, irgendeine befreiende Tat zu verüben.
Schober: Haben Sie an Ihren alten Vater gedacht?
Adler: O ja! Er muß es ertragen!

Noch bevor es schwarz auf weiß im Vernehmungsprotokoll steht, ist klargestellt: Das Attentat ist als Fanal, als Protest eines äußerst Verzweifelten gegen die Entwicklung im Staat und in der eigenen Partei gedacht. Von allem Anfang an war Friedrich Adler gegen diesen Krieg; also bereits zu einem Zeitpunkt, als das ganze Ausmaß des Schreckens, der auf die Menschen zukommen sollte, für die wenigsten absehbar war. Daß

Der Attentäter und sein Opfer: Dr. Friedrich Adler und Ministerpräsident Karl Graf Stürgkh

sich die Sozialdemokratische Partei, die sein Vater wesentlich geformt hatte, dem Begeisterungstaumel anno 1914 nicht widersetzte, sondern auf die Linie eines schwarz-gelben Patriotismus einschwenkte, fand er unverständlich, ja beschämend. *„Ich passe nicht zum Funktionär der Partei in einer solchen Ära",* schrieb er bereits am 8. August 1914. Lieber hätte er es gesehen, die Partei hätte sich klar gegen die Kriegspolitik der Regierenden ausgesprochen. Dafür Verfolgung und Kerker auf sich zu nehmen, wäre aus der Sicht Friedrich Adlers weit ehrenwerter gewesen. Und aufschlußreich heißt es in demselben Schreiben:

„Ich pfeife auf alle Leser unseres Tagblattes [gemeint ist die Arbeiter-Zeitung], wie es heute ist und wäre glücklich, wenn ich unseren Genossen ein offenes und ehrliches Flugblatt zustecken könnte. Das größte Flugblatt wäre ein ATTENTAT!" Für die Kompromißhaltung seines Vaters hat Friedrich Adler kein Verständnis, auch wenn Viktor Adler nur unter großen Gewissensnöten den Krieg befürwortet. *„Ich weiß, man muß dafür stimmen, ich weiß nur nicht, wie ich es über die Lippen bringe, aber es muß sein … Es gibt nur eines, was noch schlimmer ist als der Krieg, das ist die Niederlage",* rechtfertigt sich Viktor Adler. Sein Sohn

Der Schauplatz des Attentates: Der Speisesaal des Hotels Meißl und Schadn im 1. Stock

hingegen wünscht *„allen Regierungen die Niederlage und allen Völkern die Unbesiegbarkeit... Unsere Methode heißt nicht Krieg, sondern Revolution"* (Manifest vom 3. 12. 1915). Mit seiner kompromißlosen Haltung vermochte sich Friedrich Adler innerhalb seiner Partei nicht durchzusetzen. Seine Anträge blieben bei Parteikonferenzen deutlich in der Minderheit. Mehr und mehr wuchs seine Verzweiflung, überall sah er den Fatalismus obsiegen, auch bei den deutschen Genossen. Eine Abspaltung von der Partei konnte er aber auch nicht riskieren, denn sie hätte ihm jede Basis für seine Agitation entzogen. So gesehen gab es für Friedrich Adler keine erfolgversprechende Alternative außer eine

aufrüttelnde Tat; eine Tat, die alle – Regierung, Partei und Volk – zu irgendeinem Handeln zwingen mußte ...

Wie schlimm war es um die innenpolitischen Verhältnisse bestellt! Was nützte es schon, daß in der österreichischen Reichshälfte das allgemeine, gleiche und geheime Wahlrecht (allerdings nur für Männer) seit 1907 gültig war; daß die Sozialdemokraten mit 87 Abgeordneten die zweitstärkste Fraktion im Reichsrat stellten? Die Regierung berief die Volksvertretung gar nicht ein; auch nicht zu Kriegsbeginn, so daß eine parlamentarische Debatte zu dieser folgenschweren Zäsur nicht möglich war. Ministerpräsident Graf Stürgkh regierte auf dem Notverordnungsweg. Stürgkh, ein

Vertreter der aristokratischen Großgrundbesitzer, stellte sich taub gegenüber jedem Verlangen, den Reichsrat einzuberufen. Unbeirrbar glaubte er daran, mit einer autoritären Regierungsweise den Anforderungen in Kriegszeiten am besten gerecht zu werden. Reichsrat, das bedeutete für einen Herrn der alten Schule wie ihn: Schreiduelle, Krawallkonzerte, Obstruktion. Mit derartigen Leuten sollte eine ernste, sachliche Zusammenarbeit möglich sein? Hatte sich das „Hohe Haus" durch derart entwürdigende Vorgänge nicht auch in weiten Kreisen der Bevölkerung um jedes Ansehen gebracht? Nicht einmal die Sozialdemokraten waren vom nationalen Hader verschont geblieben und hatten sich in eine deutsche und eine tschechische Fraktion gespalten. Selbst der sozialdemokratische Abgeordnete Wilhelm Ellenbogen hatte freimütig zugegeben, daß in der österreichischen Volksvertretung Bagatellen zu Kardinalfragen würden, *„um derentwillen die gesamte Staatsmaschine stockt"*. Das Parlament als Klotz am Bein der Regierung, den es abzuschütteln gilt. Diese Einstellung sollte dem Grafen Stürgkh letztendlich das Leben kosten.

Jetzt ist die „befreiende Tat" geschehen. Friedrich Adler hat also *sein Leben in die Schanze geschlagen, um den Zuständen ein Ende zu machen"*. Die erhoffte Solidarisierung der Partei mit ihm bleibt aber aus. Bereits am nächsten Tag steht in der „Arbeiter-Zeitung" zu lesen: *„Wir beklagen den Unseligen, der die Bluttat verübt hat."* Friedrich Adler wird als ein *„an sich selbst irre gewordener Fanatiker"* charakterisiert. Im Mai 1917 muß er sich vor Gericht verantworten. Blendender Agitator und Überzeugungstäter, der er ist, versteht er es, die Anklage gegen ihn in eine Anklage gegen Staat und Gesellschaft umzumünzen. Ob in Österreich oder in Deutschland, da wie dort seien die Sozialdemokraten ins imperialistische Fahrwasser geraten. Es sei ein Trugschluß, zu glauben, die Kriegsbeute werde auch der Arbeiterklasse des siegreichen Landes zugute kommen, argumentiert der Angeklagte. Betroffen lauscht Viktor Adler im Gerichtssaal den Worten seines Sohnes. Die Anklage gegen ihn ist unmißverständlich herauszuhören. Besonders wenn Friedrich Adler vom Mitläufertum spricht und wörtlich sagt: *„Vom Standpunkt ihrer eigenen glorreichen Geschichte ist die Sozialdemokratie in den meisten Ländern, aber besonders in Österreich, heute bei weitem nicht das, was sie sein sollte ..."* So brillant sich Friedrich Adler auch verteidigt, das Gericht fällt trotzdem ein Todesurteil. Er erwartet die unmittelbar bevorstehende Hinrichtung und schließt mit dem Leben ab. Doch Franz Josephs Nachfolger, der junge Kaiser Karl, läßt Milde walten. Das Todesurteil wird in eine 18jährige Kerkerstrafe umgewandelt.

Innenpolitisch hat das Attentat bei Meißl und Schadn doch eines bewirkt. Die Regierung bewilligt die Einberufung des Reichsrates. Der geltenden Verfassung ist damit wieder Genüge getan. Auch wenn viele jetzt hellhöriger

geworden sind, vom Weg in den Untergang ist das Habsburgerreich nicht mehr abzubringen, trotz aller gutgemeinten Versuche. Als die Monarchie bereits in den letzten Zügen liegt, läßt man Friedrich Adler frei. Man schreibt den 2. November 1918. Jetzt schlägt die „Arbeiter-Zeitung", frei von jeder Repressionsfurcht, ganz andere Töne an als vor zwei Jahren: *„Es gibt keinen Proletarier bei uns, dessen Herz nicht heiß schlüge, wenn er Friedrich Adlers Namen vernimmt ... Gruß und Willkommen dem Helden und Märtyrer!"*

O tempora mutantur! Eine neue Zeit bricht an, nachdem die alte Welt in Raten Selbstmord verübt hat. Aus Österreich wird eine kleine, unabhängige Republik – zwangsweise. So verordnen es die Siegermächte, und als oktroyiertes Muß empfinden es auch die meisten Österreicher, nicht zuletzt Friedrich Adler. Zeitlebens träumt er von einer großdeutschen linken Revolution.

Den Traum von einem Großdeutschland erfüllen Revolutionäre ganz anderer Prägung. Ihre Fahne prangt in den Märztagen des Jahres 1938 vor den Fenstern des Hotels Meißl und Schadn. Österreich als unabhängiger Staat existiert nicht mehr. Kaum ist Bundeskanzler Kurt Schuschnigg der Gewaltandrohung aus Berlin gewichen und der Nationalsozialist Arthur Seyß-Inquart als Kanzler installiert, treffen auch schon Polizeichef Heinrich Himmler und seine Mannen der Gestapo in Wien ein. Längst war man in Berlin vorberei-

tet auf den Tag, da der „Fall Otto" (die Besetzung Österreichs) spruchreif sein würde. Im Gepäck haben die Gestapo-Leute fertige Namenlisten, wer aller sofort dingfest zu machen ist. Widerstand darf gar nicht erst aufkeimen. Deshalb gilt es, der führenden Köpfe des Schuschnigg-Regimes habhaft zu werden; ebenso aber der illegalen Sozialdemokraten, Kommunisten, der Juden sowie aller jener, die bereit gewesen waren, Schuschnigg im Kampf für ein unabhängiges Österreich zu unterstützen.

Am Sonntag, dem 13. März, läuten frühmorgens, wie an Tausenden anderen Wohnungstüren auch, Gestapo-Leute bei Oskar Helmer. Er ist ein bekannter Sozialdemokrat. Bis zum Landeshauptmannstellvertreter von Niederösterreich hatte er es gebracht, ehe die Februarereignisse 1934 ihn und seine Genossen in die Illegalität gedrängt hatten. So wie vor vier Jahren heißt es jetzt für Helmer: „Mitkommen!" Jetzt hört er dies allerdings aus dem Mund reichsdeutscher Polizisten. Helmer rechnet damit, zur Einvernahme in die Polizeidirektion gebracht zu werden. Doch der Polizeiwagen fährt in eine andere Richtung, hält schließlich vor dem Hotel Meißl & Schadn. Verwundert sieht sich Helmer um. Da ist nichts mehr von Noblesse zu spüren, die betuchte Reisende an solchen 1A-Hotels so schätzen. Statt dessen geht es zu wie in einem Bienenstock. Tür auf, Tür zu. Namen werden aufgerufen, Personen in dieses oder jenes Zimmer beordert, immer in Begleitung eines Polizisten. Das Meißl &

Schadn ist für Zwecke der Gestapo requiriert! Endlich öffnet sich auch für Oskar Helmer eine der Türen. Der Ton, den der deutsche Polizeibeamte ihm gegenüber anschlägt, ist harsch. Angaben über Lebenslauf und politischen Werdegang werden protokolliert und mit vorliegenden Akten verglichen. Dann erst kommt der eigentliche Zweck der Einvernahme ans Licht. Helmer soll, so verlangt es der Deutsche gebieterisch, in seinem ehemaligen Wahlkreis in Niederösterreich bei Kundgebungen Reden für den Anschluß halten. Die Antwort lautet: Nein! Der Beamte reagiert gereizt: *„Ihre Ablehnung nehme ich nicht zur Kenntnis. Sie werden es noch billiger geben!"* Die Einvernahme ist beendet. Zwei Gestapo-Männer bringen Oskar Helmer in den Keller des Hotels. Dort trifft er auf Menschen, denen es ebenso ergeht wie ihm. Die Stunden bis zum Abend jenes Tages vergehen in quälender Ungewißheit. Dann endlich wird Helmer wieder nach oben eskortiert zu einer neuerlichen Einvernahme. Das Ergebnis ist das gleiche. Vorläufig kann er gehen, bleibt aber unter Polizeiaufsicht.

Wien zeigt sich in diesen Tagen von seiner scheußlichsten, widerlichsten Seite. Wie von geheimnisvoller Macht ist der Stadt plötzlich die Maske des Biederen, Leutseligen, des Leben und Lebenlassens und des Kultivierten heruntergerissen. Die Triumphierenden nutzen die Gunst dieser Stunde Null. Jetzt ist *die* Gelegenheit, im trüben zu fischen, sich rücksichtslos zu bereichern. Das gilt für Hitlers Paladine, die zuhauf in Wien er-

scheinen, ebenso wie für den Hausmeister, der auf die geräumige Wohnung des Juden im Haus „spitzt". Die Hemmschwelle der anerzogenen Anständigkeit ist mit einem Mal gebrochen. Entfesselt ist *„der Aufstand des Neids, der Mißgunst, der Verbitterung, der blinden, böswilligen Rachsucht",* wie Carl Zuckmayer das Selbsterlebte so eindrücklich beschreibt. Tausende zittern in diesem „Hexensabbat des Pöbels" um ihre materielle Existenz, wenn nicht gar um ihr Leben. Blinde Angst treibt die Opfer des Umbruchs. Nur weg aus dieser Hölle, in der man schon an der nächsten Straßenecke zum Gehsteigsäubern mit Zahnbürsten gezwungen werden kann; umstellt von einer johlenden Menge, die sich an den Leiden der Gedemütigten ergötzt. Vor den ausländischen Konsulaten stehen sie Schlange, die so plötzlich zu Freiwild geworden sind. Die Züge Richtung Grenze quellen über von Fluchtwilligen. Weh dem, der kein Visum hat! Auf Mitleid der Grenzbehörden der Nachbarstaaten darf er nicht hoffen. Auch dann nicht, wenn er in Österreich einen bekannten Namen hat, wie etwa Dr. Robert Danneberg, sozialdemokratischer Politiker jüdischer Abstammung. Bis 1934 war er Präsident des Wiener Landtages und Finanzreferent. Die tschechoslowakischen Grenzbehörden lassen ihn nicht durch. Die Falle schnappt zu. Als Häftling wird Danneberg nach Wien gebracht. Jetzt droht ihm der Abtransport in ein Konzentrationslager. So wie ihm ergeht es unzähligen anderen.

Wie kann man diesen Menschen helfen? Menschen, die beispielsweise für Oskar Helmer Gesinnungsfreunde sind, mit denen man manches zusammen erlebt, erkämpft und durchlitten hat. Welche Haltung soll man gegenüber den neuen Machthabern einnehmen? Offene Kampfansage wäre aussichtslos; totale Unterwürfigkeit ehrlos und unglaubwürdig.

Für den Augenblick schweigen alle Überlegungen, denn am 15. März erreichen die umwälzenden Ereignisse ihren Höhepunkt. Als Triumphator zieht Adolf Hitler in Wien ein; in jenes „Rassenbabel", aus dem er vor 25 Jahren angewidert fortgezogen war; fort nach München, in eine rein deutsche Stadt, von deren Atmosphäre er sich die ungehinderte Entfaltung seiner Fähigkeiten versprochen hatte ... Vom Balkon der Neuen Hofburg verkündet er nun *„eine neue Mission für die älteste Ostmark des Reiches"* und den *„Eintritt seiner Heimat in das Deutsche Reich".* Dieser „Meldung vor der Geschichte" wohnt eine Menschenmenge bei, wie sie der Heldenplatz in dieser Größe und Dichte noch nie gefaßt hat. Denn alle sind sie gekommen: die glühenden Hitler-Verehrer und Idealisten, die Wendehälse und Machtbewunderer, die Spektakelsüchtigen und Adabeis und die von ihren Dienststellen und Firmenleitungen Hinbeorderten. Danach paradieren Wehrmacht und Bundesheer vor Hitler über die Ringstraße. Für die „heimgeholten" österreichischen Soldaten ist er nun ihr oberster Befehlshaber. Nachher begibt sich Hitler ins Hotel Imperial. Immer wieder muß er auf den Balkon treten, um die Huldigungen Tausender Begeisterter entgegenzunehmen, die gegen die polizeilichen Absperrungen drängen. Wien liegt in Fieberschauern der Hingabe an diesen Mann, der nun auch hier seine Rolle als Erlöser perfekt in Szene zu setzen weiß. So perfekt, daß sich das Grauen, das in seinem Troß mitgekommen ist, für den oberflächlichen Betrachter unsichtbar machen kann.

Auch Josef Bürckel ist jetzt da. Er schlägt im Hotel Meißl & Schadn sein provisorisches Hauptquartier auf. Der gebürtige Pfälzer ist von Adolf Hitler als Reichskommissar für die Wiedervereinigung Österreichs mit dem Deutschen Reich nach Wien entsandt worden. Bürckels ganzer Ehrgeiz richtet sich auf ein Ziel: Die bevorstehende Volksabstimmung über den bereits vollzogenen Anschluß Österreichs muß ein möglichst großer Triumph werden; ähnlich wie die von ihm organisierte Saar-Abstimmung 1935. Seit damals gilt er in der Partei als Organisationstalent, als *der* Anschlußspezialist, der mit allen Schwierigkeiten fertig wird. Und Bürckel ist entschlossen, seinem Führer, dem gebürtigen Österreicher, einen neuen Beweis seiner Fähigkeiten zu liefern. Vor allem kommt es jetzt darauf an, die Österreicher psychologisch zu bearbeiten. In den vier Wochen bis zur Volksabstimmung am 10. April kann viel passieren, vor allem kann der Rausch der Anschlußbegeisterung schon wieder fühlbar abgeebbt sein. Soweit

will es Josef Bürckel gar nicht kommen lassen. Das „Ja" der bisher Illegalen und der „Märzveilchen" reicht nicht für einen fulminanten Sieg. Wichtig ist, auch das „Ja" der Zaudernden aus Glaubensgründen und das „Ja" derer zu erlangen, die vom Regime des Ständestaates verfolgt worden sind; also der Katholiken und der Arbeiterschaft. Ob es aus dem Herzen kommt, ist Bürckel gleichgültig. Hauptsache, man kann noch vor dem 10. April Schlagzeilen produzieren, die Tiefenwirkung haben. Die Chancen dafür stehen bestens.

Am 16. März beginnen Bürckel und seine Mitarbeiter mit den Detailvorbereitungen. Die Stimmung der Herren im Meißl & Schadn ist aufgeräumt. Kein Wunder nach dem gestrigen Tag! In der Atmosphäre der Stadt sind die Nachschwingungen der Begeisterungsexzesse noch deutlich fühlbar. Wieder wird Oskar Helmer ins Hotel beordert. Er muß warten. Eine Abordnung des Klerus ist bei Bürckel, um über den Wortlaut des geplanten Hirtenbriefes der katholischen Bischöfe zu beraten. Bei den Männern der Kirche herrscht Zuversicht. Mit froher Kunde ist gestern Erzbischof Kardinal Theodor Innitzer nach einer Unterredung mit Adolf Hitler im Hotel Imperial ins Erzbischöfliche Palais heimgekehrt. Die Kirche werde es nicht zu bereuen haben, wenn sie sich loyal zum Staat verhalte, hatte Hitler gesagt und für diesen Fall auch positive Auswirkungen auf das nunmehrige Altreich in Aussicht gestellt. Dort ist das Verhältnis zwischen Kirche und

Staat gespannt, besonders nach der päpstlichen Enzyklika „Mit brennender Sorge". Die Beratungen bei Bürckel laufen gut an. Dann ist Oskar Helmer an der Reihe. Bürckel bringt wieder den Vorschlag zur Sprache, Helmer möge sich als Redner für den Anschluß engagieren. Ein solches Entgegenkommen könne man sich schon erwarten. Schließlich würden sozialdemokratische Gemeindebedienstete, die das Dollfuß-Schuschnigg-Regime entlassen hat, wieder in Dienst gestellt. Arbeit und Brot für bisher Gemaßregelte durch die Großmut des Führers! Um ein politisches Tauschgeschäft geht es Bürckel also, wird Helmer klar. Ohne Umschweife lehnt er das Ansinnen ab: *„Herr, ich würde mich schämen, als Konjunktur-Ritter aufzutreten."* Diese Klarheit der Sprache verblüfft Bürckel und die anderen drei anwesenden Parteifunktionäre. Insistieren ist im Moment sinnlos, erkennt Hitlers Sonderbeauftragter und läßt Helmer gehen. Mit dem Zusatz, man werde noch weiterreden. Schon will Helmer schnurstracks das Hotel verlassen, da trifft er im Vorraum zu Bürckels Arbeitszimmer Hauptmann Josef Leopold, ein gebürtiger Niederösterreicher so wie er. Sie kennen einander aus jenen Zeiten, als sie beide noch im Niederösterreichischen Landtag saßen und der Landesregierung angehörten. Bis kurz vor dem Anschluß war Leopold Landesleiter der illegalen österreichischen NSDAP. Die ständige Verwicklung in parteiinterne Querelen hat ihn seine Stellung gekostet. Jetzt kann

Ein unfreiwilliger Hotelbesucher: Oskar Helmer in späteren Jahren

Der Anschlußspezialist: Josef Brückel in Zivil und in Uniform auf dem Heldenplatz

er nur hoffen, bei der Verteilung der Anschlußbeute doch noch ein Stück zu ergattern – vergeblich, wie sich bald herausstellen wird. Nach kurzen privaten Erkundigungen kommt die Sprache auf Bürckels Ansinnen und auch auf den Fall Danneberg. Abermals wird deutlich, daß die nunmehrigen Machthaber ein Entgegenkommen erwarten, wenn die andere Seite sich Erleichterungen erhofft. Ein neuer Vorschlag wird ins Spiel gebracht. Presseerklärungen ehemaliger Parteiführer der Sozialdemokraten mit einem eindeutigen Bekenntnis zu einem „Ja" bei der Volksabstimmung könnten beiderseits nützlich sein, würden auf viele Österreicher tiefen Eindruck machen. Helmer denkt an Dr. Karl Renner, den ersten Kanzler der Republik. Dessen Name hat nach wie vor Klang, nicht nur in den Kreisen der Arbeiterschaft. Leopold will mit Bürckel über diese Idee reden, Helmer mit seinen Gesinnungsgenossen. Nachdenklich verläßt Helmer das Meißl & Schadn. Das Schicksal Robert Dannebergs und anderer Parteifreunde geht ihm dauernd durch den Kopf. Man muß etwas unternehmen, ansonsten schwindet jede Chance, sie vor dem Ärgsten zu bewahren.

Karl Renner wird in die ganze Problematik eingeweiht. Er zögert, entschließt sich dann aber doch. So kann am 3. April ein aufsehenerregendes Interview im „Neuen Wiener Tagblatt" erscheinen, in dem jeder Leser die unzweideutige Absicht Karl Renners zur bevorstehenden Volksabstimmung erfährt: *„Ich stimme*

Der Triumphator: Adolf Hitler nimmt auf dem Balkon des Hotels Imperial die Huldigungen der Wiener entgegen, 15. 3. 1938

Die ausgebrannte Ruine des Hotels, vorne der zerstörte Donnerbrunnen, Photo 1945

zialdemokraten eine Empfehlung für die prestigeträchtige Volksabstimmung gegeben. Auch von dieser Seite droht damit keinerlei Widerstand. Die Wirkung des Interviews kann nicht ausbleiben. Abertausende ehemalige Parteigenossen können sich jetzt an dieser Empfehlung orientieren, mit dem beruhigenden Argument: „Ja wenn sogar der Renner mit JA stimmt …" Die Wortwahl ist zudem geschickt. Nicht eine Spur von Anbiederung an die Nationalsozialisten, kein „Heil Hitler" wie im Falle Kardinal Innitzers. Die betonte Distanz zu den Methoden, wie der Anschluß zustande kam, zeugt überdies von Treue zur weiter hochgehaltenen Gesinnung. Bewußt hat die Zensur dies zugelassen, Hauptsache, der beabsichtigte Effekt tritt ein. Das Fehlen jeder Gegenpropaganda, ein überall fühlbarer Druck von oben und eine allgemein verbreitete Hoffnung auf eine Wende zum Besseren führen zu jenen 99,7 Prozent Zustimmung, die Josef Bürckel seinem Führer als Ergebnis der Volksabstimmung stolz vermelden kann.

Schon sehr bald wird deutlich, daß die Hoffnung auf eine mildere Haltung der NS-Machthaber vergeblich ist. Unter Loyalität, die sie einfordern, verstehen sie totale Anpassung. Alles andere wird als Widerstand ausgelegt, gegen den rücksichtslos vorgegangen werden muß. Die katholische Kirche bewahrt das Ja ihrer Bischöfe zum Anschluß als „selbstverständliche nationale Pflicht", die „freudige" Anerkennung hervorragender Leistungen des NS-Regimes,

mit JA!" Und Renner begründet auch seine Haltung: Der Anschluß sei jetzt ein geschichtliches Faktum, wenn schon nicht mit jenen Methoden errungen, zu denen er sich bekenne. Auch sei Österreichs Aufgehen in Deutschland *„eine*

Genugtuung für die Demütigungen von 1918 und 1919, für Saint Germain und Versailles", macht Renner deutlich.

Bürckel kann zufrieden sein. Nach den Bischöfen hat jetzt die führende Persönlichkeit der österreichischen Sonicht vor Verfolgung. Noch im Oktober desselben Jahres werden aufgehetzte Jugendliche das Erzbischöfliche Palais in Wien stürmen und verwüsten, weil von kirchlicher Seite Kritik an den herrschenden Verhältnissen angeklungen war. Auch Priester und Ordensleute werden aus Treue zu ihrem Glauben den Gang ins KZ oder unters Fallbeil antreten müssen. Karl Renner bleibt zwar unangetastet während der gesamten Dauer des NS-Regimes, sein Entgegenkommen vermag aber Robert Danneberg nicht vor dem Konzentrationslager zu bewahren, wo er 1942 umkommen wird. Abertausende andere erleiden ein ähnlich grauenhaftes Schicksal, egal, welcher Gesinnung sie sind. Wer überdies rassisch nicht in das Weltbild der Nationalsozialisten paßt, hat nur geringe Aussichten, der Vernichtungsmaschinerie zu entrinnen.

Die Saat der Gewalt geht auf. Nur eineinhalb Jahre nach jenen denkwürdigen Iden des März 1938 herrscht Krieg. Die Hoffnung auf ein friedvolles Gedeihen innerhalb einer großen Staats- und Volksgemeinschaft stellt sich als Trugschluß heraus. An die Stelle des Triumphgeheuls tritt Sirenengeheul. Wien wird zum Angriffsziel alliierter Bomberverbände. Wieder klammern sich die Wiener an eine Illusion. Die für ihre Schönheit weltbekannte Innenstadt werde nicht angegriffen, ist man überzeugt. Bis der Angriff am 10. September 1944 auch in dieser Hinsicht ein böses Erwachen bringt. Je näher das Kriegsende rückt, desto mehr steigert sich das Fu-

Das Ende der Fin de Siècle-Pracht: Das zerbombte Hotel und das Nachbarhaus Kärntnerstraße 18 (links) nach Kriegsende, Photo 1945

rioso der Vernichtung. Schließlich zermalmen Bomben auch das Hotel Meißl & Schadn samt dem Nachbarhaus Kärntner Straße 18; genau am siebenten Jahrestag des Anschlusses. Brände, von Plünderern gelegt, vollenden schließlich das Ausmaß der Zerstörung. Schwer beschädigt steht der einst stolze Bau im Frühjahr 1945 da. Von den Türmchen, Treppengiebeln, Loggien, Säulen und Erkern ist nichs geblieben. Bis zum Glasmosaik herunter klafft auf der linken Hausfront in der Kärntner Straße das Loch, das eine Bombe gerissen hat. Wo einst elegant gekleidete Damen und Herren flanierten, türmen sich jetzt Schuttberge, ziehen halb verhungerte, zerlumpte Menschen ihre armselige Habe oder gar ihre verstorbenen Angehörigen auf Leiterwagen hinaus aus der zerstörten Stadt.

Das alles ist heute, ein halbes Jahrhundert danach, Geschichte; teils unvorstellbare Geschichte für die im Wohlstand und Frieden Aufgewachsenen, wie es im wiedererstandenen Österreich zur Selbstverständlichkeit geworden ist. Daß vom Hotel Meißl & Schadn nur ein hübsch anzusehendes Mosaikbild übrigbleibt, sein Name kein Begriff mehr ist, gehört zum Teil der österreichischen Tragödie in diesem Jahrhundert. Dieses Haus war einer der Schauplätze, an denen sich der Weg Alt-Österreichs in den Untergang vollzog und an denen das neue Österreich seine tiefste Erniedrigung durchleiden mußte. Dem oberflächlichen Betrachter bleibt der Blick auf diese zeitgeschichtliche Dramatik verstellt. Dem Sucher nach der Welt von Gestern öffnet sich hingegen ein Spektrum, wie es wohl kein Schriftsteller, kein Dramaturg spannender gestalten könnte.

DAS LOS ARMER STUDENTEN UND EIN DICHTER IM GEMEINDEBAU

Das Goldbergsche Stiftungshaus und der Franz-Karl-Ginzkey-Hof

Johannesgasse 9–13

Es sind fünf Studenten. Jeder ist mit einem Attribut seiner geistigen Zunft dargestellt: mit Buch und Schriftrolle, Zirkel und Winkelmaß, Fernrohr und Weltkugel. In ihrer einst typischen Gewandung blicken sie von den glasierten Kacheln herab auf den Betrachter, der vor der Einfahrt des modernen Wohnhauses Johannesgasse 9–13 steht. *„Hier stand das Goldbergsche Stiftungshaus, eine Burse für arme Studenten"*, klärt die dazu angebrachte Schrift den Interessierten auf.

Diese künstlerisch nicht weiter interessante Darstellung erinnert an die mehr

als sechshundertjährige Tradition Wiens als Universitätsstadt. Mit Herzog Rudolf IV., dem Stifter, hat sie begonnen. Erfüllt von glühendem Ehrgeiz, ausgestattet mit der Weitsicht aller wahrhaft großen Menschen, ist dieser blutjunge Herrscher entschlossen, aus seiner Dynastie, seinem Land und seiner Residenzstadt etwas Überragendes und auf Dauer Gegründetes zu machen. Zwar greift er zur Erlangung seiner Ziele auch zu bedenklichen Mitteln wie Urkundenfälschung (Privilegium maius), doch das schmälert nicht seine Verdienste, von denen auch das heutige Österreich

noch profitiert. Die Erwerbung Tirols, der Ausbau des Wiener Stephansdoms zur mächtigen gotischen Kathedrale sind auf diesen Regenten zurückzuführen. Im März 1365 stellt er die Stiftungsurkunde für die Universität Wien aus. Die Auswirkungen dieses hochbedeutsamen Entschlusses kann Rudolf nicht einmal in Ansätzen miterleben, denn schon vier Monate später stirbt er in Mailand, erst 27 Jahre alt.

Der Same jedoch fällt auf fruchtbaren Boden. Nach einigen Anfangsschwierigkeiten blüht die Universität Wien auf, erlangt ebensolche Berühmt-

heit wie die älteren Universitäten von Bologna, Paris und Prag. Zu Tausenden strömen von nah und fern bildungswillige junge Männer, oftmals sind es erst halbe Kinder, in die Stadt. Von allem Anfang stellt sich die Frage, wie und wo sie hier untergebracht werden. Ein eigenes abgeschlossenes Studentenviertel hatte Rudolf der Stifter geplant; eine *„pfaffenstat, da die egenant wirdige schul sein und alle maister und schuler wonen sullen, gelegt und legen zwischen unserr fürstlichen wonunge, unserm herczoglichen palas, und der Schotten chloster ze Wienne …".*

Sein früher Tod vereitelt die Verwirklichung dieses weisen Vorhabens, das die befürchteten Auseinandersetzungen zwischen den Wiener Bürgern und den Studenten in der räumlich sehr beengten mittelalterlichen Stadt vereiteln sollte. Tatsächlich ist das Verhältnis zwischen beiden von Anfang an gespannt. Mit einigem Unbehagen beobachten die Wiener den Zustrom der bildungswilligen Burschen, die vielfach aus den ländlichen Gebieten kommen. „Gscherte" also, Habenichtse, Hungerleider, Bettler; Leute, die aus der Sicht der handwerktreibenden Städter nichts Nützliches vollbringen, bloß ihre Nasen in Bücher stecken und zu Vorlesungen laufen. Freilich, den einen oder anderen Burschen kann man ganz gut brauchen, wenn irgendwelche Hilfsdienste benötigt werden. Zu Schreibarbeiten etwa ist solch ein Studiosus prädestiniert, vor allem wenn man selbst des Lesens und Schreibens nicht kundig ist. Aber

im allgemeinen runzelt der Wiener die Stirn, wenn auch nur das Wort Student fällt.

Die Scholaren merken die Ablehnung, die ihnen hier mehr oder minder offen entgegenschlägt. Was wissen diese Spießbürger, was es heißt, ohne Geld in eine fremde Stadt zu gehen, täglich mit der bangen Frage nach dem Morgen konfrontiert zu sein, immer auf die Mildtätigkeit anderer angewiesen; einzig getragen von der Hoffnung, sich durch alle Nöte und Widerwärtigkeiten „durchzubeißen", um es dereinst besser zu haben. Ihr Gott ist der Bauch, mag so mancher Student den Wiener Durchschnittsbürger nach biblischer Aussage beurteilen; zufrieden mit Gott und der Welt, wenn bloß der Geldbeutel voll ist und täglich eine deftige Mahlzeit auf dem Tisch steht, eingespannt im Lebensdreieck Werkstatt – Wirtshaus – Kirche. Kann so ein Städter auch nur ahnen, daß es auch Hungern nach Wissen und Bildung gibt, daß der Mensch nicht vom Brot allein lebt?

Die Ernsten und Ruhigen unter den Studenten finden sich mit den Gegebenheiten ab. Die Schelme und Rauflustigen reagieren anders: wenn schon Bürgerschreck, dann soll das auch Spaß machen! Der Phantasie sind dabei keine Grenzen gesetzt. Das Stören der Nachtruhe gehört noch zu den harmlosesten Scherzen. Weit empfindlicher trifft es den Bürger, wenn die Herren Studiosi seinen Wein- oder Obstgarten draußen vor der Stadt plündern. Doch es kommt zu weit ärgeren Fällen. Das Gesicht hin-

ter ihren Gugeln (zuknöpfbare Kapuzenkragen) versteckt, verüben Kriminelle unter den Scholaren regelrechte Raubüberfälle, stechen blindwütig auf ihre Opfer ein. Zurück bleiben Verstümmelte oder gar Tote. Solche Brutalität versetzt die ganze Stadt in helle Aufregung. Wutentbrannt rotten sich Bürger zusammen, um gegen Studenten loszugehen. Nur schwer läßt sich die Ruhe wiederherstellen. Solche Extremfälle lassen sich nicht vorhersehen und nie gänzlich verhindern, aber es sind möglichst effektive Vorkehrungen nötig. Schließlich geht es um die Sicherheit der Bürger und auch um das Ansehen der Universität. So bürgert es sich schließlich ein, die Studenten in eigenen Häusern nahe der Universität unterzubringen, die man gegenüber dem Dominikanerkloster im Stubenviertel errichtet hat. Diese Häuser bezeichnet man als Bursen, hergeleitet von „bursa", den Geldbetrag, den Scholar, Baccalar und Magister für Unterbringung und Kost pro Woche bezahlen müssen. Wer das nötige Geld nicht hat, kann hoffen, daß eine Stiftung dies für ihn tut. Ihn, den Empfänger der „bursa", nennt man Bursarius, woraus im Deutschen das Wort „Bursche" wird. Das gemeinschaftliche Wohnen ist für die Studenten Pflicht. Nur ganz reiche oder ganz arme können vom Rektor einen Dispens erhalten. In diesem einzigen Punkt herrscht Gleichheit. Ansonsten kommt der soziale Unterschied überall zum Vorschein; auch dort, wo ein Student in Wien untergebracht ist. Die armen leben in eigenen Häusern,

Älteste bildliche Darstellung der Wiener Universität, Miniaturen aus der Zeit nach 1386 aus der Wiener Hofminiaturen-Werkstätte

die man als Codrien bezeichnet. Die bedeutendste war der Goldberg.

Seine Geschichte beginnt mit dem Testament einer Frau, die auf ihr Seelenheil offenbar sehr bedacht war. Barbara Kurz, bürgerliche Witwe, vermachte darin ihr Haus *„am alten Fleischmarkt gegenüber von St. Laurenz"* (heute ein Teil von Fleischmarkt Nr. 28) sowie einen Weingarten den *„Meistern der sieben freien Künste der hochwürdigsten Universität und Schule im Fürstenkollegium zu einer ewigen Messe bei St. Laurenz"*. 1473 tritt der Erbfall ein. Wenn die Witwe Kurz den Hintergedanken gehabt haben sollte, damit zugleich den Namen ihrer Familie im Bewußtsein kommender Generationen zu verankern, so ist ihr dieser Wunsch nicht in Erfüllung gegangen. Für ihre Stiftung bürgt sich der Name des ersten Conventors (= Vorstand) ein: Johannes Aldeholz (Aldhans) aus Goldberg in Schlesien; auch Hanns Goltperger genannt; Doktor der Medizin und Rektor der Universität.

Bis ins 17. Jahrhundert finden in dem Haus am Fleischmarkt arme Studenten Unterkunft, stucken Latein, laufen zu den Vorlesungen und lassen sich von ihren „Schützen" bedienen. Das sind Buben im Alter von ungefähr zehn Jahren. Von gutmeinenden Eltern, vermeintlich wohlwollenden Vormündern (Hauptsache, ein Mund weniger zu stopfen) geschickt oder manchmal auch aus eigenem Antrieb, kommen sie in die Stadt, um hier ihr Glück zu versuchen. Sie können nur ihre Arbeitskraft verkau-

fen. Für ein bißchen Lateinunterricht gehen sie tagsüber für „ihren" Studenten betteln, halten dessen wenige Habseligkeiten in Ordnung und bedienen ihn. Vielleicht, daß auch sie eines Tages an der Universität immatrikulieren können. Für viele von ihnen wird das wohl ein Traum geblieben sein. Mancher der Scholaren wird seinen Schützling schamlos ausgenützt, den Lateinunterricht höchst oberflächlich erteilt haben. Und was für ein Schicksal steht ihnen bevor, wenn der Scholar von der Universität ausgeschlossen wird, ins Gefängnis wandert oder gar in einem Raufhandel umkommt?

Die chaotische Zeit des ausgehenden Mittelalters und die folgende Glaubensspaltung gehen am Goldberg nicht spurlos vorüber. Raufhändel auch unter den Studenten kommen immer wieder vor. In einem Fall wird in der Codrie am Fleischmarkt einem Studenten sogar die Hand abgeschlagen. In den bürgerkriegsähnlichen Auseinandersetzungen des 15. Jahrhunderts spielen arme Studenten eine beträchtliche Rolle; meist auf der meistbietenden Seite. Die Verbreitung von Luthers Lehre stürzt auch die Universität Wien in eine tiefe Krise. Die Studenten gehen lieber nach Wittenberg, Jena oder andere Universitäten im Norden des Reiches, wo Luthers Lehre ungehindert Verbreitung findet. Die Wiener Bursen leeren sich. Doch dann reißen die Jesuiten das Steuer herum. Kaum nach Wien gerufen, erlangen sie die Aufsicht auch über den Goldberg. Schließlich gehen 1623 alle Bursen

in ihren Besitz über. Die Jesuiten erreichen den Gipfelpunkt an Macht und Einfluß. Das drückt sich auch in reger Bautätigkeit und Umorganisation aus. Für den Goldberg muß eine neue Unterkunft gesucht werden. Die Jesuiten verkaufen das Haus am Fleischmarkt an den Erzbischof von Gran, Kardinal Peter Pazmany, der hier das ungarische Priesterseminar (Pazmaneum) unterbringt. Merkwürdigerweise vergehen drei Jahrzehnte, bis für die Goldbergstiftung ein neues Haus gekauft wird. Erst 1653 ist dies der Fall. Die Wahl fällt auf ein Bürgerhaus in der Johannesgasse Nr. 975 (alt, später Nr. 13); ein schmales, dafür tiefes Gebäude, das zuletzt im Besitze des kaiserlichen Rates und „Regenten des Regiments der niederösterreichischen Lande" Dr. Johann Jacob von Scholtz war. Noch im selben Jahr suchen die Jesuiten um Befreiung des Hauses von der Hofquartierpflicht an, also von der Pflicht aller bürgerlichen Hausbesitzer innerhalb der Stadtmauern, Räumlichkeiten für Offiziere, Beamte und Hofbedienstete freizuhalten. Bei der allerhöchsten Gunst, die die Jesuiten seit nunmehr 100 Jahren genießen, scheint ein solches Ansuchen nicht mehr als eine Formalität zu sein. Um so mehr überrascht ein durchaus kritisches Begleitschreiben, das Obersthofmarschall Heinrich Wilhelm von Starhemberg dem Gesuch an Kaiser Ferdinand III. anfügt:

„In Sachen Quartiersbefreiung der erkauften Scholzischen Behausung in der Johannesstraße, bericht ich Eurer Majestät

hiermit allerunterthenigst und gehorsam-
bist, dass laut dero Hofquartiermeisters
und Fouriern mir erstatten Bericht die
Herrn Patres Societatis ausser den zu ihrer
Kirchen, zum Collegio, Professhaus und
Novitiat bei St. Anna verbauten Häusern,
deren nit wenig gewesen, vierundzwanzig
Hofquartier sich frei gemacht haben und
wirklich geniessen, worvon aber die mei-
sten Zimmer ums Geld verlassen werden,
welcher Gestalt die Herrn Patres ihre be-
freiten Häuser in eum finem, worzu sie
befreit wurden, nit gebrauchen, sondern e
contrario zu ihrem heimblichen Nuzen,
welches aber Euer kaiserlichen Majestät
hohem Quartiercleinodt zu höchstem Prä-
judicio und denen noch vielen unlogierten
Hofoffizieren zum grössten Schaden ge-
raicht.

Und weilen hiebei zu besorgen, die
Herrn Patres Societatis werden mit diesem
Haus noch nit aufhören sondern mehr
und mehr Häuser nach und nach an sich
bringen und befreien wollen, wo doch
ohne das fast die halbe Stadt befreite
Häuser und die Quartiersbikhlenigkeit so
gross ist, dass man auf erheischenden Not-
fall nit einen Kanzlisten oder Laggaien zu
geschweigen einen höheren Offizier logie-
ren könnte, als wär ich der gehorsambist
doch unmassgeblichen Meinung, Euer
kaiserlichen Majestät geruheten allergnä-
digst, sich dahin zu resolvieren, dass sie
ihnen Patribus noch diese Scholtzische
Behausung aus kaiserlichen Gnaden von
denen Quartieren eximiren, folgends aber
kain Haus mehr befreien sondern damit
gänzlich aufgehört und geschlossen haben
wollen."

Das Goldberg'sche Stiftungshaus in der Johannesgasse (irrtümlich mit Nr. 974 statt 975 bezeichnet)

Die Fülle der Privilegien zugunsten der Jesuiten gefährde bereits die Interessen des Hofes, macht der Oberste Hofbeamte dem Kaiser klar. Ferdinand, selbst ein Zögling der Patres SJ, genehmigt das Ansuchen, so wie es im Falle geistlicher Bittsteller bisher üblich war. Er kann schwerlich von Gepflogenheiten abgehen, die außer dem Adel auch die Geistlichkeit von derlei Verpflichtungen seit jeher ausnahmen. Mit dem Abschluß der Adaptierungsarbeiten zieht in das Haus in der Johannesgasse der studentische Alltag ein.

Schon ganz zeitig in der Früh zerreißt das Gebimmel der Primglocke die Stille. Groß ist die Versuchung, sich noch einmal unter dem Kotzen einzurollen und weiterzuschlafen. Doch die Glocke läßt auch den Verschlafensten nicht mehr zur Ruhe kommen. So erhebt man sich mehr oder minder schnell vom Strohsack im Bettgestell und fährt beim diffusen Licht einer Unschlittkerze in seine Kleider. Punkt eins des Tagesprogramms ist das Morgengebet. Pflichtgemäß schließt der Student den Gründer der Universität und den Stifter der Burse in seine Fürbitte ein. Wer sich vor dem Beten drückt, der findet dann bei der Hauptmahlzeit kein Stück Fleisch auf seinem Zinnteller. Eine harte Strafe, denn Fleisch ist für arme Leute eine seltene Delikatesse. Lieber kommt ein Unwilliger seiner lästigen Pflicht nach, als sich ein Stück Fleisch entgehen zu lassen. Dem Morgengebet folgt die Frühmesse. Der Goldberg hat seit 1676 eine eigene Hauskapelle, die den Aposteln

Petrus und Paulus geweiht ist. Gestiftet von Dr. Paul Sorbait, zweimal Rektor der Universität und ein berühmter Arzt. Er fügt dem Goldberg eine Stiftung von 2.000 Gulden zu, die die Aufnahme zweier zusätzlicher Studenten erlaubt.

Sind die ersten religiösen Pflichten erledigt, dann heißt es hinaus zur ersten Vorlesung. Im Hörsaal trifft der arme Student auf Kommilitonen, deren es durch die Gnade der Geburt bessergeht als ihm; besser gekleidet, besser genährt, besser untergebracht als er. Junge Herren „von Stand" also, die den Habenichts manchmal abschätzig betrachten. Eine Zumutung, mit solchen Leuten in Tuchfühlung zu kommen!

„Ich kann mich hier nicht enthalten, meinen Verdruss über die Gewohnheit auszulassen, welche dem ganzen katholischen Deutschland gemein zu sein scheint, dass man in den Collegiis einen Haufen Bettler duldet, welche wider das Elend ihres Zustandes Studenten sein und die freien Künste begreifen wollen. Ich bin gar nicht in Abrede, dass nicht unter dem allergemeinsten Pöbel einige gute Köpfe sollten gefunden werden, welche sich zum Studieren schicken, aber ich wollte gleichwohl, dass man etwas mehr Respekt vor die Studia trüge, damit dasjenige, so nur ein Privilegium des Adels ist, nicht vor alles gemeine Volk geworfen würde, welches bei der Niedrigkeit ihres Standes weder Mittel noch Gelegenheit hat, sich dessen mit Nutzen zu bedienen. Es ist eine Schande, dass man auf den Bänken der obersten Klassen so elende Leute antrifft, welche wegen

ihrer Armut gezwungen sein, zu betteln, bloss ihr Leben hinzubringen. Und was muss dieses nicht vor Verdruss einem jungen Menschen von guter Herkunft erwekken, wenn er verbunden ist, gegen einen solchen Hungerleider zu disputieren, dessen stinkender Athem den er sich durch schlechte Speisen zuwege bringet, diejenigen gleichsam vergiftet, welche ihn anhören müssen!"

So pikiert äußert sich ein französischer Aristokrat, der 1704 Wien besucht. Vielleicht mit ersten derart negativen Erfahrungen konfrontiert, eilt der Studiosus mit knurrendem Magen zurück in die Burse. Prandium, also eine Art Gabelfrühstück um 9 oder 10 Uhr ist angesagt, wohl hauptsächlich aus Brot bestehend. Man sitzt gemeinsam bei Tisch, unterhält sich auf lateinisch, denn darauf wird streng geachtet. Der Conventor (Bursenvorstand) überwacht diese und andere Auflagen der Hausordnung penibel. Mit ihm muß sich der Student generell gut stellen, denn der Conventor ist der verlängerte Arm des Rektors. Ihm ist Brüderlichkeit, aber auch Strenge aufgetragen, im äußersten Fall kann er sogar körperliche Züchtigung anwenden. Außerdem hat er ein entscheidendes Wort mitzureden, welcher der Studenten würdig ist, den Doktorgrad zu erlangen. Es ist streng verboten, Verschwörungen gegen den Conventor anzuzetteln oder aber durch unredliche Mittel seine Gunst zu erkaufen.

Den Nachmittag verbringt der Scholar entweder nochmals an der Universität, oder er versenkt sich in seine Bücher. Den Entlehnschein stellt ihm der Provisor aus. Das ist der Hausverwalter; meistens ein älterer Kommilitone, der Reparaturen im Haus erledigt und sich um Organisatorisches kümmert. Um 17 Uhr ist wieder Essenszeit. So wie am Vormittag sitzen die Burschen wieder gemeinsam bei Tisch, um die Hauptmahlzeit, die „Coena", einzunehmen. Manchmal sagt das Essen nicht einmal einem armen Studenten zu, dessen Gaumen wahrlich nicht verwöhnt ist. Wir wissen auch von Klagen über mangelnde Reinlichkeit bei der Zubereitung der Speisen. Wie sehr werden in solchen Momenten die wohlhabenden Kommilitonen beneidet, die es sich leisten können, außerhalb der Burse zu essen, auch wenn sie in ihrer Unterkunft den vollen Betrag für die Verpflegung zahlen müssen.

Nach dem Abendessen werden Exerzitien unter der Leitung des Conventors abgehalten. Dabei haben die Studenten Gelegenheit, den aktuellen Lehrstoff zu wiederholen und zusammenzufassen. Die Teilnahme ist Pflicht. Wer dagegen verstößt, wird bestraft. Entweder mit Entzug der Fleischration oder aber er muß 2 Groschen zahlen. Überhaupt sind die Abend- und Nachtstunden für jene Studiosi eine große Gefahr, die sich nicht an die strengen Regeln halten. Wieviel schöner ist es doch, sich noch in der Stadt herumzutreiben, irgenwo „auf einen Schluck" vorbeizuschauen, als pünktlich auf den Glockenschlag in die Burse zurückzukehren: im Winter

um 7 Uhr, im Sommer um 9 Uhr. Wehe, ein solch Leichtsinniger läßt sich des Nachts auf der Straße erwischen, womöglich bewaffnet oder mit einem Musikinstrument, das den schlummernden Bürger aus dem Schlaf reißt. Wehe auch dem, der ein williges Mädchen auf sein Zimmer mitnimmt. Die dafür üblichen Geldstrafen kann ein armer Student nicht zahlen. Ihm droht statt dessen im Wiederholungsfall Karzer, Verzögerung des Studiumabschlusses oder gar Ausstoßung aus der Gemeinschaft der Burse. „Ei, da bin ich wirklich froh, denn Gott sei Dank, ich bin nicht so" mag da der brave Bursarius denken, wenn er nach des Tages Müh und Plag das Licht löscht und sich schlafen legt, um vom Tag der Promotion zu träumen.

Abwechslung in den studentischen Alltag bringen die großen Feiertage der Kirche und der Universität. Zu Weihnachten, Ostern und Pfingsten strömen Professoren und Studenten in den Stephansdom, um an Hochamt und Predigt teilzunehmen. Für alle besteht Beichtpflicht. Jede Fakultät, jede Nation hat ihren eigenen Schutzpatron. Die Philosophen die heilige Katharina, die Theologen Johannes den Täufer, die Juristen den heiligen Ivo, die Mediziner die Heiligen Cosmas und Damian etc. Ihre Namenstage werden festlich begangen. Die Teilnahme an den Meßfeiern gehört ebenfalls zu den vorgeschriebenen Pflichten. An den hohen Marienfeiertagen (2. 2., 25. 3., 15. 8., 8. 9. und 8. 12.) formieren sich die Angehörigen der Alma mater zu feierlicher Prozession

durch die Stadt. Das Fest der Unbefleckten Empfängnis bildet den Höhepunkt des Jahres. Seit Kaiser Ferdinand III. 1647 die Jungfrau Maria zur Patrona Austriae erklärt hat, leistet der Rektor vor dem Hochaltar zu St. Stephan Jahr für Jahr einen feierlichen Eid auf die Unbefleckte Empfängnis; meistens ist der Kaiser anwesend. Auch von den Promovenden wird solche Eidesleistung verlangt. Dieser Tag ist für jeden Studenten subjektiv gesehen der höchste Feiertag. Schwer dröhnt das Geläute der Pummerin, wenn der Zug der erfolgreichen Prüflinge zum Stephansdom zieht, um dort das heißersehnte, schwer erkämpfte Doktorat verliehen zu bekommen. Nur die Artisten (Philosophen) erhalten ihre Graduierung in der Dominikanerkirche, in der Aula und später im akademischen Theater, manchmal sub auspiciis imperatoris.

Es kommen Zeiten, da werden die Alltagsregeln plötzlich ebenso unwichtig wie die Träumereien vom Tag der Promotion; da treten soziale Unterschiede ebenso in den Hintergrund wie persönliche Animositäten. Das sind Zeiten, in denen es für jeden ums nackte Überleben geht. Etwa wenn die Pest 1679 mit verheerender Wirkung Einzug in der Stadt hält, von Haus zu Haus geht und ihre Opfer fordert; egal, ob sie jung oder alt, reich oder arm, gebildet oder ungebildet sind. Wie viele heiße Gebete mögen da die Studenten in der Hauskapelle in der Johannesgasse gesprochen haben, damit der Himmel sie verschone vom Schwarzen Tod. Für etliche wird das Flehen vergeblich geblieben sein. Auch für Studenten des Goldbergs endet ein vielleicht hoffnungsvoller Ansatz zu höheren irdischen Weihen draußen in der Pestgrube.

Nicht weniger Angst mag in der Burse geherrscht haben, als 1683 die Heerscharen des Sultans vor den Mauern Wiens stehen. Das Kriegsgeschrei der Janitscharen läßt jedem Bürger der eingeschlossenen Stadt die kalten Schauer über den Rücken laufen. Und jeder denkt an das „Was ist, wenn . . ." Wenn es den Türken gelingt, den Halbmond anstelle des Kreuzes auf die Spitze des Stephansturmes zu setzen. Tod und Vernichtung werden herrschen. Wer verschont bleibt, den wird Sklaverei im Dienste der Muselmanen erwarten. Lieber mit vollem Einsatz an der Seite der Verteidiger kämpfen, als bloß zitternd die Entwicklung abwarten. So überlegen etwa 700 Studenten, die zur Rettung der Stadt aus großer Gefahr beitragen. Darunter waren wahrscheinlich auch einige vom Goldberg. Etliche werden nicht mehr in die Johannesgasse zurückgekehrt sein . . .

Langsam kehrt die Normalität zurück, der studentische Alltag nimmt wieder seinen Lauf. Doch dann schafft ein neuer Zeitgeist Wandel. Zug um Zug verlieren die Jesuiten an Einfluß bei Hof und im Geistesleben. Die Aufklärung drängt auf die Trennung von Kirche und Universität, fordert vehement neue Lehr- und Erziehungsmethoden. Bevor noch der Jesuitenorden 1773 aufgelöst wird, untersteht der gesamte Universitätsbereich dem Staat. Die Tradition der Bursen erlischt. 1758 haben im Goldbergschen Stiftungshaus 46 arme Studenten freies Quartier, 19 von ihnen auch „Gratisverpflegung". Aber noch bevor das 18. Jahrhundert endet, wird das Haus in der Johannesgasse „auf Zins verlassen" und damit zu einem normalen Mietshaus. Die Erträge werden für Stipendien an arme Studenten verwendet.

Mit dem Ende der Bursen ist der arme Student darauf angewiesen, privat Unterschlupf zu finden. Wer Glück hat, im Hause eines Philanthropen, der ihm ein ordentliches Zimmer zur Verfügung stellt. Die vom Schicksal weniger Begünstigten hausen in Dachbodenverschlägen, wo es im Sommer glühend heiß, im Winter eisig kalt ist; in feuchten, finsteren Kellerlöchern oder in winzigen Kammerln mit Lehm- oder Ziegelboden. Lange noch gehört der Bettelstudent zum Alltag im alten Wien, bekleidet mit einem Tuchmantel und einem quastenbesetzten Dreispitz. Vor den Klöstern steht er angestellt, um sich in einem eigens mitgebrachten Häferl die Klostersuppe einschenken zu lassen. In den Höfen der Häuser singt er geistliche Lieder und steckt dann die zugeworfenen Kreuzer ein, und an Sonn- und Feiertagen liest er öffentlich aus dem Evangelium vor; „Evangelimann" nennen die Wiener ihn deshalb. Uns heute Lebenden erscheint die Schilderung derart kläglicher Verhältnisse fast wie der rührseligen Phantasie eines Märchenerzählers entsprungen; besonders wenn wir an den Standard heutiger Studentenwohnheime denken. Das Betteln, Hungern und Frieren gehörte aber zum bitteren Alltag derer, die über Bildung und Wissen einen Ausweg aus ihrem Elend suchten, das das Schicksal ihnen in die Wiege gelegt hatte.

Das Haus in der Johannesgasse bleibt noch fast das gesamte 19. Jahrhundert im Besitz der Goldberg-Stiftung. Dann erwirbt es im Jahr 1897 die Gemeinde Wien. Mit seinem Abbruch im Jahr 1912 verschwindet eines der ältesten Häuser Wiens.

Jahrzehntelang klafft eine Baulücke mitten in der Johannesgasse. Damit hat es eine eigene Bewandtnis. Die Reißbrettplaner der Jahrhundertwende haben Ungeheures vor. Eine neue Straßenverbindung von der Akademiestraße zum Laurenzerberg soll entstehen, parallel zur Nord-Süd-Achse Kärntner Straße–Rotenturmstraße. Eine Vielzahl Alt-Wiener Häuser, die der Abrißwut der Gründerzeit glücklich entgangen sind, müßte weichen; ob in der Annagasse, der Johannes- und der Himmelpfortgasse, am Franziskanerplatz oder im alten Universitätsviertel. Doch das stört die Planer von anno dazumal nicht. Wächst die Haupt- und Residenzstadt Wien nicht in rasantem Tempo? Ist nicht zu erwarten, daß die Einwohnerzahl noch vor 1950 drei, vielleicht sogar vier Millionen betragen wird? Um dieser Entwicklung Rechnung zu tragen, sind auch Verkehrsachsen und Entlastungsstraßen notwendig, auch dann, wenn sie eine Bresche in den Althausbestand der Inneren Stadt schlagen. Modernität und Rationalität gehen allemal vor altertümlicher Sentimentalität, denkt man im Stadtplanungsbüro.

Doch es kommt anders. Der Erste Weltkrieg mit seinen politischen und wirtschaftlichen Umwälzungen im Gefolge bringt so manches große Projekt zu Fall. Wien wächst nicht mehr, es schrumpft. Geldnot und politische Wirrnisse bewirken Stagnation, außer in der Kultur. Mancher Kulturbewußte, dem der Straßendurchbruch in Wiens Innerer Stadt als höchst barbarischer Akt vorkommen muß, hofft, daß die Not der Zeit hier ihr Positives hat; das Projekt endgültig in der amtlichen Schublade begraben wird. Auch der Wien-Besucher der zwanziger Jahre wird in einem Reiseführer über das unbebaute Grundstück in der Johannesgasse zwischen dem Savoyischen Damenstift und dem Palais Sinzendorf-Schöller aufgeklärt. Und ganz eindeutig heißt es da: *„Im Interesse der Erhaltung des Kunstbesitzes und architektonischen Charakters Wiens ist dringend zu wünschen, daß dieses barbarische Projekt, dem zahlreiche schöne, hervorragende alte Häuser zum Opfer fallen müßten, nie zur Ausführung gelangt!"*

Bald schon verwirklicht sich eine ganz andere Barbarei. Ein weiterer, noch schrecklicherer Weltkrieg reißt auch Wien in den Strudel des Verderbens. Bomben, von Flugzeugen aus abgeworfen, schlagen Breschen in den Althaus-

bestand der Inneren Stadt. Artilleriegeschosse und von Plünderern gelegte Brände vollenden das Werk der Zerstörung. Als todwunde Stadt liegt Wien im Frühjahr 1945 da.

Doch langsam beginnt wieder Leben aus den Ruinen zu blühen. Jahr für Jahr wächst die Zuversicht, die Wunden im Stadtbild wieder heilen zu können, bleibt auch so manche Narbe zurück. Die Bautätigkeit ist in ganz besonderem Maße ein Gradmesser für den Lebenswillen dieser Stadt in einem Staat, der trotz aller Not Selbstvertrauen faßt. Jedes Haus, das wiederhergestellt oder neu gebaut wird, ist Anlaß zu einer Freude, wie wir sie uns heute nur schwer vorstellen können.

Auch in die Johannesgasse kommen 1954 Bauarbeiter. Die Gemeinde Wien hat den projektierten Straßendurchbruch endgültig aufgegeben. Auf dem Grundstück der Hausnummern 9–13 wächst ein Gemeindebau empor. 1955 ist er fertig, typisch für den Stil der damaligen Zeit; mit dem sichtbaren Bemühen, an die große Tradition des Kommunalwohnbaus der Zwischenkriegszeit anzuknüpfen. Ein wenig fremdartig steht er da zwischen den prächtigen Bauten der Barockzeit und so, als wolle es durch herausragende Höhe und betontes Zurückweichen des Mittelrisalites von der Baufluchtlinie die fehlende Pracht ausgleichen.

Die ersten Mieter ziehen in die heißbegehrten Wohnungen ein. 1956 ein prominenter Kulturschaffender: der Dichter Franz Karl Ginzkey. Er ist da-

mals 85 Jahre alt und wird bis zu seinem Tod im Jahre 1963 hier wohnen. Ab dann trägt das Gemeindewohnhaus seinen Namen. Ein Schmunzeln überkommt ihn jedesmal, wenn er Besuchern die kleine Episode seiner ersten Hausbesichtigung erzählt. Neugierig und auf eigene Faust hatte er sich in den damaligen Rohbau eingeschlichen, um sich selbst von den Qualitäten eines solchen modernen Hauses zu überzeugen. Der Bauarbeiter, der ihn bei dem halsbrecherischen Unterfangen ertappte, war nicht gerade fein, als er den alten Herrn aufforderte, sich schleunigst aus dem Staube zu machen. Konnte der Dichter damals ahnen, daß ihm die Gemeinde Wien in einer Art mäzenatischen Geste keine zwei Jahre später eine Wohnung zuweisen würde, gerade in diesem Haus?

Franz Karl Ginzkey blickt auf ein reich erfülltes Leben zurück. Wie in märchenhafte Ferne entrückt liegt die Zeit, die er – 1871 geboren – in Österreichs Kriegshafen Pola auf Istrien und in Graz verlebte. Dazumals sagte der Österreicher wie selbstverständlich „unsere Adria", lange bevor die italienischen Irredentisten das „mare nostro" zu ihrem politischen Slogan mit Exklusivanspruch machten. Von Triest bis Cattaro liefen Österreichs Handels- und Kriegsschiffe eigene Häfen an. In dieser Welt wuchs er auf, ohne Mutter. Sie war gestorben, als er erst ein Jahr alt war. Der Vater, Chemiker bei der k. u. k. Marine in Pola, muß ein umsichtiger Mann gewesen sein. Zweimal ließ er den lernun-

Der „Franz Karl Ginzkey-Hof" in der Johannesgasse, Photo 1996

willigen Sohn andeutungsweise schmekken, was ein Leben als Arbeiter oder als gemeiner Soldat bedeuten würde, um ihn dann im letzten Moment zu fragen: „Willst du es nicht nochmals versuchen mit dem Studium?" Dies war beide Male eine heilsame Methode für Franz Karl Ginzkey. Er wurde nicht nur Vorzugsschüler, sondern erwarb auch ein eminentes soziales Feingefühl für die,

die keine Aufstiegschancen hatten wie er.

Die Offizierslaufbahn hat er eingeschlagen, 33 Jahre lang in Diensten der k. u. k. Armee gestanden. Eine Zeit, in der er wichtige Eindrücke sammelte und seinen Hang zum Dichten und Fabulieren zur Reife entwickeln konnte. 1901 ging er mit seinem ersten Gedichtband „Ergebnisse" an die Öffentlichkeit. Von

da an erschien eine Fülle von Werken Ginzkeys: Lyrik, Balladen, Erzählungen, Romane, Kinderbücher. Generationen von Kindern hat er mit seinem „Hatschi Bratschi's Luftballon" die Phantasie angeregt und Freude am Lesen vermittelt. Mancher von ihnen mag dann als Erwachsener Ginzkey als Dichter der Stille und der Einkehr schätzengelernt haben; Menschen die wie er empfanden:

„Mir ist Freude geworden Zeit meines Lebens an allem, was sich geistig tummelt, und meine Einfalt spiegelt sich unablässig in der Vielfalt der Welt. Das Glück des Schauenden und Aufhorchenden ist wohl das Beste und vielleicht das einzige Unverlierbare im Leben" (aus „Bergwerk der Erkenntnis").

Ein Offizier und Dichter? Die alte k. u. k. Armee, verschrien als Hort geisttötender Monotonie, hatte durchaus Verständnis für Poeten in ihren Reihen. Für die Fertigstellung seines Romans „Der von der Vogelweide" gewährte man Ginzkey, damals als Beamter am Militärgeographischen Institut in Wien eingesetzt, sechs Monate Urlaub.

Dann kam der große, in seinen Auswirkungen nicht vorhergesehene Krieg. Das Talent von Männern wie Ginzkey war durchaus gefragt, brauchte man doch eindrückliche Schilderungen vom „heldenhaften" Kampf an der Front, von Taten und Soldaten, die als leuchtendes Beispiel für Opfermut und Siegeszuversicht gepriesen werden konnten. Ginzkey wurde zu diesem Zweck an die Südtiroler Front abkommandiert, eilte von Stellung zu Stellung. Was er erlebte, stand dann in der „Neuen Freien Presse" zu lesen.

Der alte Kaiser starb. Hymnisch begrüßte Ginzkey den neuen Monarchen, Karl I.

Kaiser, Du erhabener Erbe,
Habsburgs jugendstolze Zier,
Ob es siege oder sterbe,
Treulich steht Dein Volk zu Dir.

Ein Dichter in Uniform: Franz Karl Ginzkey als k. u. k. Hauptmann, Photo

Diese ehrlich gemeinte Hoffnung sollte sich bald als Trugschluß herausstellen. Es war nicht ein Volk, es waren viele Völker, die Habsburgs Herrschaft umfaßte. Und sie waren, angesteckt vom Nationalismus, schon lange nicht mehr bereit, zueinander und damit auch zu ihrem angestammten Herrscherhaus zu stehen. Damals, 1916, um so weniger, waren sie doch allesamt vom Ausbluten durch das Völkerringen bedroht.

Die Zeit nach dem Zusammenbruch der alten Welt, erfüllt von nicht enden wollenden Wirrnissen und Nöten, wurde für Ginzkey zur besonders fruchtbaren Schaffensperiode. Mit Hilfe Stefan Zweigs übersiedelte er nach Salzburg, wo er bis 1938 ein Leben als freier Schriftsteller führte. Welch künstlerischen Glanz verbreitete das klein und politisch bedeutungslos gewordene Österreich in diesen zwanziger Jahren. Die Gründung der Salzburger Festspiele ist auch mit dem Namen Ginzkeys verbunden. Welch tiefe innere Bereicherung, wieviel geistige Anregung hat erfahren in den Begegnungen mit Max Reinhardt, Hugo von Hofmannsthal, Hermann Bahr, Clemens Holzmeister, Anton Faistauer u. v. a. Fast jedes Jahr erschien ein neues Werk des Dichters. Anerkennung, Ruhm und Ehrungen blieben nicht aus.

Begnadet ist auch Ginzkeys Lebensabend. Einsamkeit bleibt ihm erspart. Da ist seine Frau Stephanie, die ihm stets eine Stütze war. Mit ihr kann er die seltene diamantene Hochzeit (60 Jahre) im Wiener Stephansdom feiern. *„Ich bin mit Philemon und Baucis über Berg und Tal eines klaren, reichen Lebens gewandert"*, schreibt ein tief beeindruckter Besucher.

Und da ist noch etwas anderes, ein Quell unversiegbaren Reichtums:

Für meine Seele kommt Besuch
ein schönes, wohlgewachsnes Buch.
Zur Lampe trag ich's sorglich hin,
vielleicht steckt auch ein Mensch darin?
Doch Menschen blühn in dünner Saat,
vielleicht ist's nur ein Literat?
Doch nein, bei Gott, wer hätt's gedacht,
ein Mensch ist's, der da weint und lacht.
Schon weilt er mir leibhaftig nah,
lebend'ger noch, als stünd' er da.
Mir wird Erkenntnis, wird Bescheid
von fremder Seele Wunsch und Leid.
Das wird nicht allzu ferne sein
von eigner Seele Lust und Pein.
So fühlt sich Leid von Leid bewegt,
wie Woge sich zu Woge schlägt.
Und wenn die letzte Schranke fällt,
rauscht auf der tiefe Strom der Welt.
Mit wunschgestillter Seele Dank
führ' ich den neuen Freund zum Schrank.
Dort ruht mir Freund an Freund gereiht,
Wer spricht da noch von Einsamkeit?

Ob in Ginzkeys Wiener Wohnung oder in seinem Haus in Seewalchen am Attersee; die Wände sind voll von aufgereihten „Freunden". Mehr als 60 stammen aus seiner Feder, sorgen bei den Liebhabern feinsinniger, zu Herzen gehender Literatur für „wunschgestillter Seele Dank". Jedes seiner Werke ist für Franz Karl Ginzkey mit besonderen Erinnerungen an einen Lebensabschnitt, an den Prozeß dichterischer Reife verbunden. Die Autobiographien „Die Reise nach Komakuku" und „Der Heimatsucher" führen ihn zurück in die untergegangene Welt der k. u. k. Armee, die ihn wesentlich geprägt hat. Dankbar erinnert er sich an Peter Rosegger, der ihm ein Förderer und Freund geworden war. Außer allem Selbsterfahrenen und Selbstempfundenen, das seinen Niederschlag in Prosa- und Lyrikform fand, haben ihn historische Themen immer wieder inspiriert. Manchen Größen von einst hat er ein literarisches Denkmal gesetzt, wie Walter von der Vogelweide oder Albrecht Dürer („Der Wiesenzaun"). Und manchmal, wenn er von einem Spaziergang in seine Wiener Wohnung zurückkehrte, mag sein Blick an dem Bild mit den fünf Studenten oberhalb des Hauseinganges hängengeblieben sein. Dabei wird er wohl an seinen Roman „Der Gaukler von Bologna" gedacht haben, in dem er das Leben und Treiben der Studenten im Mittelalter beschrieb.

... „Dort ruht mir Freund an Freund gereiht": Franz Karl Ginzkey vor seiner Bibliothek, Photo

Bedienter.

Un Laquai.

Vorreuter.

Un postillon.

BÜRGERLICHE KARRIEREN UND DIE LEIDEN EINES ARCHITEKTEN

Das alte und das neue Dreilauferhaus und das Loos-Haus

Michaelerplatz 3
Kohlmarkt 18
Herrengasse 2–4

Das alte Wien ist auch die Stadt der Domestiken. In einer Zeit, die noch keine technischen Hilfsmittel im Haushalt kennt, sind sie unentbehrlich: zum Kochen, Putzen, Waschen, Aufräumen und persönlichen Bedienen. Jeder, der es sich irgendwie leisten kann, hält sich einen oder mehrere Dienstboten.

Ein aufschlußreiches Bild dieser Welt der Domestiken aus dem Wien Kaiser Josephs II. liefert uns Johann Pezzl in seiner „Skizze von Wien":

„Man schätzt die Zahl aller Dienstboten in Wien, sowohl weibliche als männliche, auf ungefähr 40.000 Köpfe. Die Rechnung mag der Wahrheit so ziemlich nahekommen. Von dieser Summe machen die Kerls, welche man eigentlich Bediente oder Lakaien heißt, etwa gegen 6.000 aus.

Unter diese Rubrik gehören die eigentlichen Lakaien, die Heiducken, die Läufer, die Jäger, die Leibhusaren, die Ulanen, die Jockeis, die Neger usw. Die Portiers, die Kutscher, Reitknechte, Postillons, Vorreiter usw. könnte man vielleicht auch hierher zählen, weil sie ebenfalls einen Teil des Livreevolkes ausmachen. Ihre Summe mag etwas über 2.000 betragen.

Die sogenannten Bedienten sind die häufigsten unter ihren übrigen Mitbrüdern. Man findet sie vom Hofe und den ersten Fürstenhäusern an durch alle Mittelstände bis zum vermögenden Bürger und subalternen Kanzleimann herunter. In den vornehmen Häusern will man lauter große, riesenmäßige Kerls zu Lakaien. Um sie von den verbrämten Bedienten der Mittelstände auszuzeichnen, gibt man ihnen eine massive Livree mit Samt- und Seidenborten auf den Rocknähten, und, wie es überall gewöhnlich ist, von den Farben, welche das Wappen des hohen Hauses in sich faßt. An Besoldung haben sie monatlich 16 fl.

[...] In den Häusern von der zweiten und dritten Ordnung kleidet man sie gewöhnlich etwas leichter. Weiter hinunter sind sie durch ein graues Kleid mit einem farbigen Kragen kenntlich. Ihre Besoldung fällt bis auf 7 fl. des Monats.

Heiducken sind beinahe ganz aus der Mode gekommen. Nur einige alte Damen halten sie noch und lassen sich von ihnen zur Kirche begleiten. Läufer sind zahlreich. Man braucht sie hauptsächlich, Briefe und Nachrichten in der Stadt herumzutragen und zu Nachts mit einer Fackel vor dem Wagen herzulaufen. [...] Jäger oder Büchsenspanner hält man zur Parade, um den Kerl auf dem Wagen stehen zu haben, der eine schöne grüne Livree mit breiten silbernen Tressen, das Hüfthorn über die Schultern und einen artigen Hirschfänger an der Seite trägt."

Aus diesem Bericht geht hervor, wie groß damals auch der Bedarf an Domestiken war, die man hauptsächlich zum Repräsentieren brauchte. Je prachtvoller sie ausstaffiert sind, um so mehr Rückschlüsse lassen sich auf Reichtum und Einfluß ihrer Herrschaft ziehen.

Vor den Toren der Paläste stehen Portiere, angetan mit reichgezierten Bandelieren, gold- und silberbestickten Hüten, Gamaschen und Schnallenschuhen, in der Hand einen reichverzierten Portierstock mit einem betont großen Knauf obenauf. Sie buckeln tief, wenn die Herrschaft oder Besucher in ihren

Equipagen durch das Tor zu- oder abfahren. Ansonsten müssen sie bloß eindrucksvoll stehen – den ganzen Tag lang. Mächtigen Eindruck schinden die schon erwähnten Jäger, Büchsenspanner und Leibhusaren mit der reichen Gold- und Silberverbrämung ihrer Livrees, den umgehängten Hirschfängern und dem Wehrgehänge. Zahlreiche „Ah!" und „Oh!" sind da aus der Menge des „gemeinen" Volkes zu hören, das rasch Platz macht, wenn solch eine hochherrschaftliche Karosse daherkommt. Die hinten aufsitzenden Jäger in ihrer eindrucksvollen Dreß würdigen den „plebs" keines Blickes. Ohne hoffärtige Gebärde kommt auch die ostentative Frömmigkeit nicht aus. Die älteren Damen der Gesellschaft lassen sich gerne von sogenannten Heiducken große Gebetbücher und den Polster zum Knien vor dem Allmächtigen in die Kirche nachtragen. Aber schon die Aufklärung hat – wie aus Pezzls Angaben hervorgeht – mit dieser Art weiblichen Pharisäertums aufgeräumt.

Den größten Domestikenglanz verbreiten allerdings die Läufer oder Laufer, also die Laufburschen der vornehmen oder zumindest doch reichen Welt. Schärpen, Jabots, Tressen, Schnallenschuhe und Federn am Hut gehören zu ihrer Berufskleidung. Zu allen Tageszeiten eilen sie auf den Straßen Wiens hin und her, überbringen Einladungen, geschäftliche Mitteilungen, Anzeigen und Liebesbriefe den jeweiligen Adressaten. Abends, wenn ihre Herrschaft zu Bällen, Banketten, Redouten, Konzerten

und ins Theater ausfährt, laufen sie der Equipage mit Fackeln oder Windlichtern voraus und erhellen den Weg. Ist das ein Spaß, mit den Fackeln im Lauf gegen Mauern, Kellerlöcher und Gewölbtüren zu schlagen! Der biedere Bürger, vom Gerassel der Karossen aus dem Schlaf gerissen, steht immer wieder Ängste aus, daß sein Haus Feuer fangen könnte. Leichtsinnig und impertinent diese Burschen, wo es doch eigene „Löschsteine" an Haus- und Kirchenmauern gibt!

Der 1. Mai ist der große Tag der Laufer. Da können sie im Prater vor allem Volk zeigen, wie flink sie sind. Vom heutigen Praterstern zum Lusthaus und zurück führt die Rennstrecke. Dem Sieger winkt natürlich ein Preis. An solch einen flinken, sehnigen Burschen hat wohl so manches Wäschermädel, Stubenmädel, Kuchlmensch, so manche Putzmacherin oder Näherin ihr Herz verloren. Es muß aber zu unliebsamen Vorfällen gekommen sein, denn durch kaiserlichen Erlaß wird 1847 das Wettrennen der Laufer im Prater als „inhuman und unzeitgemäß" abgeschafft. Unzeitgemäß ist damals bereits der ganze Berufsstand. In der Ära nach 1848 mit der rasanten technischen Entwicklung ist für ihn kein Platz mehr. Repräsentieren läßt sich anderweitig.

Von solchen Laufern hatte das Dreilauferhaus an der Ecke Kohlmarkt/Herrengasse seinen Namen. Das Hausschild zeigt drei Laufer in ihrer phantastischen Gewandung. Eine treffliche Beschreibung des alten Hauses (vor 1797) hat

uns Franz Gräffer hinterlassen, dessen Vater hier einst eine stadtbekannte Buchhandlung führte:

„*Das alte Dreiläufer-Haus: freilich! war ein Gebäude aus dem sechzehnten Säkulum ... Es war also 1. äußerst solid; 2. äußerst plump; 3. äußerst düster; 4. äußerst ehrwürdig; 5. äußerst kurios; 6. äußerst wohlfeil in der Miete, was heutzutage eine gar alleräußerste Kuriosität wäre.*

Das alte Drei-Läufer-Haus lief so wie das neue um die Ecke des Kohlmarktes in die Herrengasse oder der Herrengasse auf den Kohlmarkt, wie man will. Es begnügt sich aber damit nicht, sondern es streckte auf der Seite des Michaelisplatzes gleich neben dem Torwege einen mächtig langen Kellerhals hinaus, über das Trottoir weg, wohl anderhalb Klafter weit. Dieser Kellerhals, nichts anderes als der Eingang in die Unterwelt, bestand aus zwei massiven Türflügeln, mit Eisenplatten beschlagen. Er war so imposant, daß jedermann ihm auswich.

Die ganze Ecke, zu beiden Seiten, ward von der Spezereihandlung (damals sagte man Gewürzgewölb) des Herrn Resch beherrscht, dessen Familie zu den Erben des Seizerhofes gehört; damals ein sehr dicker Mann, dessen noch etwas dickerer Sohn späterhin das Spezerei- und Weingeschäft im Eckhause des hohen Marktes und der Wipplingerstraße innegehabt, und zu den brillantesten Billardspielern bei Hugelmann gehörte.

Ein paar Schritte neben dem indiskreten Kellerhals befand sich das Haustor, welches noch kleiner war als die jetzige

... äußerst solid, äußerst plump ...: Das alte Dreilauferhaus, nach einem Stich von C. Schütz

Haustür, was aber seinen guten oder eigentlichen bösen Grund hatte, indem es zu den Regeln der Klugheit gehörte, alle Arten von Eingängen und Passagen und Öffnungen überhaupt, also auch die Fenster so klein als möglich zu gestalten, der Leichtigkeit der Verteidigung wegen. – Also diese Tür war klein, hatte ein sogenanntes oberlichtiges Querfenster, gut vergittert, mit sehr dichtem Spinnengewebe noch extra übersponnen und stets erblindet; und da kam man durch einen sehr schmalen, düsteren Gang in das Höfchen, so nicht viel größer als unsere heutigen und deshalb gleichwohl viel größer als unsere heutigen war.

Erst an dieser Haustür war der Gassenladen des Buchhändlers ‚Gräffer der Jüngere‘, Vater desjenigen, der das dahier schreibt, der damals noch ein gar niedliches Dingelchen gewesen, jetzt aber Gräffer ‚der Älteste‘ ist, lauter Folgen dieses kurzen halben Jahrhunderts. Und dieses ‚Gewölb‘ war wirklich eine Wölbung, aber tief, wenn auch etwas unlicht. Die Verschließung kennt man, es gibt noch solche alte respektable Gewölbe, bei denen der untere Teil der Ladentür geöffnet wird, durch den man in- und ausschliefen muß in ganz gebückter Stellung; dann Vorschiebestangen, eine Menge großer plumper Vorlegeschlösser, verschiedenes Geschraube und dergleichen.

Das Äußere des Hauses, versteht sich, war recht rußig, wie das goldene ABC noch jetzt, und das rechte Eckhaus des Graben-Jungferngässels noch jetzt und das Doblhofsche noch vor kurzem, um dessen Rußigkeit aber sehr schade, denn die

Rußigkeit altertümert sehr reputierlich und erweckt und nährt allerhand historische Erinnerungen, uns versetzend in die gute alte Zeit. Ob es drei oder vier Stöcke gehabt, weiß ich nicht; ich glaube aber eher nur drei, gewiß nicht fünf oder sechs, wie jetzt gegen die Vorschrift.

Die Miete war nichts. Das Gewölb mit Handgewölb, Dachboden und Holzlage kostete wohl etwa hundertfünfzig Gulden; jetzt Tausende. Hausiererinnen, die in den Vorstädten wohnten, setzten da ihren Kram ein; man tat ihnen gern den Gefallen.“

Ideale Ergänzung zu dieser verbalen Beschreibung ist der Stich von Carl Schütz aus dem Jahr 1786. Vergitterte Fenster im 1. Stock, horizontale Bänderungen zwischen den Geschossen und der rustizierte Erker an der Ecke zur Herrengasse waren das Charakteristische am alten Dreilauferhaus.

Einige Namen sind mit diesem Haus verbunden; Namen, die uns heute noch ein Begriff sind. Gottfried Prehauser ist hier am 8. Oktober 1699 zur Welt gekommen, als Sohn eines herrschaftlichen Hausmeisters. Von Kindheit an fasziniert ihn das Theater, besonders die Komödie. Schon als Sechzehnjähriger debütiert Prehauser bei einer Wandertruppe in Mariahilf, sammelt dann Erfahrungen als fahrender Komödiant in Österreich und Süddeutschland. In Salzburg wird er in der Rolle des Hanswurst populär. In Wien setzt sich sein Erfolg fort – als Nachfolger von August Stranitzky, der zugleich Prehausers

Schwiegervater ist. Was können sich die Wiener „zerwutzeln“ über den täppischen Sau- und Krautschneider aus dem Salzburgischen. Allein wie er angezogen ist! Der grüne spitze Hut, die offene rote Jacke, der blaue Brustfleck, der weiße Faltenkragen, die viel zu kurze gelbe Hose, die klobigen Schuhe an den Füßen. Die Haare hat er straff nach hinten gekämmt und zusammengeknotet. Der Hanswurst braucht gar nicht erst den Mund aufzumachen. Es genügt schon, wenn er auf der Bühne erscheint. Schon brechen die Lachsalven los. Und was er dann alles aufführt! Auch der Primitivste unter den Zuschauern fühlt sich dem „gschertn Deppen“ turmhoch überlegen – sicher mit ein Grund, warum der Hanswurst sich solcher Beliebtheit erfreut. Das Kärntnertortheater ist „g‘steckt“ voll. Stranitzky hat es mit kaiserlicher Bewilligung bauen dürfen. Die Bretterbude am Neuen Markt war einfach zu (feuer)gefährlich. Mit Stirnrunzeln verfolgen alle diejenigen das Treiben des Hanswurst, die im Theater eine moralische Anstalt sehen. Da sollen die Leut‘, speziell die Jungen, „a Moral lernen“? Aber im Rückblick wissen wir, daß damals Theatergeschichte gemacht wurde. Unter Gottfried Prehauser erreicht die Wiener Stegreifkomödie ihren Höhepunkt. Später geht er zu vorgegebenen Texten über und schreibt selbst Stücke wie „Hanswurst, der lustige Seifensieder“, „Hanswurst, der traurige Kuchelbäcker“ usf. Das volkstümliche Lustspiel entsteht. Ob die Wiener es gewürdigt haben, daß ihr Hanswurst auch

Le Coureur avec une fille de Chambre
et une Blanchisseuse de Vienne.

Ein Läufer mit einem Stubenmädchen
und einer Wäscherinn in Wien.

Wien bey Joseph Eder.

Ein Läufer mit einem Stubenmädchen, nach G. Opiz

mehr konnte? Daß er als Just in Lessings „Minna von Barnhelm" ebenso als Schauspieler überzeugen konnte wie in Goldonis Lustspielen? Für die meisten wird er wohl der Hanswurst geblieben sein, für die Zeitgenossen und für die Nachwelt. Prehausers Bühnenkunst ist jedenfalls schon früh gewürdigt worden. Seit 1786 hängt sein Bildnis in der Galerie des Burgtheaters; dem bildnerischen Olymp der Theatergrößen seit den Tagen Josephs II. Aus dem Hanswurst entwickelt sich der nichts weniger beliebte Kasperl oder Wurstel, dem der Wurstelprater seinen Namen verdankt.

Der Gang zum Dreilauferhaus ist bei vielen Wienern ein hoch erfreuliches Ritual in ihrem Wochenablauf. Die Liebhaber des schäumenden Gerstensaftes kehren gerne ein im Bierhaus „Zum Herzog von Lothringen". 1736 war es, als Maria Theresia, älteste Tochter Kaiser Karls VI., Franz Stephan von Lothringen geheiratet hatte. Wenig später wurde die Bierschenke im Dreilauferhaus eröffnet. Der Wirt nahm das freudige Ereignis zum Anlaß, dem hohen Paar auf diese Weise zu huldigen. Das lothringische Wappen auf dem Schild über dem Eingang ist seitdem ein in ganz Wien bekanntes Markenzeichen. Das Bier erfreut sich wachsenden Zuspruchs. In jenem Jahr 1736 wird in Wien noch dreimal soviel Wein getrunken wie Bier. Am Ende des 18. Jahrhunderts ist der Bierkonsum jedoch schon größer als der von Wein. Damals kennt man allerdings nur zwei Gattungen Bier: das lichte „Mailänder" – etwas

Godefridus Prehauser.

Inter Vienn. Comicos electus Hans-Wurst.

lichter und süßer im Geschmack – und das stärkere dunkle „Braunbier". Für beide bürgerten sich später die Bezeichnungen „Kaiserbier" und „Bairisches" (Barisch) ein. Das Lothringer Bierhaus ist derart beliebt, daß der Haushof – so berichtet Kisch – schon zur Zeit Maria Theresias als Gastgarten genutzt wird, um mehr Platz zu schaffen.

„Welche Firma! Schon die erste Silbe, wie die drei anderen, spricht ‚Kunst'. Artaria, welcher Klang, welch globischer Klang... Artaria und Komp. ist das, was man ein ‚Haus' nennt!" schwärmt Franz Gräffer von der Kunst- und Musikalienhandlung, die die bedeutendste Wiens werden sollte. 14 Jahre lang (1775–1789) hat diese Firma im Dreilauferhaus ihren Laden, bevor sie auf Kohlmarkt Nr. 9 einzieht, um auf Dauer dort zu bleiben. Die Familie stammt aus der Gegend um Como. Um 1750 versuchen drei Brüder ihr Glück als reisende Kunsthändler. Sie durchqueren Mitteleuropa. Die nächste Generation faßt in Wien Fuß, bietet hier Kupferstiche an. 1770 gründen Francesco und Carlo Artaria die Wiener Firma gleichen Namens. Sie erhalten das Privileg, ihre Stiche, Bilder etc. in einem Gewölbe außerhalb der Marktzeiten anzubieten. Das ist neu, denn bisher war der Handel mit Bildwerken den sogenannten Bildkrämern vorbehalten. Der Verkauf solcher Produkte fand auf den Märkten, nicht in einem Geschäft statt. Die Niederlassung im Dreilauferhaus ist die zweite der Firma Artaria, die erste war im Hochholzerhof. Das Geschäft floriert. 1782 schon erhält Artaria ein Privileg zur Herausgabe karthographischer Werke. Handschriftliche und gedruckte Musikalien aus dem Ausland vertreibt die Kunsthandlung seit 1778. Im selben Jahr beginnt Artaria mit der Herausgabe der Ansichtenwerke von Carl Schütz, Laurenz Janscha und Johann Ziegler. Wer geographisch interessiert und reisefreudig ist, kauft im Laden im Dreilauferhaus Karten verschiedener europäischer Länder, auch Karten mit den eingezeichneten Postrouten. Der Wien-Interessierte erhält hier selbstverständlich einen aktuellen Stadtplan. Artaria wird rasch ein Begriff, auch international, als der Musikverlag des

Carlo Artaria, Photo nach einem Gemälde von Josef Kreutzinger

ist oft im Geschäft, wächst gleichsam in der geheimnisvollen Welt der Bücher auf. Sein Lebtag lang wird Franz Gräffer ein Erlebnis aus seiner frühen Kindheit nie vergessen:

„Eines Tages geht der Kaiser inkognito aus. Er trägt einen dunkelgrauen Überrock, runden Hut, leicht umgeschlungenes schwarzseidenes Halstuch, Stiefel, langes spanisches Rohr. Er kommt von der Batthyánistiege, wandelt gegen den Kohlmarkt zu. Er ist allein, selbst ohne Lakai.

Auf dem Michaelsplatz zieht ein Buchladen seine Aufmerksamkeit auf sich. Dieser ist in dem alten Dreilauferhaus, dicht am Haustor rechts. Ein weit vorspringender breiter Kellerhals, dessen kolossale eisenbeschlagene Türflügel aufgespreizt emporragen, hindert den Kaiser nicht, zur Auslage hinzutreten.

Er betrachtet die alten und neuen Bücher und Kupferstiche. Da fällt sein Blick auf einen kleinen Jungen von drei bis vier Jahren, der auf der Schwelle der offenen Ladentüre steht. Der Junge ist, wie sie alle sind; er glotzt gedankenlos ins Blaue hinein. Hier aber wirklich ins Blaue und in das schönste wunderherrliche Blau von der Welt. Das Jüngelchen mit seinen schwarzen wurzelt, wie gebannt, in den unbeschreiblich schönen blauen Augen des Monarchen. Dieses Blau war so unnennbar schön, daß man wohl noch zwanzig Jahre nach Josefs Tod statt himmelblau ‚kaiseraugenblau‘ sagte, schrieb und druckte. Lächelnd bemerkte der Kaiser diesen Eindruck. Er klopfte dem Knaben auf die Schulter und fragte voller Huld:

Hauses die Werke Haydns und Mozarts verlegt, ab 1793 auch jene Beethovens. Zu diesem Zeitpunkt ist Artaria aber schon übersiedelt, in das Haus Kohlmarkt Nr. 9, nur wenige Schritte vom bisherigen Geschäftslokal entfernt. Der Aufstieg der Kunst- und Musikalienhandlung ist jedoch untrennbar mit dem alten Dreilauferhaus verbunden.

Zu Erfolg und Wohlstand bringt es in jenen Jahren auch der Verleger, Buchhändler und Militärschriftsteller August Samuel Gräffer. Sein kleiner Sohn Franz

,Wer bist du denn, Kleiner?' Der Kleine ist scheu, verwirrt und schweigt. ,Wie heißt du?' fragte der Monarch weiter, ,willst du auch ein Bücherhändler werden?' Das Kind nennt sich und stottert: ,Ja, warum denn nicht!' Josef streichelt ihm die Wangen und sagt: ,Auch recht. Nur recht fleißig lernen und brav sein.'

Indem nimmt der Kaiser wahr, daß sich die Leute sammeln. Da eilt des Knaben Vater aus dem tiefen Hintergrund des Ladens herbei, aber Josef ist schon entschwunden.

,Weißt du, Glückskind', fragt nun der Vater in begeisterter Aufgeregtheit, ,das war der Kaiser! Du kannst dir gratulieren. Das darfst du dein lebenlang nicht vergessen.'

Wie wäre das auch möglich?!

Der Tag wurde gefeiert viele, viele Jahre."

Wie abstoßend süßlich kann die Schilderung solcher Begebenheiten sein. Nichts davon ist in Franz Gräffers Erzählung zu verspüren. Nichts ist auch von jener peinlich berührenden Anhimmelei eines Monarchen à la „Lieschen Müller" bemerkbar. Was hier vielmehr zum Ausdruck kommt, ist eine tiefe geistig-seelische Beziehung zwischen dem Bildungsbürgertum und dem Revolutionär auf dem Kaiserthron. Beide sind durch die Ideale der Aufklärung miteinander verbunden. Keinen Herrscherstolz und keinen Untertanengeist gibt es hier. Nur so ist es auch erklärlich, daß die Begegnung Kaiser – Bürgerskind in einer geistig niveauvollen Familie wie den Gräffers am Jahrestag noch lange hindurch gefeiert worden ist.

Das Jahr 1797 bringt Unglück; für das alte Dreilauferhaus und für die Familie Gräffer:

„Bei Resch kam Feuer aus. Ein großer Vorrat spanischer Rohre auf dem Dachboden war in Flammen geraten; dann Verlag und anderer Papierplunder des Buchhändlers, und es gab großes Spektakel und großen Schaden. Das Ding war sehr rigoros: der Kaiser, in der Oberstenuniform seines Regiments, auf einem mageren Fuchs kam herangesprengt. Tags darauf kalkulierten die zwei Nachbarn den Schaden; da kam ein Leiblakai der Kaiserin Theresia (der zweiten Gemahlin)*. Er hatte den Befehl, sich nach dem Betrag des Schadens zu erkundigen; und irre ich nicht, so ward er bar vergütet von der großmütigen Fürstin."

So schildert Franz Gräffer viele Jahre später, wie es kam, daß von dem altehrwürdigen Dreilauferhaus und seinen Nachbarhäusern nur Brandruinen übrigblieben. Man kann sich gut vorstellen, wie groß auch die Aufregung in der gegenüber gelegenen Hofburg gewesen sein muß. Ein Brand so nahe! Wie leicht konnte bei ungünstigem Wind das Feuer auf die kaiserliche Residenz überspringen und unermeßlichen Schaden anrichten. Kein Wunder, daß Kaiser Franz sich persönlich an den Brandort begab. Ob die Schadensumme tatsächlich aus der kaiserlichen Schatulle wettgemacht wurde, wie in Gräffers Schilderung angedeutet wird, wird sich schwer überprüfen lassen. Der Bauherr des neuen Dreilauferhauses ist jedenfalls reich genug, um auf Zuwendungen verzichten zu können.

Gräffer geht in Konkurs. Nicht August Gräffer am Kohlmarkt, sondern Rudolf Gräffer am Schulhof – der Bruder. Sein Kompagnon war der Dichter Alois Blumauer. August wird in das geschäftliche Scheitern seines Bruders verwickelt. Er tritt seine Handelsbefugnis an seine Frau Katharina ab. Sie eröffnet 1789 eine neue Buchhandlung auf der Freyung. Von diesem Schicksalsschlag erholt sich August Gräffer nie wieder. Ein Schlaganfall verschlimmert seine persönliche Situation. 1816 stirbt er – völlig verarmt. Auch sein Sohn Franz ist vom Glück nicht begünstigt. Nach Jahren als Sekretär und Bibliothekar der Adelshäuser Liechtenstein und Harrach sowie bei Hollands ehemaligem König Louis, dem Bruder Napoleons, versucht er, sich mit einem eigenen Verlag und Antiquariat selbständig zu machen. Er scheitert, verliert einen beachtlichen Teil seines Vermögens. Später eröffnet er abermals ein Antiquariat, aber der erhoffte Erfolg will sich nicht einstellen. So lebt er – mehr schlecht als recht – als freier Schriftsteller. Sorgen und Enttäuschung überschatten sein Dasein. Von einem Schlaganfall vermag er sich nicht mehr zu erholen. Franz Gräffer kommt ins Versorgungshaus nach St. Marx, stirbt schließlich 1852 in geistiger Umnachtung in der Irrenanstalt.

---

* Marie Therese, zweite Frau von Kaiser Franz

So tragisch Lebenslauf und Ende von Vater und Sohn Gräffer waren, beide haben der Allgemeinheit ein Erbe hinterlassen. August Gräffer geht als Begründer des Militärschematismus der k. u. k. Armee in die Geschichte ein. Viele Jahre lang hat er diesen Schematismus im eigenen Verlag herausgebracht, bevor ihn die Staatsdruckerei übernahm. Franz Gräffers Name bleibt für immer mit einer geistigen Großtat im Dienste Österreichs verbunden. Zusammen mit dem Hofsekretär Johann Jakob Czikann brachte er die sechsbändige „Österreichische National-Encyklopädie (1835–1837) heraus. Und speziell Wien hat dem großartigen Kenner der Stadt, ihrer Geschichte und der Bibliographie Wertvolles zu verdanken. Denn Franz Gräffer *„sammelte alles, was ihm der Tag zutrug, Altes und Neues, Trümmer von Überlieferungen, Vergessenes und Erträumtes, vieles, was nur noch am Rande des Erinnerns lebte und vom Duft der Legende wundersam verklärt wurde".* Seine „Memoiren", „Dosenstücke", „Wiener Lokalfresken" oder „Josefinische Kuriosa" legen ein beredtes Zeugnis von diesem eigenartigen, unglücklichen Mann ab, der mit solch zärtlicher Liebe am alten Wien hing.

Ein neues Eckhaus zum Michaelerplatz entsteht – prächtiger, höher und größer als das alte. Der Bauherr ist im Besitz der ebenfalls abgebrannten Nebenhäu-

ser und läßt nun auf der Gesamtfläche einen einzigen Neubau errichten – das neue Dreilauferhaus. Es ist im Stil des Spätbarock gehalten und nicht etwa klassizistisch, wie es damals Mode war. Dreiecksgiebel über den Fenstern des Hauptgeschosses, über zwei Stockwerke durchgehende Pilaster, Kompositkapitelle und balustergeschmückte Parapete sind seine Charakteristika.

Der Bauherr heißt Karl Abraham Wetzlar Freiherr von Plankenstern. Welch eine Karriere hat der damals schon mehr als 80jährige Mann hinter sich! In Offenbach am Main kam er zur Welt, arm wie eine Kirchenmaus ging der junge Mann hinaus in die Welt, faßte schließlich in Wien Fuß. Bei Simon Wolf Oppenheimer fand Wetzlar Aufnahme. Geschäftstüchtigkeit brachte ihn rasch hoch. Die Kriege um Schlesien machen aus ihm einen „gemachten" Mann, denn seine Tätigkeit als Heereslieferant beschert ihm riesige Einkünfte. Da geht der reichste Mann von Wien! raunt man sich zu, wenn er sich auf der Straße zeigt. Franz Stephan, der ebenfalls geschäftstüchtige Gemahl Maria Theresias, bedient sich gern der Dienste eines solchen Mannes. Wetzlar wird kaiserlicher Hofagent und schließlich auch in den Freiherrnstand erhoben. Er ist nicht der einzige Mann jüdischer Herkunft, der damals in Wien einen kometenhaften Aufstieg macht und ein riesiges Vermögen erwirbt. Namen wie Arnsteiner, Hönig (von Henikstein) oder Eskeles gehören dazu. Als unter Joseph II. die Gartengründe der

Kapuziner zur Verbauung freigegeben werden müssen, ist der frisch geadelte Wetzlar sofort zur Stelle. Er erwirbt den ganzen Baugrund und errichtet entlang der neuen Gasse (nach ihm später Plankengasse genannt) ein Haus; zur selben Zeit, als er anstelle des alten Dreilauferhauses den Neubau aufführen läßt. 1799 stirbt er, 84 Jahre alt, hinterläßt seinen sieben Söhnen und fünf Töchtern ein Vermögen von mehr als 5 Millionen Gulden. Soviel Geld ebnet rasch den Zugang zu dem sich sonst exklusiv abschirmenden Blutadel. Wetzlars Nachkommen heiraten in die Adelsfamilien der Clary, Festetics und Triangi ein. So mancher Träger dieses Namens macht in der k. u. k. Armee Karriere.

Ein Fenster geht auf im neuen Dreilauferhaus. Ein älterer Herr erklimmt das Fensterbrett und springt in die Tiefe, bleibt tot auf dem Pflaster liegen. Rasch verbreitet sich die Kunde in der Stadt: Der van der Nüll hat Selbstmord begangen! Es ist Jakob van der Nüll, Gesellschafter des Großhandlungshauses Ignaz von Schwab. Die Wiener haben 1823 wieder genügend Stoff für Tratsch und Klatsch. So wohlhabend und doch so unglücklich, dieser Mann! Kein Wunder, nach dieser Tragödie. Scheiden hat er sich lassen, der van der Nüll. Ist schon Jahre her. Seine Frau hat ihn zum „Gehörnten" gemacht, bis die Schand' nicht mehr zu ertragen war ... Die Rede ist von Theresia van der Nüll, Tochter des Großhändlers Philipp von Schwab. Im März 1802 gab Theresia

* Aus dem Vorwort von Eugenie Benisch-Darlang zu Franz Gräffers „Alt-Wiener Miniaturen"

vor dem Altar ihr Jawort zu der Ehe mit dem 30 Jahre älteren Jakob van der Nüll. Obendrein ein verschlossener Mann ohne Charme und Warmherzigkeit – aber reich. Geld kommt zu Geld, wie das Sprichwort sagt. Nach dieser Richtlinie wird die Ehe geschlossen *„eine Konvenienzehe der Empirezeit, von Eltern und Onkeln arrangiert",* wie Siegfried Weyr schreibt. D' Lieb' wird sich schon einstellen mit der Zeit … Sie tut es nicht. Theresia ist unglücklich an der Seite dieses Mannes. Was nützt da die elegante Stadtwohnung im Dreilauferhaus, das Schloß in Weinhaus; was die Sammlungen an Pretiosen, Mineralien, Gemälden und wertvollen Büchern. In dieser inneren Leere begegnet die junge Frau einem Mann, zu dem sie in heftiger Leidenschaft entbrennt – und er zu ihr. Ludwig von Welden kommt aus dem Württembergischen, seit 1802 dient er in der österreichischen Armee. In den Kämpfen gegen Napoleon zeichnet er sich aus. Ein Mann, so ganz anders als der grantelnde Ehemann zu Hause. Allerdings ist auch er verheiratet, mit einer gebürtigen Gräfin Soppranza. Die Leidenschaft der beiden Liebenden setzt sich über alle Konventionen hinweg. Sie können nicht voneinander lassen. Das Verhängnis ist vorprogrammiert. Theresia wird schwanger. Insgesamt drei Kinder bringt sie zur Welt. Sie tragen den Namen van der Nüll, sind aber das Resultat eines doppelten Ehebruches. 1815 läßt sich Jakob van der Nüll scheiden, Theresia zieht in ein Haus in der Riemergasse. 1823

macht er seinem Leben durch den Sprung aus dem Fenster ein Ende. Was mag der vielfach beneidete Mann seelisch alles durchgemacht haben, besonders in den letzten Tagen, als sein Entschluß zum Selbstmord reifte? Was hat schließlich den Ausschlag gegeben, daß jede Hoffnung in ihm erlosch – die Einsamkeit, die verletzte Ehre? Jakob van der Nüll hat dieses Geheimnis mit ins Grab genommen. 25.000 Gulden, dazu eine Jahresrente von 10.000 Gulden vermacht er seiner geschiedenen Frau, 63.000 Gulden bekommen die Kinder, die nicht von ihm stammten. Welch ein merkwürdiger Schlußpunkt am Ende einer Ehetragödie, wie sie Honoré de Balzac oder später August Strindberg nicht besser ersinnen hätten können.

Eduard van der Nüll, 1812 geboren, und sein leiblicher Vater machen Karriere. Eduard wird ein berühmter Architekt der Ringstraßenära. Gemeinsam mit August Sicard von Siccardsburg – beide die führenden Vertreter der Spätromantik – liefert er die Entwürfe für Bauten wie das Carltheater, Kommandogebäude und die Eckkasernen des Arsenals, das (alte) Haas-Haus am Stephansplatz, das Palais Larisch-Mönnich und – die Oper. Die Schmähungen am Stil des heute so geschätzten Hauses am Ring kann der sensible Mann nicht ertragen und begeht Selbstmord; 1868 – ein Jahr bevor das Opernhaus glanzvoll eröffnet wird.

Sein leiblicher Vater bringt es bis zum Generalkommandanten in Tirol, Statthalter von Dalmatien. Schließlich wird

er Stadtkommandant in Wien, unmittelbar nach der Eroberung der Stadt durch die kaiserliche Armee, die damit der Oktoberrevolution des Jahres 1848 ein gewaltsames Ende bereitete. Ein Jahr später ist Welden Oberkommandant in Ungarn. Seine Pension verlebt er in Graz, wo er 1853 als 73jähriger stirbt. Das Postament zu seinem Denkmal hat Eduard van der Nüll entworfen … Noch einen Namen gilt es zu erwähnen im Zusammenhang mit dem neuen Dreilauferhaus: Josef Gunkel. Der Schneidermeister der „großen Welt" hat um 1840 vorübergehend einen Hausanteil inne.

„Man ließ damals die Pferde von Gauermann, seine Frau von Amerling und Schrotzberg malen, oder von Kriehuber lithographieren, aber seine Person von Gunkel anziehen. Seine ,Clientel' und noch mehr sein ,Schuldbuch' war eine vollständige Adelsgenealogie. Ehrgeiz, feinfühlig, voll Geist und rascher Auffassung wandte er alles an, um sein Metier zur höchsten Vollkommenheit emporzuheben. Er war Poet in seinem Fache, mit ihm hob das romantische Zeitalter des ,Bügeleisens' an und mit ihm ging es auch zu Grabe. Er machte es wie ein tüchtiger Porträtmaler, er studierte vorerst seine Kunden, ihre Haltung und Manieren, ihre Gewohnheiten und Bewegungen, ehe er daranging, sie zu bekleiden, er arbeitete nie nach der Schablone und verstand die Kunst, mit feinem Takte zu individualisieren, d. h. er machte (wie damals Saphir scherzhaft bemerkte) niemals aus einem Statthalter

„... mit seinen schlichten, gut bürgerlichen Formen“: Das neue Dreilauferhaus, Photo um 1900

einen ‚Ellenritter‘, oder zog einen Künstler als ‚Zahlmarqueur‘ an. Wie sehr er es mit seiner Kunst ernst nahm, beweist, daß er Anatomie hörte und die natürlichen Körperdimensionen studierte. Er formte Modelle aus Ton, bekleidete sie und stellte dieselben an der Wand seines Studierzimmers auf. Dort besuchten ihn Fürsten, Grafen, Dichter und Künstler, in diesem Studierzimmer hegte er seinen Lieblingsplan aus, den Gedanken der ‚Double-Röcke‘ und der ‚englischen Fracks‘, die dann die Runde durch die ganze Welt machten. Doch plötzlich kam das Jahr 1848, und mit ihm änderte sich Vieles, ja auch seine Kundschaften blieben nicht immer dieselben. Viele wurden weniger eitel und weniger prätentiös, andere zwangen die Verhältnisse, ihre kostspieligen Passionen einzuschränken und das blaublütige Gebot ‚sich bei Gunkel bekleiden

*zu lassen' wurde nicht mehr so unver-
brüchlich, so heilig gehalten, wie es vor-
mals der Fall war. Sein Glück, daß er es
Gott sei Dank nicht nötig hatte, Schneider
zu sein, denn er besaß Vermögen, einen
Anteil des Hauses am Graben Nr. 16, ein
noch größeres Haus in der Tuchlauben
Nr. 11 und früher schon einen Hausanteil
bei den ‚drei Laufern' am Kohlmarkt, und
ich glaube nicht zu irren, wenn ich sage,
auch eine Villa in Hütteldorf. Er hielt
Equipage, fuhr aber nur (wie echte Cava-
liere) in seinem eigenen Fiaker. Eine köst-
liche Anekdote erinnert an eine solche
Gunkel'sche Fiakerfahrt. Als nämlich
Gunkel eben in den Wagen steigen wollte,
rief ihm der Fiaker zu: ‚Halt, Euer Gnaden! Euer Gnaden haben hier einen Bu-
reauspritzer', und nahm ihm behutsam
mit den Fingerspitzen einen langen
Zwirnfaden vom Rocke weg.“*

Eine wahrhaft farbige Schilderung aus
der Feder von Wilhelm Kisch, die nichts
an Faszination verloren hat.

So zahlreich sind die Geschichten von
Bürgerfreud und Bürgerleid, die sich
im Dreilauferhaus – im alten wie im
neuen – zugetragen haben. Das markante Haus mit dem leichten Knick in
der Herrengasse und dem weit vorsprin-
genden Eck gegenüber dem sogenannten Stöckl altert in Würde, *„mit seinen
schlichten, gut bürgerlichen Formen und
seinem lieben kaffeebraunen Alt-Wiener
Farbenton“*, ist es für einen Architek-
turkenner wie Hans Tietze *„auf dem
Gang von der Stallburg her unzählige Mal*

Der Schneidermeister der „großen Welt“: Josef
Gunkel. Rasterdruck nach einem Aquarell von Josef
Kriehuber

*eine Oase und Labsal zwischen seinen
beiden Nachbarn zur Rechten und zur
Linken . . .“*

Länger als andere Straßen und Plätze
der Inneren Stadt bleibt die Gegend
rund um das Dreilauferhaus von gründ-
erzeitlichen Neugestaltungen verschont.

Dann aber bricht sich die neue Ära mit
Brachialgewalt ihre Bahn, wie in einem
Dominoeffekt fällt ein Bau nach dem
anderen. Den Anfang macht das alte
k. k. Hofburgtheater, das einen Prunk-
bau an Wiens via triumphalis als neue
Heimstatt erhält. Spät, aber doch kann
damit Fischer von Erlachs Plan vom
symmetrisch gestalteten Michaelertrakt
der Hofburg in die Tat umgesetzt
werden. Dafür müssen auch die Häuser des verlängerten Kohlmarktes (nach
der Herrengasse) weichen, denn sie stehen mitten im Oval des konzipierten
neuen Michaelerplatzes. Schließlich verschwindet das alte Palais Herberstein-
Dietrichstein an der Ecke Herrengasse/
Schauflergasse, um Platz zu machen für
einen deutlich zurückversetzten Neubau
mit allzu pomphaftem Gehabe. Jetzt
ragt das Dreilauferhaus vorwitzig in das
neue Platzoval hinein. Es läßt sich abse-
hen, daß es nur eine Frage der Zeit sein
kann, bis auch dieser Bau aus dem
Stadtbild verschwindet und ein abge-
schrägtes neues Haus seinen Platz einnimmt. 1909 ist es soweit.

*„Mein erstes Haus! Ein Haus überhaupt!
Denn das hätte ich mir wohl nicht träumen lassen, daß ich auf meine alten Tage
noch ein Haus bauen werde. Nach all
meinen Erlebnissen war ich mir bewußt,
daß wohl niemand so verrückt sein wird,
sich ein Haus bei mir zu bestellen.“* Die
„Verrückten“ sind die Inhaber der Her-
renbekleidungsfirma Goldman und
Salatsch. Sie wollen am Michaelerplatz
ein modernes Geschäftshaus errichten.

Ein Architektenwettbewerb soll die best-mögliche Lösung für den besonders anspruchsvollen Bauplatz bringen. Adolf Loos als einer der in Betracht Gezogenen lehnt ab. Konkurrenzen, das ist etwas „bei Damenfrisuren und Hüten", in der Baukunst sind sie aus seiner Sicht ein „Krebsschaden": *„Ich weiß, daß niemals der beste Baukünstler prämiert, sondern das Projekt zur Ausführung gelangt, das dem momentanen Empfinden am nächsten kommt."*

Die Bauherren lassen sich von Loos Alles-oder-nichts-Haltung überzeugen und schließen mit ihm einen Kontrakt. Sollten sie – so ist ausdrücklich festgehalten – jemanden finden, der einen besseren Grundriß macht, dann sei er, Adolf Loos, sofort bereit, von dem Auftrag zurückzutreten. Und noch ein entscheidender Punkt findet sich darin: *„Über die Fassade wird nicht gesprochen."* Denn, so argumentiert Loos, *„Beleuchtungsverhältnisse kann man erklären. Aber die Fassade kann man niemandem erklären. Die Wirkung, die sie ausströmt, kennt nur einer: der sie erdacht hat."*

Kaum steht der Rohbau, bricht ein Sturm der Entrüstung los. Es wird ruchbar, daß das neue Haus keinerlei Verzierung haben soll – keine Fensterumrahmungen und -verdachungen, keine Lisenen oder Pilaster, auch keine Türmchen an den Ecken der Dachzone. „Unerhört!", „Einfach so, ohne nix!", „Kulturbarbarei!", „Ein Skandal", „Do muaß was gscheen!" raunt man sich zu in

---

* Architekt des Technischen Museums

Cafés und Gaststuben, in Dampfbädern und Straßenbahnen und an jeder Straßenecke. Das Loos-Haus ist Stadtgespräch Nummer eins. Die Giftspritzerei, eine Grundkomponente auf der Schattenseite des Wienertums, erreicht schließlich ein Ausmaß, daß sich die Stadtbehörden zum Eingreifen veranlaßt sehen. Die Bauarbeiten müssen im August 1910 vorübergehend eingestellt werden. Dieser Fall von bausittenwidrigem Nudismus muß unbedingt rechtzeitig korrigiert werden! Wenn schon der Architekt – er ist mittlerweile wirklich prominent – nicht willens oder nicht fähig ist, ein „anständiges" Haus gegenüber der Hofburg zu bauen, dann ist notgedrungenermaßen ein „wirklicher Könner" vonnöten, um das Ärgste zu verhindern. Baurat Hans Schneider* wird als Bemäntelungsspezialist herangezogen. Vielleicht ist durch seinen Fassadenplan mit vertikaler Gliederung noch etwas zu „retten". Den Bauherren wird eine Kaution von 40.000 Kronen auferlegt. Bis zum Juli 1911 muß die Fassadenfrage geklärt sein; wenn nicht, dann will die Gemeinde Wien mit diesem Geld die Ausführung erzwingen. Eifrig versucht Adolf Loos, Behörden und öffentliche Meinung zu überzeugen, daß sein Entwurf großstädtisch modern, der Umgebung durchaus würdig ist. Vergebens! Überall stößt er auf eine Mauer von Vorurteilen. Nützt es etwas, wenn er darauf hinweist, daß die Säulen in der Sockelzone ein Pedant zu den Säulen der Michaelerkirche bilden? *„Dös Parterre und Mezzanin gehört*

Adolf Loos nach einer Zeichnung von Oskar Kokoschka, Sign. und dat. 1916

nach Ottakring, aber net in die Innere Stadt", röhrt ein „fachkundiger" Gemeindefunktionär.

Auch das kostbare Material für die Sockelzone vermag die Kritikaster nicht zu versöhnen. Cippolin-Marmor hat Adolf Loos gewählt. Schon lange hatte man um den stark geäderten, grünen Marmor gewußt, nur die Kenntnis über die Fundstätte war verlorengegangen. Erst um die Jahrhundertwende hatten Briten den langgesuchten Marmorbruch auf der griechischen Insel Euböa wiederentdeckt. Nun wird der Marmor im Winter 1910/11 endlich nach Wien geliefert. *„Des soll a Marmor sein? Unmöglich, nie g'sehn! Des kann nur a Kunststein sein, billig wie der Kalkverputz für die oberen Stockwerke",* lauten so oder ähnlich die

139

Argumente der Loos-Gegner. Auch sein Hinweis, daß er in Wahrheit Alt-Wiener Tradition aufnimmt, wird schlankweg abgeschmettert.

„Der Volksmund nennt es das Haus ohne Augenbrauen. Ihr lieben alten Wiener Häuser, die ihr keine Augenbrauen habt, macht euch nichts draus, wenn euch der Volksmund schmäht. Der Wiener Volksmund hat an euch, ihr lieben alten Bauhäuser, an euch, ihr Häuser am Franziskanerplatz, einen Schönheitsfehler entdeckt. Aber es gibt Leute, die im Gegensatz zum Volksmund gerade den Franziskanerplatz für ein Stadtjuwel halten."

Ein Glück für Loos, daß sein Bauherr Leopold Goldman unverbrüchlich zu ihm steht; auch dann, als er ein zweites Mal eine Kaution von 40.000 Kronen erlegen muß, um die Geschäftsräume benützen zu können. Immer näher rückt der Sommer 1911 heran. Wie ein Damoklesschwert hängt die Entscheidung über die Fassade in der Luft; eine ungeheure Nervenanspannung für den Architekten, der in einer feindseligen Atmosphäre leben muß. Dieses „Ganz Wien hat Geschmack, und der Loos hat keinen" schädigt die Gesundheit des Schwergeprüften. Lebensbedrohliche Magenblutungen stellen sich ein. Schon scheinen Leben und Werk von Adolf Loos verwirkt, da erscheint ein rettender Engel in Gestalt des Vizebürgermeisters Dr. Josef Porzer. Er hat von Loos bedenklichem Gesundheitszustand gehört und eine Stadtratssitzung einberufen. Die Frist für die Ge-

staltung des neuen Geschäftshauses wird bis Mai 1912 erstreckt.

Das bedeutet die Wende. Alle Anläufe, dem Bau eine Fassade im herkömmlichen Repräsentationsstil „aufzupappen", bleiben schließlich doch vergeblich. Die vielgelästerte glatte Fassade wird verwirklicht, ohne ornamentale „Gspasetteln", mit denen Adolf Loos in der Architektur aufräumen will. Ein schwer erkämpfter Erfolg für den Bauherrn und seinen Architekten. Für beide bedeutet er allerdings kein dauerhaftes Glück. Kaum haben sich die Wogen der teils widerwärtigen, anstandsverletzenden Auseinandersetzung halbwegs geglättet, erhebt sich über Europa ein weit verheerender Sturm, der letztendlich die alte Ordnung zum Einsturz bringt. Nach dem Ersten Weltkrieg schmilzt die Zahl der betuchten, eleganten Herren auf ein kleines Häuflein zusammen. Das Herrenmoden-Geschäftshaus Goldman und Salatsch, einst Hoflieferant, muß in den Ausgleich gehen, das Haus am Michaelerplatz wird verkauft. Jahrelang stehen die Räumlichkeiten leer, denn alle Nutzungspläne zerschlagen sich. Wiederum kommt ein Umbruch. Die Wiener Vertretung der Opel-Werke zieht 1938 ein. Hand in Hand geht damit die teilweise Zerstörung der architektonischen Einheit. Das gesamte Portal wird entfernt, ebenso die Stiegen zum Mezzanin und die Vitrinen im Parterre.

Leopold Goldman führt seit der Insolvenz seiner Firma ein nach außen unauffälliges Leben. Geburts- und Sterbe-

datum sind nicht aktenkundig. Seine Spur verliert sich im Unbekannten. Höchstwahrscheinlich ist Goldman im Inferno des NS-Rassenwahns untergegangen.

Adolf Loos spürt noch jahrelang die gesundheitlichen Nachwirkungen der verbalen Schlammschlacht von einst. Einen weiteren Großauftrag in Wien erhält er nicht. Zwar scheint er im jungen Roten Wien nach 1918 reüssieren zu können, aber er fühlt sich nicht verstanden. Bereits 1922 legt er sein Amt als Chefarchitekt des Siedlungsamtes der Gemeinde Wien zurück. Sein unruhiger Geist treibt ihn fort aus dieser Stadt, richtig Fuß fassen kann er allerdings nirgendwo. So kehrt Adolf Loos immer wieder nach Österreich zurück, wo ihn schließlich sein Schicksal ereilt. Ein Nervenleiden macht ihn 1932 arbeitsunfähig, im Jahr darauf stirbt er in einem Sanatorium bei Wien.

Heute ist Adolf Loos eine Kultfigur der Moderne, zitiert und in Anspruch genommen von Berufenen und Mißstehenden. Sein Haus am Michaelerplatz, liebevoll im Detail rekonstruiert und renoviert, wird als Renommierstück eines sich aufgeschlossen gebenden Wien gerne präsentiert – auch auf Bonbonschachteln.

Adolf Loos hat die Ansätze zum Meinungsumschwung noch erlebt, wenn auch unter teils skurrilen Begleiterscheinungen. Er berichtet von einem Streitgespräch zweier Herren vor dem Haus:

„Aber ich bitt' Sie, das Haus ist ja sehr schön."

Stein des Anstoßes von gestern, Renommierbau von heute: Das Looshaus, Photo 1996

Der Gegner (eifrig): *„Na ja, jetzt. Sie hätten es vorher sehen sollen! Was hat der Kerl, der Architekt, da für eine Fassade aufgepappt! Er hat ja alles über Auftrag des Stadtrates abkratzen müssen. Jetzt sieht's natürlich anständig aus."*

Der andere: *„Ach so ist die Gschicht."*

Und hellsichtig fügt Adolf Loos an: *„So war es bei allen Gebäuden, auf die die Wiener heute stolz sind. So war es bei der Hofoper. Wohl endete der eine Erbauer, durch die nicht enden wollenden Angriffe krank gemacht, im Irrenhaus, der andere endete durch Selbstmord. Ich bin aus härterem Holz. Mir bangt nicht für mich. Mir bangt für die Baukünstler in 100 Jahren. Wen werden sie davon in 100 Jahren mit dem Haus am Michaelerplatz erschlagen?"*

500 Jahre Bestandteil des Wiener Stadtbildes: Das Taschnerhaus am Lichtensteg, nach einer aquarellierten Zeichnung von Emil Hütter

EIN REQUIEM FÜR ALT-WIEN

Das Taschnerhaus

Lichtensteg 4/Rotgasse 1

„Mit Freuden erfahre ich, liebe Tante, daß Sie sich entschlossen, nach so langer Zeit wieder einmal nach Wien zu kommen. Ich werde einstweilen für eine gute Unterkunft sorgen, da Sie Ihr gewohntes Absteigequartier, das Taschnerhäuschen, nicht mehr finden werden. Das ist nun auf ewig von der Erde verschwunden! Ich war Zeuge davon. Ein unnennbar wehmütiges Gefühl hatte mich ergriffen und nagt noch an mir. Auf immer dahin nach Jahrhunderte langem Bestand! Einem neuen imposanten Gebäude Platz zu machen, das stolz auf den alten Grundfesten dasteht, gleich wie die uralten Geschlechter der Menschen durch neue Namen verdrängt worden und werden, und nichts von ihnen übrig ist, als – das Bildnis."

Mit diesem fiktiven Brief hat Franz Gräffer, Buchhändler und Liebhaber des alten Wien, jenem Taschnerhaus ein kleines literarisches Denkmal gesetzt. Die tief empfundene Trauer, die er darin ausdrückt, ist verständlich. Schließlich stand dieses schlichte und doch so markante Haus fünfhundert Jahre (!) Ecke Lichtensteg/Rotgasse. Als „Messererhof" und dann als „Frau Ma-

reins Haus" ist es im 14. Jahrhundert bekannt. Der Name Taschnerhaus bürgert sich erst ein, als die Stadt Wien für knapp vier Jahrzehnte Eigentümer dieses Hauses ist. Die Taschner bieten hier in Kramen (Verkaufsbuden) ihre Waren feil. Das Gebäude selbst dürfte in dieser Zeit öffentlichen Zwecken dienen.

Für 500 Pfund wechselt das Taschnerhaus im Jahr 1432 abermals den Besitzer. Neuer Eigentümer ist Konrad Hölzler der Ältere, Bürgermeister von Wien. Eine steile Karriere hat dieser Sohn eines Tiroler Zollbeamten hinter sich. Durch eine glückliche Hand als Kaufmann und Bergbauunternehmer ist er zu großem Reichtum gelangt. Seine Übersiedlung nach Wien und seine absolute Treue zu Herzog Albrecht V. sichern ihm wachsenden politischen Einfluß. Bald schon ist Hölzler Hausgenosse; also einer jener 48 Wiener Bürger, die eine Art Konsortium bilden, dem Münzprägung, Geldwechsel und der Handel mit Edelmetallen überantwortet ist. Sie gehören zu den Privilegierten, dem „Haus" des Herzogs zugehörig, mit dem Recht, ihre Anteile zu vererben oder zu veräußern. Hölzler

sitzt auch im Rat der Stadt, wird Stadtrichter und 1423 erstmals Bürgermeister von Wien.

Dieses Amt zu bekleiden ist damals höchst gefahrvoll. Zwar kann nur ein absolut Habsburg-Treuer diesen höchsten Posten in der landesfürstlichen Stadt Wien erlangen. Was aber, wenn ein Bruderzwist im Hause Habsburg oder eine Rebellion gegen den Landesherrn auch die Stadtoberen in den Strudel der Auseinandersetzungen zieht? Wehe dem Bürgermeister oder Ratsherrn, der am Ende auf der falschen, der unterlegenen Seite steht! Dem droht unter dem Gejohle einer schadenfrohen, blutgierigen Menge ein schmählicher Tod durch Henkershand. Mehreren von Konrad Hölzlers Vorgängern und Nachfolgern war und ist dieses Schicksal beschieden. Ihm bleibt es erspart.

Er ist um Ordnung bemüht, läßt ein eigenes Handwerksordnungsbuch anlegen, erwirkt einen Schiedsspruch zwischen Kaufleuten und Krämern und erläßt eine Ordnung für die „Vierer", die Kontrollore an den Stadttoren. 1433 – das Jahr, in dem Hölzlers zweite Amtsperiode zu Ende geht – fallen die Gerüste, geben den Blick frei auf ein einzigartiges steinernes Kunstwerk, das Hans von Prachatitz vollendet hat: den Stephansturm. Seitdem bildet er den Mittelpunkt der Stadt und ihrer Silhouette. Wie kein zweites Bauwerk hat sich der „Steffl" die Herzen der Wiener erobert, als Symbol des Überdauerns aller Zeiten und Umbrüche, auch als Sinnbild allen Wienertums mit seinen rühmlichen Eigenschaften und unverwechselbaren Charakteristika. Und da der geplante Zwilling (Nordturm) ein Torso blieb und bleibt, braucht er nie um eine Konkurrenz zu fürchten, die ihm seine Einzigartigkeit nehmen würde. Fertiggestellt wird zu Hölzlers Zeit als Bürgermeister auch der einzigartige, wie Filigranwerk wirkende Turm der Kirche Maria am Gestade. Andere Kirchen sind jüngst erst fertiggestellt worden oder gehen ihrer Vollendung entgegen, wie etwa die Minoriten-, die Deutsch-Ordens- und die Augustinerkirche. Das Wien der Gotik erlebt seinen Höhepunkt, nicht nur im Sakralbau.

„Schmuckvoll und von solider und fester Bauweise sind die Häuser der Bürger, die Gewölbe und große Hallen aufweisen. Die beheizten Räume – die Winter sind sehr streng – werden hier ‚Stuben' genannt. Die Fenster sind durchwegs verglast, die Türen aus Eisen. In den Häusern werden vielfach Singvögel gehalten. Zahlreich und fein ist der Hausrat, für die Pferde gibt es geräumige Ställe. Die Fassaden bieten einen prächtigen Anblick, allerdings sind die Dächer zumeist mit Schindeln, nur selten mit Ziegeln gedeckt. Die Häuser sind gemauert und sowohl außen wie innen durch Bildwerke geschmückt. Tritt man in ein beliebiges Haus (eines Bürgers), so hat man den Eindruck, in das eines Fürsten zu kommen."

So schildert uns Äneas Silvius Piccolomini* das Wien der dreißiger Jahre des 15. Jahrhunderts. 1437 kam er in die Stadt, beobachtete genau Menschen, Zustände sowie die Sitten und Unsitten der Wiener, schrieb alles auf und verschaffte uns damit einen wichtigen Einblick in das Alltagsleben dieser Zeit. Zu den prächtig ausgestatteten Bürgerhäusern wird wohl auch das Taschnerhaus gezählt haben; auch wenn Konrad Hölzler nicht hier, sondern wahrscheinlich im Haus „Die Landskrone" (heute Teil des Hauses Landskrongasse 1–3) wohnte, das seine Ehefrau Katharina (Katrei von Haunstein) 1430 geerbt hatte.

Lassen wir uns an dieser Stelle durch den Historiographen, vom Kaiser später zum Dichterfürsten gekrönten Zeitzeugen in das Wien des späten Mittelalters führen und mit seinen Augen sehen:

„Die Stadt wird von einer Mauer in der Länge von 2.000 Schritten umschlossen, hat große Vorstädte und ist mit ausgedehnten Wällen und Gräben umgürtet. Besonders tief ist der Stadtgraben. Die Mauer wird durch zahlreiche Türme und Bollwerke verstärkt …
Die Häuser der Adeligen und der Prälaten sind frei (von städtischen Lasten), und der Magistrat hat an ihnen keine Rechte. Die Weinkeller sind so geräumig, daß man unter der Stadt gleichsam eine zweite vorfindet. Die Straßen sind gepflastert, so daß sie durch die Räder der Fuhrwerke nicht eingefurcht werden.

In der Stadt gibt es zahlreiche Kirchen mit vielfältigen Reliquien und anderen Schätzen, der Klerus ist mit reichen Pfründen ausgestattet. Die Stadt gehört zur Diözese Passau, wobei die Tochter- größer als die Mutterkirche ist. Sehr viele Häuser verfügen über eigene Kapellen und Priester. Die vier Bettelorden sind weit von Armut entfernt, die Schotten und die Augustinermönche hält man für sehr reich, ebenso die frommen Nonnen und die heiligen Jungfrauen. Unter den Klöstern ist auch das von St. Hieronymus zu nennen, das der Bekehrung reuiger Dirnen dient, die dort Tag und Nacht in deutscher Sprache Hymnen singen. Falls eine der Dirnen rückfällig wird, so wird sie in der Donau ertränkt, allerdings herrscht ein frommes Leben vor.

In der Stadt gibt es eine Hohe Schule (Universität) für die ‚artes liberales', die Theologie und das Kirchenrecht, und viele Studenten aus Ungarn und Oberdeutschland studieren hier. Der größte Mangel der Universität liegt allerdings darin, daß hier niemand Dialektik, Musik, Rhetorik und Dichtkunst treibt. Rede- und Dichtkunst haben keinen Stellenwert, Titelsucht und eitle Sophistereien dominieren beim Studium. Selten findet man Bücher des Aristoteles und anderer Philosophen. Die*

---

* Der spätere Papst Pius II.

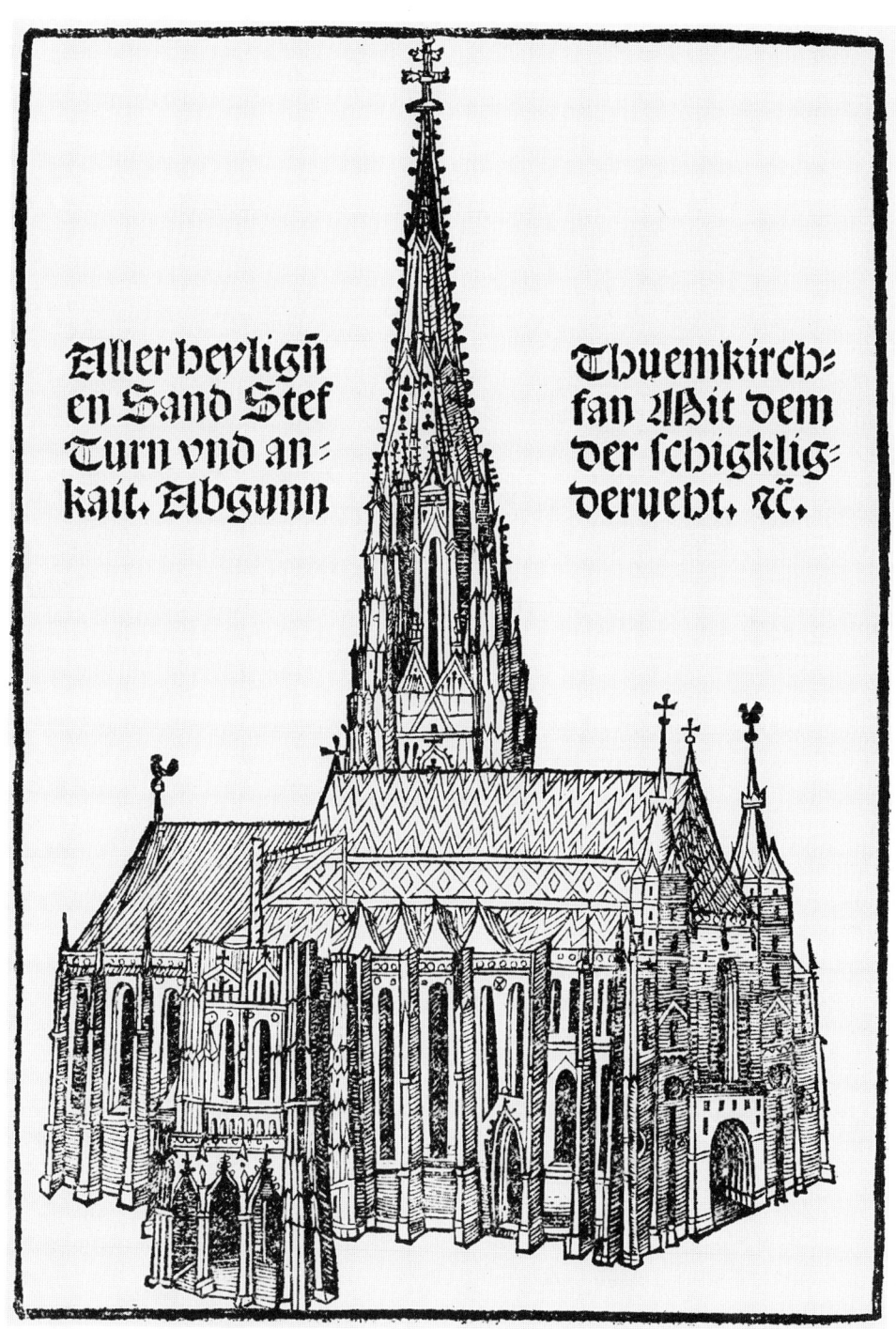

Aller heylign
en Sand Stef
Turn vnd an-
kait. Abgunn

Thuemkirch-
fan Mit dem
der schigklig-
deruebt. rc.

Stephansdom, Holzschnitt 1502

Studenten führen ein ziemlich lasterhaftes Leben, nur wenige schließen ihre Studien ab. Tag und Nacht ziehen sie herum und bereiten den Bürgern viel Ärger.

Die Bevölkerung der Stadt umfaßt etwa 50.000 Kommunikanten. Der aus 18 Personen bestehende Rat wird gewählt, danach der Richter und der Bürgermeister, alle werden danach nach Ablegung ihres Eides vom Herrscher bestätigt. Die sonstigen Amtsträger beschränken sich auf die Einhebung der Weinmaut.

Ungeheuer ist die Zahl von Lebensmitteln, die tagtäglich in die Stadt hereingeführt werden. Ganze Wagenladungen von Eiern und Krebsen, Mehl, Brot, Fleisch, Fische und Geflügel kommen in die Stadt, bis zum Abend findet man nichts mehr davon vor – alles ist verkauft. Die Weinlese dauert bis zu 40 Tage lang, wobei tagtäglich 300 Wagenladungen bis zu zwei-, ja sogar dreimal hereingeführt werden und tageweise bis zu 1.200 Pferde eingesetzt sind. Bis auf Martini (11. 11.) steht es den Dörfern frei, den Wein in die Stadt einzuführen, und die Menge an Wein, die in der Stadt getrunken bzw. über die Donau ausgeführt wird, ist ungeheuer. Der Fürst nimmt ein Zehntel vom Weinpreis ein und bezieht aus diesen Einkünften jährlich 12.000 Gulden. In dieser großen Stadt gibt es freilich auch viele Unruhen, seien es nun solche zwischen Handwerkern und Studenten oder solche zwischen Hofleuten und Handwerkern, wobei es selten ohne Blutvergießen abgeht. Leider achtet weder der Magistrat noch der Fürst darauf, die Streitenden zu trennen.

Sehr verbreitet ist der Hausverkauf des Weins, so daß fast alle Bürger Weinschenken in ihren Häusern haben, wo auch aufgekocht wird und wo Säufer und Dirnen zusammenkommen. Den Dirnen gibt man etwas gekochtes Essen in kleineren Mengen gratis, damit dadurch der Weinkonsum noch weiter gesteigert wird. Das Volk gibt sich der Genußsucht hin ('Plebs ventri data'), sodaß das unter der Woche Erarbeitete am Sonntag wieder völlig aufgebraucht wird. Zahlreich sind die Dirnen in der Stadt. Kaum eine Frau begnügt sich mit einem einzigen Mann, und der Adel gibt sich nicht selten mit bürgerlichen Frauen ab. Viele Mädchen wählen ihren Ehemann ohne Wissen der Väter. Witwen heiraten noch während der Trauerzeit nach Belieben von neuem.

Nur wenige sind in der Stadt, deren Vorfahren den Nachbarn bekannt sind; alte Familien gibt es kaum, Zuwanderer überwiegen. Reiche und alte Handwerker nehmen junge Mädchen zur Frau, die dann bald als Witwe zurückbleiben. Diese nehmen dann aus ihren Hausgenossen wieder junge Männer, mit denen sie zuvor schon ehebrecherischen Umgang gehabt haben, zum Ehemann, sodaß der, der heute noch arm, morgen reich ist. Werden diese Männer dann zum Witwer, so nehmen sie wieder junge Mädchen zur Frau, und der Kreislauf geht weiter. Nur selten folgt der Sohn auf den Vater.

Es herrscht das Recht, daß dem nachgelassenen Ehegatten die Hälfte der Güter des Verstorbenen zufällt. Über das Erbe kann frei verfügt werden, der Mann kann der Frau, diese dem Mann testamentarische Zuwendung machen. Es gibt viele Fälle von Erbschleicherei, und angeblich wird so mancher mit Gift beseitigt. Nicht selten ermorden Adelige die Bürger, mit deren Frauen sie ein Verhältnis haben.

Man lebt ohne geschriebenes Gesetz, betont aber, sich an alte Sitten zu halten, die man freilich nach eigenem Gutdünken auslegt. Das Recht ist käuflich; die es können, sündigen, ohne bestraft zu werden, Arme und Hilflose trifft dagegen die Härte der Gerichte. Vor Zeugen öffentlich geleistete Eide werden streng eingehalten, an das, was man dagegen als nicht beeidet bezeugt, hält man sich freilich nicht. Darlehen werden befristet vergeben; erwächst daraus jedoch nur der geringste Verlust, so wird nach Ablauf des Termins die Höhe des Darlehens unter Eid beliebig hoch angegeben, und der Schuldner hat den größten Schaden. Bringen Pfänder, die man für Darlehen gibt, etwas ein, so rechnet man dies nicht als Zinsen an. Exkommunikationen fürchtet man nur im Hinblick auf den dem Ruf zugefügten Schaden oder den damit verbundenen zeitlichen Nachteil. Diebsgut, das beim Dieb gefunden wird, fällt an den Richter. Die kirchlichen Festtage halten sie nicht streng ein. Fleischwaren werden an jedem Festtag verkauft. Die Fuhrleute haben keinen freien Tag."

So reich im Detail Äneas Silvius Piccolomini uns dieses 550 Jahre zurückliegende Wien schildert, eine Frage geht einem nach kurzem Nachdenken durch den Kopf: Und die Juden? Hat er auf sie vergessen? Keineswegs! Denn es gibt sie nicht mehr. Seit 1421 – dem Jahr, in dem Konrad Hölzler der Ältere das

Amt des Stadtrichters übernahm, ist Wien „judenrein". Die „Geserah" hat die wirtschaftliche und physische Existenz der Wiener Juden vernichtet.

Verursacht wird diese Tragödie – eine Vorstufe zum Holocaust des 20. Jahrhunderts – durch eine Verkettung politisch-religiöser Ereignisse in einer Zeit der Wirren und grundsätzlicher Umwälzungen, auch im wirtschaftlichen Bereich. Wohl niemand ahnt damals, welche schwerwiegende Konsequenzen der Feuertod des Reformators Jan Hus auf dem Konzil in Konstanz mit sich bringen würde. Seine gegen die Hierarchie Roms gerichtete Lehre, die auch sozialrevolutionäre Züge trägt, fasziniert viele Menschen. Für sie ist der ehemalige Rektor der Universität Prag ein Blutzeuge seines Glaubens an urchristliche Werte, verraten von Kaiser Sigismund, der Hus freies Geleit zum Konzil zugesagt hatte. Besonders in Böhmen, der Heimat des Jan Hus, gärt es. Die Unzufriedenheit mit den herrschenden Verhältnissen führt schließlich 1419 zur offenen Revolte (Erster Prager Fenstersturz). Der Papst ruft zum Kreuzzug gegen die Hussiten auf. Herzog Albrecht V. beteiligt sich daran, denn die militanten Hussiten stellen sich als ernste Gefahr für Österreich heraus. Sie verheeren schließlich weite Landstriche nördlich der Donau, auch Wien ist bedroht. Doch die Abwehr des gefährlichen Feindes stellt sich als weit schwieriger heraus als zunächst angenommen. Eine neuartige Kampf- und Befestigungstechnik stellt die Soldaten des Gegners vor nicht

erwartete Probleme – der Krieg zieht sich in die Länge und kostet Geld, viel Geld. Die Finanzierung dieses Kampfes wird für Herzog Albrecht zum vordringlichen Anliegen. Ihm ist nicht entgangen, daß etliche seiner Untertanen mit der Lehre des Jan Hus sympathisieren; auch etliche Juden, denen jeglicher Gegenpol zur Dogmatik Roms willkommen sein muß. Bereits im Sommer 1419 bezichtigt die Theologische Fakultät der Universität Wien die Juden pauschal, im Bündnis mit den gefährlichen Hussiten zu stehen. Der Kreuzzugs-Aufruf aus Rom liefert dann den idealen Vorwand, nun auch innerhalb Österreichs gegen den „Feind im eigenen Haus" vorzugehen.

Auf Befehl des Herzogs werden im Mai 1420 alle Juden – Männer, Frauen und Kinder – im Lande ob und unter der Enns (Ober- und Niederösterreich einschließlich Wien) gefangengesetzt. Alle ihre Besitztümer werden beschlagnahmt. Wer zu den Armen und damit Nutzlosen zählt, muß das Land verlassen. Auf ruderlosen Flößen drängt man sie zusammen, um sie donauabwärts treiben zu lassen. Das Geschrei der hungrigen Kinder ist erbärmlich. Die hilflosen Mütter können ihnen nichts geben. Völlig entnervt halten sie sich die Ohren zu, weil sie das Wehklagen nicht mehr ertragen können. Dann endlich wird Brot auf die Flöße geworfen. Der bohrende Hunger, die Angst vor einer ungewissen Zukunft machen die Menschen enthemmt. Um jeden Laib Brot entsteht eine Balgerei. Etliche bluten aus Wunden, die ihnen der Nächststehende zugefügt hat. Die Flöße werden vom Ufer abgestoßen. Zu Land folgen die Knechte des Herzogs den Dahintreibenden, die gar nicht wissen, daß sie vom Schicksal begünstigt sind. Denn sie überstehen die Vertreibung und finden in Ungarn Aufnahme.

Weit schlimmer ergeht es den wohlhabenden Juden. Im August 1420 kehrt Albrecht von einem Feldzug gegen Böhmen nach Wien zurück. Das Unternehmen brachte nicht den erhofften Erfolg. Wütend über den Fehlschlag befiehlt er die Folterung der gefangenen Juden. Sie sollen endlich preisgeben, wo sie Schätze versteckt halten, und ihrem Glauben abschwören. In der Judenstadt herrscht größte Verzweiflung. Lieber von der Hand eines Rabbiners sterben, als den Henkern des Herzogs ausgeliefert zu werden! Als furchtbare Schmach empfinden es die Juden außerdem, wenn ihre Kinder, die unter 15 Jahre alt sind, zwangsweise getauft werden. Das hat ein getaufter Jude dem Herzog geraten. Am Tag des Laubhüttenfestes, dem 23. September 1420, entscheidet das Los, von wessen Hand die Verzweifelten sterben sollen. Es fällt auf Rabbi Jonah. Es müssen die erdenklich schrecklichsten Szenen gewesen sein, die sich an diesem Samstag vermutlich in der Synagoge (am heutigen Judenplatz) abgespielt haben. Wie viele mögen durch das Messer des Rabbi nicht gleich getötet, sondern in ihrem Blut gelegen sein, von Todesangst und unerträglichem Schmerz gepeinigt, bis nach unendlich

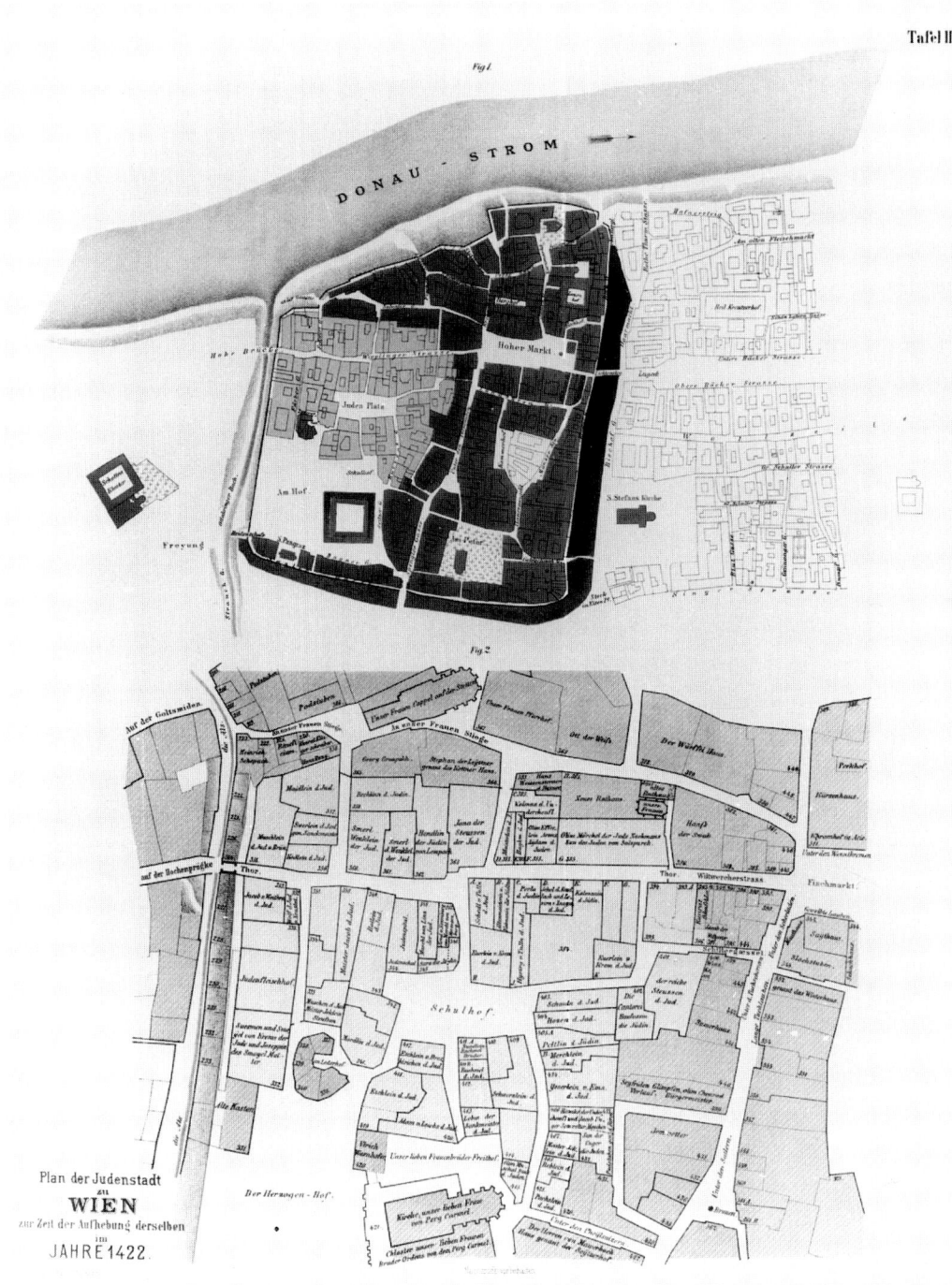

Plan von Albert von Camesina, 1877

148

scheinender Zeit der letzte Atemzug getan war. Wie lange mag es gedauert haben, bis nach all den Todesschreien und dem Geröchel der Sterbenden die nicht weniger beklemmende Stille eintritt, die das Ende der „kiddusch haschem" besiegelt – der Märtyrertod, der den Namen Gottes heiligen soll.

Die Überlebenden mögen im nachhinein die Todesmutigen beneidet haben angesichts der Leiden, die sie noch auf sich nehmen müssen. Man trennt Kinder von ihren Eltern, Frauen von ihren Männern, um ihre aus der familiären Gemeinsamkeit geschöpfte Kraft zu brechen. Der Isolierte ist rascher bereit, den Willen seiner Verfolger zu tun; ist leichter zu bewegen, das Kreuz anzunehmen. Viele Juden sterben in diesem Winter 1420/21. Manche halten die Qualen der Folter nicht stand und verraten lieber das Versteck ihrer Wertsachen. Im März 1421 sind noch 190 Männer und 120 Frauen der Wiener Judenschaft am Leben. In den frühen Morgenstunden des 12. März – ein ominöses Datum in der Geschichte Wiens und Österreichs – werden die eingekerkerten Juden auf die Gänseweide in Erdberg (heute Weißgerberlände) geschafft. 86 Wagen rumpeln mit den Unglückseligen hinaus in die Vorstadt. Sie geben sich der falschen Hoffnung hin, des Landes verwiesen zu werden und damit das Schlimmste bereits hinter sich zu haben. Doch auf der Gänseweide lodert schon ein großes Feuer. Bei seinem Anblick beginnen die jüdischen Frauen zu tanzen und zu springen. Sie spucken

Eine Judenverbrennung: Holzschnitt von Wohlgemuth in Hartmann Schedel, Weltchronik Nürnberg 1493

aus, als man ihnen ein Kreuz vorhält, um sich doch noch zum Christentum zu bekehren. Daraufhin werden die Juden den Flammen überantwortet. Als das Feuer verloschen, die Asche erkaltet ist, findet man unter den Überresten beachtliche Mengen an Gold und Silber, die die Verurteilten in ihre Kleider eingenäht hatten; eine heimliche Reserve für einen Neubeginn in besseren Tagen ...

In der Urteilsbegründung von diesem 12. März 1421 ist eine Hostienschändung als „wahrer" Grund für die Auslöschung der jüdischen Gemeinde angeführt; begangen schon vor längerer Zeit in Enns. Die Mesnerin der dortigen

Pfarrkirche wird schuldig erkannt, den Juden Hostien zum Zweck der Schändung verkauft zu haben. Im April wird sie zum Tod auf dem Scheiterhaufen verurteilt. Das Motiv der Hostienschändung ist in ganz Europa ein gebräuchlicher, wenn auch fadenscheiniger Vorwand, um die Anwendung härtester Maßnahmen gegen die Juden zu rechtfertigen. Den finanziellen Gewinn aus der „Geserah" von 1421 verwendet der Herzog zur Finanzierung des Krieges gegen die Hussiten. Die leerstehenden und beschlagnahmten Häuser der Juden werden an treuergebene Bürger zum Dank verschenkt oder auch verkauft.

Der Verursacher der Wiener Geserah: Herzog Albrecht V. nach einer Zeichnung von Heinrich Schlesinger

Die Juden kehren trotz solch schlimmer Erfahrungen nach einiger Zeit immer wieder nach Wien zurück, um dann von neuem Verfolgung und Vertreibung zu erleiden. Mit der Zeit der Aufklärung, die die Ratio zur Richtschnur allen menschlichen Handelns macht, scheint ein Rückfall in diese Finsternis mittelalterlicher Zustände ein für allemal ausgeschlossen. Dem 20. Jahrhundert, das man als Hort des Lichtes und des Fortschrittes begrüßt, wird es vorbehalten bleiben, mit den Methoden einer technisierten Diktatur blutig zu „arisieren" und die jetzt rassisch verteufelten Juden im großen Stil europaweit zu vernichten. Völlig untergegangen ist die Gemeinde der Wiener Juden dennoch nicht. 50 Jahre nach den Schrecknissen des Holocaust ist sie stolz auf ein reiches religiöses und kulturelles Gemeindeleben.

Die Wiener zur Zeit der „Geserah" wenden sich bald anderen Ereignissen zu – fröhlicheren. Denn der Herzog hält ein Jahr darauf Hochzeit. Er führt Elisabeth, die einzige Tochter Kaiser Sigismunds, zugleich König von Böhmen und von Ungarn, zum Altar im Stephansdom. Die Heirat ist nicht nur wegen der Mitgift bedeutsam – der Bräutigam bekommt die mährischen Städte Brünn, Znaim, Iglau, Budwitz und Pohrlitz übertragen. Sie stellt auch die Weichen zum Wiedererlangen der Reichskrone durch einen Habsburger.

Vorerst jedoch stöhnen die Wiener unter der Steuerlast, die ihnen zur Mitfinanzierung des Hussitenkrieges auferlegt wird. Aber sie rechnen es ihrem Herzog hoch an, daß es ihm gelingt, die Bedrohung aus dem Norden abzuwehren. 1428 stoßen die sengenden Hussiten sogar bis Stockerau und Jedlesee vor. Erst mit ihrer schweren Niederlage bei Waidhofen an der Thaya ist auch die ständige Gefahr für Wien gebannt.

1437 geht die Saat der klugen Heiratspolitik für Herzog Albrecht auf. Er gewinnt das gesamte Erbe seines Schwiegervaters, des Letzten aus dem Hause Luxemburg. Die Kronen Böhmens und Ungarns fallen ihm zu. Schließlich wählen die Kurfürsten ihn 1438 auch zum römischen König (Albrecht II.). Für die Familie der Hölzler wird diese Rangerhöhung ihres Landesherrn zur Sternstunde in ihrer Familienchronik. Am 1. Jänner 1438 knien in Stuhlweißenburg Konrad der Ältere und

sein gleichnamiger Sohn vor dem soeben zum König von Ungarn gekrönten Albrecht und empfangen den Ritterschlag.

Ein drittes Mal bekleidet der ältere Hölzler das Amt des Wiener Bürgermeisters, 1440/41. Zu diesem Zeitpunkt ist Albrecht schon tot, gestorben an der Ruhr im Jahr 1439. Die Trauer um ihn muß tief gewesen sein. Ein deutscher Chronist berichtet, er sei *„betrauert worden wie seit Christus kein König beklagt ward"*. Piccolomini nennt ihn *„einen frommen Fürsten, ausgezeichnet durch leutseliges Wesen und Gerechtigkeit, kühn und tapfer im Kriege"*. Ein nach seinem Tod geborener Sohn ist der Erbe, der als Ladislaus Postumus in die Geschichte eingehen wird. Ein Regentschaftsrat nimmt die Interessen des Landes wahr. Auch Konrad Hölzler der Ältere gehört ihm an. Nach seinem Tod 1442 geht das Haus am Lichtensteg an seine Söhne über, von denen Mathes und Kolman Hölzler schließlich zu Alleinbesitzern werden.

Wenige Jahre später heißt Wiens Bürgermeister wieder Konrad Hölzler – der Sohn; auch er ist ein Großhändler, zeitweilig herzoglicher Hubmeister. Damit untersteht ihm das gesamte Finanzwesen des Herzogtums Österreich. Im ersten Jahr, in dem Hölzler junior Bürgermeister von Wien ist, herrscht Festesstimmung in der Stadt. Man beginnt ein großes Werk zur höheren Ehre Gottes. Der Stephansdom soll seinen zweiten Turm erhalten, von derselben Gestalt wie der, der unter Hölzler dem Älteren

Der Stephansdom mit dem „Adlerflug": Holzschnitt 1563

vor siebzehn Jahren fertiggestellt worden ist. Am 13. August 1450 ist es soweit. Die hohe Geistlichkeit und die Bürger sind versammelt. Feierlich ertönen die Responsorien und das „Te Deum" – vom Morgen bis zur 7. und 8. Stunde, wie verzeichnet steht. Der Propst von Klosterneuburg legt den Grundstein für den Nordturm, an dem dann 73 Jahre lang gebaut wird. Seitdem steht er unvollendet, ohne daß dem Gesamtkunstwerk des Domes ein Schaden entstanden wäre … Nach einer zweiten Amtszeit als Bürgermeister beginnt Hölzlers Stern rapide zu sinken. Unregelmäßigkeiten in der Finanzgebarung werden ihm zur Last gelegt, was ihn sogar in Haft bringt. Wie bitter muß es für ihn sein, 1459 dem Stadtrat mitzuteilen, er „sei in grossen schaden komen", habe sich deswegen „in dinst geben"

müssen, auch sein Bürgerrecht lege er – durch die Umstände gezwungen – zurück. Felix Czeike meint dazu: „Wie kaum ein anderes Schriftstück wirft dieses Schreiben ein Schlaglicht auf die Abhängigkeit zwischen bürgerlichen Rechten und privatem Vermögen!" Noch im selben Jahr wechselt das Taschnerhaus den Besitzer. Hölzler dem Jüngeren gelingt es, sich zu rehabilitieren; wird wieder Ratsmitglied und sogar Hubmeister. Vor seinem Tod im Jahr 1478 errichtet er noch eine reichdotierte Stiftung für das Büßerinnenhaus St. Hieronymus in Wien. So wie sein Vater wird er im Stephansdom beigesetzt. Alles was vom Glanz der Hölzler übrigbleibt, ist die Gruftplatte der Familie (heute im Historischen Museum der Stadt Wien) und ein Glasfenster mit einem Porträt Konrad des Jüngeren in der Leonhards-

kirche in Tamsweg – ein Hauch von Buddenbrook auf Wiener Boden.

Man ist innerlich berührt, wenn man die Wechselfälle der Geschichte, Aufstieg und Niedergang von Einzelpersonen und Familien verfolgt. Auch Franz Gräffer hat dies zu nachdenklichen Betrachtungen veranlaßt:

„Betrachten wir solch ein uraltes Haus, … Jahrhundertelang war es mit dem Geschicke der Stadt selbst mehr oder weniger innig verflochten, verkittet, verwebt. Jahrhundertelang barg es das Schicksal zahlreicher Familien, es war gleichsam die stille Geschichte derselben. Wie viele große, merkwürdige, wichtige oder wenigstens liebenswürdige Menschen wohnten nicht darin? Und hinwieder auch, was eben zum Wesen der Geschichte gehört: Wie viele, wenigstens wie manche Nichtswürdige, Elende, Schlechte und Schäbige?"

Der Schlußpunkt in einer glanzvollen Patrizier-Chronik: Die Gruftplatte der Familie Hölzler, Photo 1996

Lang ist die Namensliste derer, die sich im Laufe von einem halben Jahrtausend am Besitz des Taschnerhauses erfreut haben. Die bedeutenden außer den Hölzlers kennen wir genauer; wie etwa den Dr. jur. Harttung von Capellen, Dekan der Universität Wien, kaiserlicher Rat und Fiskal-Prokurator im Dienste Kaiser Friedrichs III. Im Bürgerkrieg der Jahre 1462/63 hat er den größten Teil seines Vermögens verloren. Aber die anderen? Namen, die uns heute nichts mehr sagen. Wer von diesen Menschen – als Hausbesitzer sicher hochgeachtet – war wirklich groß, wer merkwürdig oder liebenswürdig; wer nichtswürdig oder schäbig? Die alten Folianten geben darauf keine Antwort. All die nichtigen und todbringenden Geheimnisse, das menschlich Liebenswürdige und Abstoßende sind Teil der ungeschriebenen Geschichte, die nichtsdestotrotz Wirklichkeit war.

Wie kaum ein anderes Bürgerhaus übersteht dieser Bau die Zeitläufe. Die Hussiten bedrohen Wien, die Glaubensspaltung zerrüttet Stadt und Land, die Türken versuchen zweimal die Eroberung Wiens, die Franzosen kommen und gehen – immer noch steht das Taschnerhaus mit seinen zwei Erkern im ersten Stock der Hauptfront zum Lichtensteg. Durch all die Jahrhunderte schaut ein Engel, den Lockenkopf nach rechts geneigt, auf das Leben und Treiben der Menschen herab. Er hält die Wappenschilde Österreichs und Wiens fest, beide durch Kette und Schloß miteinander verbunden. Sein faltenreiches

Der letzte Rest des Taschnerhauses: Das Engelswappen am alten Rathaus, Photo 1996

Gewand wechselt im Laufe der vielen Jahre öfters die Farbe, um schließlich ganz zu verblassen.

Mörderisch gestunken hat es rund um das Taschnerhaus immer. Seit dem 15. Jahrhundert hatten die Fleischhauer entlang des Lichtensteges ihre Verkaufsbuden. „Unter den Fleischbänken" wurde der Lichtensteg deshalb auch amtlich genannt. In der Epoche der Aufklärung mit ihrem Drang zur umfassenden Erneuerung aller Lebensbereiche regt sich

Widerstand gegen unhygienische Verhältnisse.

„... habt Mitleid mit unseren Augen und Nasen; verjagt die ekelhaften, die Abscheu erregenden Fleischbänke vom Lichtensteg, aus der Kärntnerstraße usw. Ihr seht, wie sich alle Leute beim Vorübergehen die Nase verstopfen, wie sie unwillig das Gesicht abwenden. Noch einmal, erbarmt euch eurer Mitbürger und verweist die Äsermagazine in unbesuchte Winkel der Stadt."

Johann Pezzls Wunsch bleibt vorerst unerfüllt. Erst sechzig Jahre später verschwinden die Fleischbänke vom Lichtensteg – allerdings zusammen mit dem Althausbestand. Jahrhundertelang zwängen sich auch Fußgänger, Karren und Karossen durch die schmale, abschüssige Passage zwischen Lugeck und Hohen Markt, bis im Vormärz die Verkehrssituation hier und bei anderen „Schlufs" unerträglich wird. Die immer noch mauerumgürtete, aber rasch wachsende Stadt platzt aus allen Nähten. Und so wird auch das Taschnerhaus den Erfordernissen der neuen Zeit geopfert. Zum zweiten Mal erwirbt die Stadt Wien diesen Bau, allerdings nur zu dem Zweck, ihn zu beseitigen. Im Sommer 1842 wird das „Todesurteil" vollstreckt; für Franz Gräffer ein Vandalenakt:

„Und da kommen nun heran mit trägem, lässigem Schritt die Scharen gedanken- und gefühlloser Tagwerker mit ihren Hakken, Hämmern, Schaufeln und Brechstangen, und beschauen sich das vielhundertjährige Gebäude, das ihrer Zerstörung ausgewürfelt ist. Sie umschleichen es vorerst, wie die Tiger, dem seine Beute nicht entgehen kann; sie glotzen es an und beaugenscheinigen es, das hohle Haus, in welchen nun keine Menschenseele mehr weilt. Es ist ein ausgedientes Ding, das man nun zusammenschlagen soll. Dann macht sich die Schar gemächlich darüber her und haut und stößt, hämmert und bohrt, und schlägt und reißt so lange daran, bis keine Spur mehr übrig."

Einzig der Engel mit den Wappenschildern entgeht dem Wüten der Demolierer. Er wird abgenommen, restauriert und am Alten Rathaus in der Wipplingerstraße/Ecke Stoß im Himmel angebracht.

Ein neues Wohnhaus entsteht, wesentlich zurückversetzt, aber mit fünf Stockwerken deutlich höher als das Taschnerhaus. Keine siebzig Jahre sind dem Neubau vergönnt, dann kommen die professionellen Demolierer wieder, vollbringen das Werk der Zerstörung an diesem und den angrenzenden Häusern in der Südostecke des Hohen Marktes. Es gilt Platz zu schaffen für einen umfangreichen Neubau der Lebens- und Rentenversicherungsanstalt „Der Anker". 1914 ist er vollendet. Diesmal sind es gar sechs Geschosse. Das massive Haus hat den Kriegseinwirkungen standgehalten.

Zum Glück hat Franz Gräffer das große Wüten der Demolierer, das mit dem Fall der Basteien erst so richtig einsetzt, nicht mehr erlebt. Für ihn war das schon schlimm genug, was er im späten Vormärz mit ansehen mußte. Kompromisse mit dem Geist einer neuen, raschlebigen, zweck- und profitorientierten Zeit wollte er nicht schließen. Aus seiner Sicht hatte nur das Alte Qualität:

„Denn die auf euren (den alten Häusern) allerletzten Spuren, stolzen, himmelanragenden neuen Häuser! Wir mögen sie nicht; sie sind uns, möchte ich sagen, nicht legitim genug; wir können sie nicht leiden; wir mögen sie nicht umsonst! Nie werden wir uns mit ihnen befreunden. Die kahlen, flachen, monotonen Dinger, ohne Höfe, ohne Räume, ohne Licht und Luft; mit ihrer egoistischen Enge, und ihrer filzigen zinserträglichen Ökonomie. Die ganze gemütliche Wohnlichkeit, die ganze heimische Magie, die ganze alterliche Romantik sind dahin, dahin!"

GÖTTERDÄMMERUNG IN DER WEIHBURGGASSE

Das Eckhaus

Weihburggasse 23 / Seilerstätte 12

Vergeblich dreht die Hausfrau den Gashahn an ihrem Küchenherd. Das altvertraute Zischen des Leuchtgases bleibt aus. Die Gasversorgung der Stadt ist eingestellt worden – aus Sicherheitsgründen. Vergeblich bleibt in den meisten Fällen auch das Drehen am Lichtschalter oder am Wasserhahn, denn die Versorgung mit elektrischem Strom und mit Wasser funktioniert nicht mehr. Hebt man den Telephonhörer ab, kommt keine Verbindung zustande, denn die Leitung ist tot. Kein Brief, kein Paket wird mehr zugestellt. Die Post hat ihren Betrieb eingestellt. Das Gerumpel und Gequietsche der Straßenbahn ist nicht mehr zu hören, denn auch sie verkehrt nicht mehr. Es gibt auch keine Zeitungen mehr, selbst das Radio ist verstummt. – Ein Bild aus dem Wiener Alltag in den ersten Apriltagen des Jahres 1945.

Die Rote Armee ist am 3. April zum Sturm auf die zweitgrößte Stadt des untergehenden Großdeutschen Reiches angetreten. Wien ist Frontstadt und offiziell zum Verteidigungsbereich erklärt worden. Nach zahlreichen Bombenangriffen durch die westlichen Alliierten wartet die schon schwer gezeichnete Stadt auf die letzte Entscheidung in diesem Krieg. Furcht vor dem Kommenden beherrscht jeden einzelnen. Werde ich den Kampf um Wien überleben; und wenn ja, wie wird das Danach ausschauen? Wie werden im Falle ihres Sieges die sowjetischen Besatzer mit der Bevölkerung des eroberten Wien umgehen? Bangen Herzens fragen sich das vor allem jene, die das herrschende Regime bisher mitgetragen haben, womöglich in einer führenden Funktion.

Genau diese tiefsitzende Angst vor der unmittelbar bevorstehenden Zukunft macht sich die Propaganda der Nationalsozialisten zunutze. Wer durch die Straßen der Stadt geht, kann die Plakate nicht übersehen, auf denen geschrieben steht:

BOLSCHEWISMUS
IST SKLAVEREI
VERGEWALTIGUNG
MASSENMORD
VERNICHTUNG
WEHRT EUCH
KAMPF BIS ZUM SIEG
KAPITULATION NIEMALS!

Durchhalteparolen gibt es schon lange. Die Menschen sind der hohlen Phrasen längst müde. Aber jetzt, wenn es um das Überleben Wiens und der Wiener geht, kann sich die Strategie mit der Angst lohnen. Eine Zukunft in Schmach und Schande vor Augen soll die Menschen dazu anspornen, ihr Äußerstes zu geben für das Überleben von Volk und Staat; in Wahrheit aber für das Überleben des Regimes. In geschickter Weise hat es die NS-Propaganda verstanden, die Trennlinie zwischen Regime und Nation zu verwischen, so daß jede Auflehnung gegen Hitlers Herrschaft zum Treuebruch, zum Verrat an Volk und Vaterland wird.

Nicht auf das Überleben des Regimes kommt es den meisten Menschen an, sondern auf das eigene. Jeder hortet Lebensmittel, soviel er kann. Sprunghaft steigen die Preise für Brot, Fett, Zucker, Konserven etc. Der Schleichhandel blüht. Die NS-Behörden versuchen gegenzusteuern. Ab 5. April zahlen die Banken nur noch Beträge bis zu 1.000 Reichsmark aus. Viele Wiener übersiedeln ganz in die Keller ihrer Wohnhäuser, stellen dort auch ihre Betten auf.

Eine Gruppe sowjetischer Offiziere vor dem ausgebrannten Stephansdom, April 1945

Hier fühlt man sich vor Artilleriegeschossen sicherer. Zugleich vermittelt das dauernde Zusammensein mehr Geborgenheit in der Zeit der Gefahr. Wer in einem höher gelegenen Stadtteil wohnt, etwa am Wienerberg oder am Laaer Berg, der kann die gräßlichen Vorboten der Belagerung anhand des rötlich gefärbten Nachthimmels deutlich wahrnehmen. Die Dörfer im Süden und Südosten Wiens stehen nach heftigen Kämpfen teilweise in Flammen. Die Menschen in der Stadt fürchten das Schlimmste, auch die Zehntausenden Flüchtlinge, die es hierher verschlagen hat, und die etwa 30.000 verletzten und kranken Soldaten der Deutschen Wehrmacht, die in den Spitälern und Lazaretten liegen. Womöglich kommt ein erbitterter Kampf Haus um Haus, Straße um Straße – so wie einst in Stalingrad. Von Wien würde in diesem Fall nicht viel übrigbleiben. Doch dieses Schicksal bleibt der Stadt erspart. Der sowjetischen Armeeführung ist daran gelegen, Wien möglichst rasch und kräfteschonend einzunehmen. So umgehen die Rotarmisten vorerst die Stadt und dringen dann von Westen her in sie ein.

Wien muß mit allen Mitteln gehalten werden! So lautet der Befehl aus dem Führerhauptquartier. Die Panzerdivision „Führer" wird zur Verstärkung der Truppen in die Stadt verlegt. Vom neuen Oberbefehlshaber der Heeresgruppe Süd, Generaloberst Lothar Rendulic, erwartet man einen siegreichen Abwehrkampf. Doch von allem Anfang an sind die Deutschen unterlegen. Schon am

Die Trümmer der abgestürzten Pummerin in der Turmhalle, Photo 1945

8. April erreichen die sowjetischen Streitkräfte den Gürtel in voller Länge. Es kommt zu erbitterten Kämpfen entlang dieses wichtigen Straßenzuges. Einheiten von Wehrmacht, SS und Volkssturm benutzen Eckhäuser und Stadtbahnstationen als Abwehrstellungen. Brände diesseits und jenseits des Gürtels sowie in der Ringstraßenzone brechen aus. Die Feuerwehr kann nicht alarmiert werden. Sie hat einen Tag zuvor den Befehl erhalten, die Stadt zu verlassen. Der verbliebene Rest an Geräten ist veraltet und unzulänglich. Unter solchen Umständen gibt es fast keine Chance, ein brennendes Haus zu löschen. Hilflos wie einst im Mittelalter müssen die Menschen zusehen, wie ihre Wohnstätten niederbrennen.

In diesem Chaos macht sich im gesamten Stadtgebiet die Auflösung jeglicher Ordnung bemerkbar. Plünderungen und Übergriffe nehmen überhand. Geplündert werden bereits auch leerstehende Wohnungen von NS-Funktionären, die sich lieber nicht am „heldenhaften Kampf" gegen den bolschewistischen Feind beteiligen und ihr Heil in der Flucht suchen. Dies tut auch Gauleiter Baldur von Schirach. Als Reichsverteidigungs-Kommissar von Wien ruft er am 9. April nochmals zum Kampf bis zum letzten Mann auf. Warten will er darauf aber nicht. Fluchtartig räumt er noch am selben Tag seinen Befehlsstand in der Hofburg und setzt sich vom Kampfgeschehen ab.

Unterdessen ziehen sich die deutschen Verbände hinter den Donaukanal zurück und sprengen alle Brücken, die über ihn führen. Die inneren Bezirke Wiens werden dem Zugriff der Sowjets überlassen. Das geht so schnell, daß die Rotarmisten einen Hinterhalt vermuten. Sie stoßen deshalb bewußt langsam in das Zentrum der Stadt vor, überprüfen Haus um Haus, Häuserblock um Häuserblock. Die Enthemmten unter den Sowjetsoldaten nützen die Gelegenheit, um zu plündern und zu vergewaltigen. In den Kellern der Wohnhäuser sehnen die Menschen ein möglichst rasches Ende des Schreckens herbei. Noch aber ist es nicht soweit. Artilleriegeschosse hageln auf das Gebiet zwischen Gürtel und Donaukanal nieder, zerstören zahlreiche Häuser und Wohnungen. Allerorten brechen neue Brände aus. Bombardements sowjetischer Tiefflieger und Panzergefechte vergrößern das Ausmaß an Verwüstung und Elend.

Einigen beherzten Frauen und Männern gelingt es, deutsche Soldaten von der Sinnlosigkeit des Widerstandes zu überzeugen. Sie nehmen ihnen die Waffen ab und geben ihnen Zivilkleidung. Bei solchen Unternehmungen ist allerdings größte Vorsicht geboten. Noch gibt es fanatisierte Nationalsozialisten, die zu allem bereit sind; die „verräterisches Gesindel" gnadenlos über den Haufen schießen. Ganz im Sinne von Propagandaminister Joseph Goebbels, der auf die Nachricht von Widerstandsaktionen in seinem Tagebuch vermerkt: *„Es haben in der Stadt Aufruhraktionen in den ehemals roten Vororten stattgefunden … Jetzt müssen die härtesten Maßnahmen ergriffen werden, um die Dinge in Wien wieder zu bereinigen. Der Führer ist weiterhin entschlossen, die Stadt unter allen Umständen zu halten. Man darf natürlich die Vorgänge, die sich in Wien selbst abspielen, nicht allzusehr dramatisieren. Es handelt sich natürlich um Gesindel, das diese Aufstände veranstaltet, und dieses Gesindel muß zusammengeschossen werden."*

Eine konzertierte militärische Aktion des österreichischen Widerstandes in Absprache mit der Roten Armee kommt allerdings nicht zustande. Das Vorhaben scheitert an einem linientreuen NS-Führungsoffizier. Die drei führenden Vertreter des Widerstandes, Major Karl Biedermann, Hauptmann Alfred Huth und Oberleutnant Rudolf Raschke, werden öffentlich gehenkt.

Am Donnerstag, dem 12. April 1945, gelingt es den Sowjettruppen, die deutschen Verbände vom Donaukanal abzudrängen. Ein Ende des Kampfes um Wien ist absehbar. Begleitet ist dieses letzte Ringen von Schrecknissen, die jeden Wiener, jeden Österreicher tief ins Herz schneiden: Der Stephansdom steht in hellen Flammen! Seit seiner Fertigstellung ist der mächtigen Kathedrale kein größeres Unheil widerfahren, auch nicht während der beiden Türkenbela-gerungen 1529 und 1683. Nun brennt das fünfhundert Jahre alte Lärchenholz des Dachstuhles lichterloh. Die Flammen erfassen am Nachmittag dieses Unglückstages auch den Glockenstuhl des Südturmes. In der Gluthitze zerspringt die Pummerin und stürzt in die Tiefe. Mit völlig unzulänglichen Mitteln – Feuerwehr gibt es ja keine mehr – haben einige Beherzte versucht, das altehrwürdige Gotteshaus vor dem Ärgsten zu bewahren – vergebens. Auch die Häuser an der Westseite des Stephansplatzes stehen in Flammen. Sie sind keine Folge des Kampfgeschehens, sondern das Werk von Plünderern, die nach „getaner Arbeit" deren Spuren tilgen wollten.

Feuer dringt an diesem 12. April 1945 auch aus den Fenstern des Wohnhauses Weihburggasse 23/Seilerstätte 12. Kein Artilleriegeschoß hat den Brand verursacht, kein Plünderer ihn gelegt. Brandstifter sind zwei Hausbewohner: ein höherer Beamter des Wiener Magistrates und seine Frau, beide geeichte Parteigenossen. Als ihre 4-Zimmer-Wohnung bereits brennt, ketten sie sich aneinander, steigen auf das Fensterbrett eines schon geöffneten Fensters und stürzen sich in die Tiefe, wo sie zerschmettert liegen bleiben. Der Brand läßt sich auch hier nicht wirksam bekämpfen. Das schöne Eckhaus, 1787 erbaut in dem schlichten, formschönen Stil der Josephinischen Epoche, brennt nieder. Die überlebenden Hausbewohner stehen vor dem Nichts, haben im allerletzten Moment des Kriegsgeschehens ihr Hab und Gut und ihr Heim verloren.

Das intakte und das ausgebrannte Haus Weihburggasse 23, Seilerstätte 12

Weniger spektakulär und weniger folgenschwer verlaufen die Selbstmorde unzähliger anderer Menschen in diesen Tagen. Haben im März 1938 zahlreiche Hand an sich gelegt, um Schmach und Verfolgung durch die Nationalsozialisten nicht auf sich nehmen zu müssen, so sind es im April 1945 die damals so lauthals Triumphierenden. Jetzt ziehen die an Hitlers Gewaltherrschaft Beteiligten oder von seiner Weltanschauung ganz Überzeugten den Tod von eigener Hand vor, um der Schmach der Nieder-

lage, gerechter Bestrafung oder Verschleppung zu entgehen. Besonders tragisch ist der Selbstmordentschluß eines Hitler-Anhängers dann, wenn er die eigenen Kinder mit in den Tod reißt; wie etwa jener NS-Funktionär, der seine Familie in den Volksgarten führt und dort seine Frau, seinen etwa 18jährigen Sohn und die jüngere Tochter erschießt, bevor er sich selbst tötet. Prominentester Selbstmörder des April 1945 ist der Dichter Josef Weinheber. Sein „Wien wörtlich" hat in populärer Form

zur Charakterisierung Wiener Wesensart beigetragen. Die Nationalsozialisten haben Weinheber als „Dichterfürsten" groß herausgestrichen. Zum Dank verfaßte er lyrische Homagen an Adolf Hitler und dessen Bewegung. Als die Sowjettruppen nach Niederösterreich vorrücken, begeht er Selbstmord; auch er aus Angst, für sein geistiges Naheverhältnis zum Nationalsozialismus zur Verantwortung gezogen zu werden.

Es wäre für uns interessant, wüßten wir darüber Bescheid, wie beispielsweise die beiden Selbstmörder aus der Weihburggasse die letzten Monate ihres Lebens verbracht haben. Was sie wirklich geglaubt und was sie verdrängt haben, wie sehr sie Opfer ihres Irrglaubens und der Propaganda wurden. Vielleicht haben sie zu den Lesern der Wochenzeitung „Das Reich" gehört, dem Renommierblatt der NS-Regierungspropaganda. Zum Jahreswechsel 1944/45 hatte Propagandaminister Goebbels ein aufschlußreiches Charakterbild Hitlers aus seiner Sicht entworfen:

„... Wenn die Welt wirklich wüßte, was er ihr zu sagen und zu geben hat und wie tief seine Liebe über sein eigenes Volk hinaus der ganzen Menschheit gehört, dann würde sie in dieser Stunde noch Abschied nehmen von ihren falschen Göttern und ihm ihre Huldigungen darbringen. Er ist die größte unter den Persönlichkeiten, die heute Geschichte machen; ihnen allen steht er weit voran in der Voraussicht der Dinge, die kommen. Er überragt sie nicht nur an Genie und politischem Instinkt, sondern auch an Wissen, Charakter und Willenskraft. Der Mann, der sich zum Ziel gesetzt hat, sein Volk zu erlösen und darüber hinaus das Gesicht eines Kontinents neu zu prägen, ist den Alltagsfreuden und bürgerlichen Bequemlichkeiten des Lebens gänzlich abgewandt, ja mehr noch, sie sind für ihn überhaupt nicht vorhanden. Er verbringt seine Tage und einen großen Teil seiner schlaflosen Nächte im Kreise seiner engeren und engsten Mitarbeiter und steht doch auch unter ihnen in der eisigen Einsamkeit des Genies, das*

sich über alle und alles triumphierend erhebt. Nie kommt ein Wort der Falschheit oder einer niedrigen Gesinnung über seine Lippen. Er ist die Wahrheit selbst ... Von ihm geht ein ununterbrochener Strom von Gläubigkeit und festem Willen nach dem Großen aus ..."

An dieser Jahreswende 1944/45 ist längst schon ersichtlich, welch grausige Folgen Hitlers Versuch hat, „das Gesicht des Kontinents neu zu prägen". Mit seiner Entscheidung, den Weg der Gewalt einzuschlagen, hat er jenen Wind gesät, der als Ernte Sturm zur Folge hat, der nun am Ende Deutschland und damit auch Österreich voll erfaßt. Vielleicht war dieses hitlergläubige Ehepaar aus der Weihburggasse genauso wie ihr Idol der Überzeugung, daß im politischen Leben wie in der Natur nur das Gesetz des Stärkeren gilt, der Schwächere jedes Anrecht auf ein Überleben verwirkt hat; in völliger Verneinung jeden humanitären und christlichen Grundsatzes. Oder, wie Marie von Ebner-Eschenbach es in ihren Aphorismen ausdrückt: Das Recht des Stärkeren ist das größte Unrecht. Schon 1928 hatte Hitler – also noch als Führer einer bedeutungslosen Splitterpartei – sein Credo auf rücksichtslose Stärke in öffentlicher Rede verkündet: „... Drittens werden wir, indem wir das Volk von dem jämmerlichen Glauben an eine Hilfe von draußen, das heißt von dem Glauben an Völkerversöhnung, Weltfrieden, Völkerbund und internationale Solidarität, befreien, diese Ideen zerstören. Es gibt nur ein Recht in der Welt, und die-*

ses Recht liegt in der eigenen Stärke ..." Für ihn galt schon damals, „gegen den Irrsinn der Demokratie zu kämpfen und wieder die Notwendigkeit von Autorität und Führertum einzusehen". Millionen haben diesen Ideen blind geglaubt und Hitlers Herrschaft mitgetragen, ohne zu bedenken, daß den Tagen der gnadenlosen Stärke Tage der Abrechnung unter fürchterlichen Umständen folgen könnten.

Wußte jenes Ehepaar von Hitlers wörtlich angekündigter „Vernichtung der jüdischen Rasse in Europa" im Falle eines neuen Weltkrieges? In einer Reichstagsrede am 30. Jänner 1939 – also noch in Friedenszeiten – hatte er diese Drohung öffentlich, für alle Welt hörbar ausgesprochen; aufgezeichnet für die Wochenschau und ausgestrahlt über alle Reichsrundfunksender. War es selbst für glühende Idealisten zu diesem Zeitpunkt vorstellbar, daß Hitlers Drohung wörtlich gemeint sein könnte; daß fabrikmäßig organisierter Massenmord an Millionen „Parasiten der Menschheit" bald Realität sein würde? Gerade einem Beamten des Wiener Magistrates konnte es schwerlich entgangen sein, welchem Schicksal 65.000 Wiener Juden nach ihrer Verladung in Züge am Aspang-Bahnhof entgegengingen.

Am Ende wird Hitler dem eigenen Volk das Lebensrecht absprechen, weil es „versagt" hat, seine Vorstellung von dieser Welt und damit seine Mission zu verwirklichen. Ganz klar und gefaßt spricht er im internen Kreis das Ungeheuerliche aus: „Wenn der Krieg verloren-

geht, wird auch das Volk verloren sein. Dieses Schicksal ist unabwendbar. Es ist nicht notwendig, auf die Grundlagen, die das Volk zu einem primitiven Weiterleben braucht, Rücksicht zu nehmen. Im Gegenteil ist es besser, selbst diese Dinge zu zerstören, denn das Volk hätte sich als das Schwächere erwiesen und dem stärkeren Ostvolk gehört dann ausschließlich die Zukunft. Was nach dem Kampf übrigbleibt, sind ohnehin nur die Minderwertigen, denn die Guten sind gefallen.“ Hitlers sogenannter Nero-Befehl soll den Wahnsinn zur Methode machen. Am 19. März 1945 befiehlt er, vor dem Heranrücken des Gegners alte Infrastrukturen und alle Sachwerte von deutscher Hand zu zerstören, um dem Feind nichts anderes als verbrannte Erde zu überlassen. Rüstungsminister Albert Speer sowie verantwortungsbewußte Befehlshaber in der Wehrmacht werden die konsequente Ausführung von Hitlers Vernichtungstiraden verhindern. Nur für die aller-fanatischsten Parteigenossen ist solche Handlungsweise nur konsequent, ein Leben ohne ihren Führer sinnentleert und damit wertlos ...

Was in Wien gerade unter fürchterlichen Begleitumständen zu Ende geht, steht Berlin noch bevor. Während in Wien der Stephansdom und die Häuser rund um ihn brennen, das Haus in der Weihburggasse ebenfalls zur Brandruine wird, versammeln sich in der Reichshauptstadt Größen der Partei und der Wehrmacht. Am Nachmittag jenes 12. April findet ein Abschiedskonzert

der Berliner Philharmoniker statt. Im halbwegs noch intakten Saal der Philharmonie erklingt das Finale aus Richard Wagners „Götterdämmerung“. Die Musik drückt aus, daß der Weltenbrand auch Walhall erfaßt hat und das Ende der germanischen Götter angebrochen ist. Beziehungsvoller zur aktuellen Situation kann keine andere Musik sein. Die braunen Götter ahnen ihr bevorstehendes Ende und hoffen zugleich, daß ein Wunder in letzter Minute ihre Götterdämmerung abwenden möge. Hitler ist nicht da, er bleibt lieber in seinem Bunker. Auch Goebbels fehlt. Er kämpft unermüdlich auf dem Schlachtfeld der Propaganda, beschwört ein nahe bevorstehendes Wunder; ähnlich jenem, das Friedrich den Großen zu Ende des Siebenjährigen Krieges durch den Tod der russischen Zarin Elisabeth vor dem Untergang bewahrt hat. Noch weiß niemand, daß an ebendiesem 12. April der amerikanische Präsident Franklin D. Roosevelt gestorben ist. Unglaubliche Freudenszenen spielen sich in Goebbels Berliner Residenz ab, als sich die Nachricht als seriös herausstellt. Wenn nur der Minister da wäre! Goebbels ist an diesem Tag unterwegs zu den Soldaten an der Ostfront. Erst nach Mitternacht kehrt er nach Berlin zurück, das gerade einen weiteren schweren Bombenangriff über sich ergehen lassen mußte. Goebbels muß sich auf die Nachricht von Roosevelts Tod hin erst fassen, dann übermannt ihn die Freude: *„Die Zarin ist tot!“* Das bedeutet die heißersehnte Wende, frohlockt der Oberste der

Hitler-Gläubigen und gratuliert seinem Führer telephonisch. Doch Roosevelts Nachfolger Harry S. Truman ist kein Verehrer des Machthabers in Berlin wie seinerzeit Zar Peter III., der für Preußens König schwärmte. Truman macht von allem Anfang an klar: Die Forderung nach bedingungsloser Kapitulation Deutschlands und Japans bleibt aufrecht.

Am 16. April beginnt der Vorstoß der Roten Armee auf Berlin. Der Tagesbefehl Hitlers verkündet dazu:

„Zum letzten Mal ist der jüdisch-bolschewistische Todfeind mit seinen Massen zum Angriff angetreten. Er versucht, Deutschland zu zertrümmern und unser Volk auszurotten ... Wenn in diesen kommenden Tagen und Wochen jeder Soldat an der Ostfront seine Pflicht erfüllt, wird der letzte Ansturm Asiens zerbrechen, genau so, wie am Ende auch der Einbruch unserer Gegner im Westen trotz allem scheitern wird. Berlin bleibt deutsch, Wien wird wieder deutsch und Europa wird niemals russisch.“

Aber trotz aller Beschwörungen und allem aufgebotenen Wunderglauben brennt das großdeutsche Walhall, brennen zum Schluß die benzinübergossenen Leichen der Selbstmörder Hitler und Goebbels und die ihrer Frauen im Garten der Reichskanzlei. Von ihren Eltern ermordet liegen die sechs Goebbels-Kinder in ihren Betten im Führerbunker. Der Höhepunkt der Selbstmordwelle am Ende des Hitler-Reiches ist erreicht, aber lange noch nicht abgeschlossen.

„Nicht Verrat, sondern Selbstmord hat Hitlers Unternehmen beendet", urteilt General Charles de Gaulle in seinen „Mémoires de guerre".

„Dieser Mann war eins mit seiner Mission, und er allein hat ihr ein Ende gesetzt. Um nicht gefesselt zu werden, stürzte Prometheus sich in den Abgrund … Hitlers Unternehmen war übermenschlich und war unmenschlich. Er verfolgte es pausenlos, bis in die letzten Stunden der Agonie in der Tiefe des Berliner Bunkers, er blieb unzugänglich, unbeugsam, unerbittlich, wie er es in seinen glanzvollsten Tagen gewesen war. Um der finsteren Größe seines Kampfes und seines Nachruhmes willen hatte er sich entschieden, niemals zu schwanken, niemals nachzugeben oder mit sich reden zu lassen."

Doch nicht nur von Tod und Vernichtung soll hier die Rede sein. An jenem Donnerstag, dem 12. April 1945, wird in ersten Ansätzen der Wille zu einem Neubeginn und zum Wiederaufbau eines demokratischen Österreich deutlich. Trotz aller noch nicht ausgestandenen Gefahren, trotz der Zerstörung der städtischen Infrastruktur, trotz aller Entbehrungen kommen Menschen zusammen; Menschen, die den Glauben an eine bessere Zukunft nicht verloren haben, die den Glauben an ein demokratisches und souveränes Österreich bewahrt oder durch die leidvolle Erfahrung der Hitler-Ära erst gefunden haben. Sie versammeln sich in ihrem „Grätzl" oder in ihrem Bezirk und legen den Grundstein

für demokratische Strukturen auf unterer und mittlerer Ebene. Aber auch gesamtstaatlich werden erste Initiativen gesetzt. Führende Funktionäre der jahrelang verbotenen Parteien beraten über die Neuorganisation und erste Maßnahmen, um Österreichs staatliches Wiederauferstehen zu sichern und den Wiederaufbau des Zerstörten in Angriff zu nehmen. Die Sozialdemokraten und ihre illegale Nachfolgeorganisation der Revolutionären Sozialisten wählen das Wiener Rathaus als Versammlungsstätte, die ehemaligen Christlichsozialen das Schottenstift. Aus diesen Begegnungen gehen am 14. April die Sozialistische Partei Österreichs (SPÖ) und am 17. April die Österreichische Volkspartei (ÖVP) als neugegründete politische Organisationen hervor. Durch die rasche Bildung einer provisorischen Staatsregierung (vorerst unter Einschluß der Kommunisten) wird es ihnen gelingen, die staatliche Einheit Österreichs trotz vierfacher Besatzung zu sichern und mit dem Wiederaufbau zu beginnen.

Für das niedergebrannte Haus in der Weihburggasse ändert sich lange Zeit nichts. Schon ist der Stephansdom wiederaufgebaut, läutet eine neugegossene Pummerin, erstrahlen Staatsoper und Burtheater in neuem Glanz, blüht dort immer noch kein neues Leben. Paul Harrer vermerkt diese Tatsache 1955 mit einiger Verwunderung:

„Noch heute, zehn Jahre nach dem grausigen Geschehen erwecken die nackten

rauchgeschwärzten Mauern mit den leeren Fensterhöhlen den Eindruck, als hätte man vergessen, die stummen Zeugen einer aus den Fugen geratenen Welt zu beseitigen. Trotzdem die Hausruine bereits mit Kaufvertrag vom 6. Juli 1952 in das Eigentum des ‚Vereins der Freunde des Wohnungseigentums' übergegangen war, ist außer einer am Haustor angebrachten Tafel, wonach hier Nichtbeschäftigten das Betreten der Baustelle verboten ist, rein äußerlich nichts zu bemerken, daß hier gebaut oder wenigstens mit dem Abbruch der Hausruine begonnen würde."

Der Neuanfang in der Weihburggasse sollte noch zwei Jahre auf sich warten lassen. Seit 1958 steht dort ein modernes Wohnhaus; bauliche Konfektionsware ohne Eigencharakter und ohne jeden Bezug zu den anderen restaurierten Nachbarhäusern aus Josephinischer Zeit. Neben dem Hauseingang in der Seilerstätte ist eine der damals üblichen schwarzen Tafeln angebracht mit marginalem Vermerk, daß dieses Haus in den Kriegsjahren 1939–1945 zerstört und 1957–1958 unter dem Bundeskanzler Ing. Julius Raab wiederaufgebaut wurde.

Die Schrecknisse des Jahres 1945 sind längst schon am Horizont des politischen Bewußtseins versunken. Und von Jahr zu Jahr schrumpft der Kreis jener, die aus eigener Erfahrung von Unheil und Leid, aber auch von Hoffnung und Neubeginn in äußerster Not erzählen können.

Wien im Wiederaufbau: Der Stephansdom erhält ein neues Dach

Zerstörung und Wiederaufbau auf einem Bild: links das noch unbebaute Areal des ausgebrannten Thonet-Hauses (heute Kennedy-Hof), rechts die neue Pummerin vor dem Riesentor des Stephansdomes, April 1952

LITERATURNACHWEIS

David Abufalia, Herrscher zwischen den Kulturen. Friedrich II. von Hohenstaufen (Berlin 1991)

1866. Gedenkschrift herausgegeben aus Anlaß einer Sonderausstellung des Heeresgeschichtlichen Museums über den Krieg vor hundert Jahren (Wien 1966)

Hellmut Andics, 50 Jahre unseres Lebens. Österreichs Schicksal seit 1918 (Wien/München/Zürich 1968)

Die Babenberger – und was von ihnen blieb. Aus: Österreichs Wissenschaft (Wien 1975)

Alfred von Baldass, Wien. Ein Führer durch die Stadt und ihre Umgebung, ihre Kunst und ihr Wirtschaftsleben (Wien/Leipzig 1928)

Wolfgang Bandion, Steinerne Zeugen des Glaubens. Die heiligen Stätten der Stadt Wien (Wien 1989)

Eugenie Benisch-Darlang (Hg.) Franz Gräffer. Alt-Wiener Miniaturen, Stimmungen und Skizzen (Wien 1912)

Josef Bergauer, Auf den Spuren berühmter Menschen in Wien (Wien 1949)

Josef Bergauer, Das klingende Wien. Erinnerungsstätten berühmter Tondichter (Wien 1946)

Moriz Bermann, Alt- und Neu-Wien. Geschichte der Kaiserstadt und ihrer Umgebungen (Wien/Pest/Leipzig 1880)

Viktor Bibl, Erzherzog Karl. Der beharrliche Kämpfer für Deutschlands Ehre (Wien/Leipzig 1942)

Anton Graf Bossi Fedrigotti, Kaiser Franz Joseph I. und seine Zeit (Zürich/München 1978)

Walter Brauneis, Mozarts Nachruhm, in: Wiener Geschichtsblätter 47 (1992)

Viktor Buchgraber (Hg.), Von Prinz Eugen bis Karl Renner. Österreichische Lebensbilder aus drei Jahrhunderten (Graz/Wien/Köln 1961)

Peter Csendes, Die Babenberger in Wien, in: Wiener Geschichtsblätter 3 (1976), Sonderheft 1

Peter Csendes, Regensburg und Wien – Babenbergerresidenzen des 12. Jahrhunderts, in: Jahrbuch des Vereins für Geschichte der Stadt Wien 47/48 (1991/92) 163 ff.

Felix Czeike, Historisches Lexikon Wien, 5 Bde. (davon 4 erschienen) (Wien 1992/95)

Felix Czeike, Die Kärntnerstraße, Wiener Geschichtsbücher Bd. 16 (Wien/Hamburg 1975)

Felix Czeike, Der Neue Markt, Wiener Geschichtsbücher Bd. 4 (Wien/Hamburg 1970)

Felix Czeike, Wien. Innere Stadt, Kunst- und Kulturführer (Wien 1993)

Felix Czeike, Wien und seine Bürgermeister. Sieben Jahrhunderte Stadtgeschichte (Wien/München 1974)

Felix Czeike, Das Wiener Bürgermeisteramt im Hoch- und Spätmittelalter, in: Wiener Bürgermeister im Spätmittelalter (Forschungen und Beiträge zur Wiener Stadtgeschichte 7, Wien 1980) 3 ff.

Otto Erich Deutsch (Hg.), Mozarts Briefe und Aufzeichnungen, 7 Bde. (Kassel 1962/75)

Anna Drabek, Wolfgang Häusler, Kurt Schubert, Karl Stuhlpfarrer, Nikolaus Vielmetti, Das österreichische Judentum, Voraussetzungen und Geschichte (Wien 1988)

Ludwig Eberle, Die Demolierung des Kriegsgebäudes Am Hof, Vortrag vom 16. 1. 1814, in: Monatsblatt des Altertumsvereins Wien, XI Bd., Nr. 3 März 31. Jg. 1914

Ludwig Eberle, Das Kriegskanzleihaus Am Hof (1913)

Karl Fajkmajer, Skizzen aus Alt-Wien (o. O./o. D.)

Rupert Feuchtmüller, Die Herrengasse, Wiener Geschichtsbücher Bd. 28 (Wien/Hamburg 1982)

Franz Gall, Die Alte Universität, Wiener Geschichtsbücher Bd. 1 (Wien/Hamburg 1970)

Gaudeamus Igitur, Studentisches Leben einst und jetzt, Ausstellungskatalog Schallaburg 1992

Pierre Gaxotte, Geschichte Deutschlands und der Deutschen, 2 Bde. (Freiburg im Breisgau 1965/67)

Franz Gräffer, Kleine Wiener Memoiren und Wiener Dosenstücke, 2 Bde. (Wien 1918)

Gustav Gugitz, Bibliographie zur Geschichte der Stadtkunde von Wien, 5 Bde. (Wien 1947/58)

Franz Hadamowsky, Das Theater in den Schulen der Societas Jesu in Wien 1955–1761. Daten, Dramen, Darsteller (1991)

Brigitte Hamann (Hg.), Die Habsburger. Ein biographisches Lexikon (Wien 1988)

Günther Hamann, Kurt Mühlberger, Franz Skacel (Hg.), Das alte Universitätsviertel in Wien, 1385–1985, Schriftenreihe des Universitätsarchivs, 2 Bde. (Wien 1985)

Paul Harrer, Wien. Seine Häuser, Menschen und Kultur, 7 Bde. (1951–1957)

Oskar Helmer, 50 Jahre erlebte Geschichte (Wien o. D.)

Fred Hennings, Das barocke Wien (Wien/München 1965)

Fred Hennings, Das Josephinische Wien (Wien/München 1966)

Fred Hennings, Ringstraßensymphonie, 3 Bde. (Wien/München 1963/64)

Fred Hennings, Solange der lebt, 5 Bde. (Wien 1968/71)

Wilhelm Kisch, Die alten Straßen und Plätze Wiens und ihre historisch interessanten Häuser (Wien 1883)

Erich Klein (Hg.), Die Russen in Wien. Die Befreiung Österreichs. Augenzeugen berichten (Wien 1995)

Walter Kleindel, Die Chronik Österreichs (Dortmund 1984)

Paul Kortz, Wien am Anfang des 20. Jahrhunderts. Ein Führer in technischer und künstlerischer Richtung, hrsg. vom Österreichischen Ingenieur- und Architektenverein, 2 Bde. (Wien 1905/06)

Helmut Kretschmer, Mozarts Spuren in Wien (1991)

Helmut Kretschmer, Wiener Musikgedenkstätten (Wien/München 1990)

Hans Kühner, Lexikon der Päpste. Von Petrus bis Johannes XXIII. (Frankfurt 1960)

Karl Lechner, Die Babenberger. Markgrafen und Herzoge von Österreich. Veröffentlichungen des Institutes für österreichische Geschichtsforschung 23 (Wien/Köln/Graz 1976)

Alphons Lhotzky, Geschichte Österreichs seit der Mitte des 13. Jahrhunderts (1281–1358) Österreichische Akademie der Wissenschaften. Veröffentlichungen der Kommission für Geschichte Österreichs 1 (Wien 1967)

Klaus Lohrmann, Judenrecht und Judenpolitik im mittelalterlichen Österreich. Handbuch zur Geschichte der Juden in Österreich, Reihe B, Bd. 1 (Wien/Köln 1990)

Ilse Lorent Wildt, Der Platz Am Hof im Wandel der Zeiten, Dissertation 1942

Ernst Marboe (Hg.), Das Österreich Buch (Wien 1948)

Georg Markus, Der Fall Redl (Wien/München 1984)

Eugen Meßner, Die Innere Stadt Wien. Ein Beitrag zur Heimatkunde des 1. Wiener Gemeindebezirkes (Wien/Leipzig 1925)

Robert Messner, Wien vor dem Fall der Basteien. Häuserverzeichnis und Plan der Inneren Stadt vom Jahr 1857 (Wien/München 1958)

Mozart. Bilder und Klänge. Katalog zur 6. Salzburger Landesausstellung im Schloß Klessheim (Salzburg 1991)

Gerda und Gottfried Mraz, Maria Theresia – Ihr Leben und ihre Zeit in Bildern und Dokumenten (München 1979)

Gerda und Gottfried Mraz, Österreichische Profile (Wien/Königstein 1981)

Adam Müller-Guttenbrunn, Altwiener Wanderungen und Schilderungen (Wien 1917)

Der Nationalsozialismus. Dokumente 1933–1945, hrsg. und kommentiert von Walther Hofer (Frankfurt a. M. 1957)

Das Nibelungenlied, übersetzt von Karl Simrock (Stuttgart 1941)

Ferdinand Opll, Friedrich Barbarossa (Darmstadt 1990)

Ferdinand Opll, Italiener in Wien, Wiener Geschichtsblätter, Beiheft 1987/3

Ferdinand Opll, Nachrichten aus dem mittelalterlichen Wien. Zeitgenossen berichten (Wien/Köln/Weimar 1995)

Ferdinand Opll, Wien um die Mitte des 13. Jahrhunderts, in: Wilfried Hartmann (Hg.), Europas Städte zwischen Zwang und Freiheit (Regensburg 1995)

Österreich Lexikon in zwei Bänden, hg. Richard und Maria Bamberger, Ernst Bruckmüller, Karl Gutkas (Wien 1995)

Österreich zur Zeit Josephs II. Katalog der Niederösterreichischen Landesausstellung im Stift Melk 1980

Bernhard Paumgartner, Mozart (Stuttgart/Zürich/Salzburg 1967)

Richard Perger, Der Hohe Markt, Wiener Geschichtsbücher Bd. 3 (Wien/Hamburg 1970)

Richard Perger, Walter Brauneis, Die mittelalterlichen Kirchen und Klöster Wien. Wiener Geschichtsbücher Bd. 19/20 (Wien/Hamburg 1977)

Richard Perger, Die Wiener Ratsbürger 1396–1526. Ein Handbuch. Forschungen und Beiträge zur Wiener Stadtgeschichte 19 (Wien 1988)

Johann Pezzl, Skizze von Wien. Ein Kultur- und Sittenbild aus der Josefinischen Zeit, hrsg. von Gustav Gugitz und Anton Schlossar (Graz 1923)

Richard Prilisauer, Pietro di Galvagni, Geschäftsmann und Mäzen, in: Wiener Geschichtsblätter 31 (1976)

Leopold von Ranke, Die römischen Päpste in den letzten vier Jahrhunderten (Frankfurt/Wien/Zürich 1962)

Rolf Georg Reuth, Goebbels (München 1990)

Josef Richter, Briefe eines Eipeldauers an seinen Herrn Vetter in Kakran über d' Wienerstadt, 1. Bd. 1785–1797, hrsg. von Eugen von Pannel (Wien 1917)

Karl Eduard Schimmer, Alt und Neu Wien. Geschichte der österreichischen Kaiserstadt, 2 Bde. (Wien/Leipzig 1904)

Karl Schrauf, Zur Geschichte der Studentenhäuser an der Wiener Universität während der ersten Jahrhunderte ihres Bestehens (Wien 1895)

Karl Schrauf, Die Wiener Universität im Mittelalter (Wien 1904)

Hans K. Schulze, Hegemoniales Kaisertum. Ottonen und Salier (Berlin 1991)

600 Jahre Universität Wien. Erinnerungsgabe des Bundesministeriums für Unterricht für die österr. Maturanten und die Schüler der AH Schulen Wiens (Wien 1965)

Leopold Spira (Hg.), Attentate, die Österreich erschütterten (Wien 1981)

Stadtchronik Wien. 2000 Jahre in Daten, Dokumenten und Bildern (Wien/München 1980)

Kurt Stimmer, Kalendarium Wien 1945. Sonderdruck der Rathauskorrespondenz Nr. 8 (Wien 1995)

Heinz Strakele, Spaziergänge Alt-Wien (Wien 1947)

Franz Taucher, Damals in Wien (Wien/München/Zürich 1981)

Ernst Trost, Das blieb vom Doppeladler. Auf den Spuren der versunkenen Donaumonarchie (Wien/München 1966)

Ernst Trost, Das blieb vom Heiligen Römischen Reich Deutscher Nation. Eine Spurensuche (Wien/München 1987)

Werner Tschulik, Die österreichische Dichtung im Rahmen der Weltliteratur (Wien 1963)

Renate Wagner, Würde, Glanz und Freude. Vom festlichen Leben und Treiben in den Zeiten (Graz/Wien/Köln 1981)

Rudolf Wahl, Kaiser Friedrich Barbarossa (München 1941)

Siegfried Weyr, Magie der Inneren Stadt. Eine Stadt erzählt, Bd. 1 (Wien/Hamburg 1968)

Constant von Wurzbach, Biographisches Lexikon des Kaiserthums Österreich (Wien 1882)

Das Zeitalter Kaiser Franz Josephs, 2 Bde., Katalog der Niederösterreichischen Landesausstellung in Grafenegg (Wien 1984/85)

Erich Zöllner, Geschichte Österreichs. Von den Anfängen bis zur Gegenwart (Wien 1984)

Carl Zuckmayer, Flucht aus Österreich, in: Als wär's ein Stück von mir

Stefan Zweig, Die Welt von gestern. Erinnerungen eines Europäers

Stefan Zweig, Sternstunden der Menschheit

Marlene Zykan, Der Stephansdom. Wiener Geschichtsbücher, Bd. 25/27 (Wien/Hamburg 1981)

Zeitungen:

Die Furche, Weihnachtsbeilage 1960

Wiener Neueste Nachrichten, 28. 11.–8. 12. 1941

BILDNACHWEIS

Bildarchiv der Österreichischen Nationalbibliothek, Wien 8, 13, 17, 21, 23, 25, 26, 31, 33, 34, 35, 37, 38, 42, 44–47, 49–51, 53, 55, 58, 61, 63–65, 67, 70, 73, 75, 77, 80, 85, 86, 88, 89, 93–97, 100–104, 108–111, 117, 123, 125, 126, 132, 133, 137–139, 142, 145, 148–151, 156, 157, 159, 163, 164

Matthias Cremer, Wien 9, 72, 92, 113, 122, 141, 152, 153

Historisches Museum der Stadt Wien 19, 115, 129, 131

Österreichische Galerie Belvedere, Wien 11

Stiftsmuseum Klosterneuburg 16

Wir informieren Sie...
über den **_CUW_**, den Club der <u>Universität Wien</u>

Grundsätze Der Club versteht sich als Partner der Universität in ihrer Gesamtheit. Sein allgemeines Ziel ist die Hilfestellung bei der Bewältigung der gesellschaftspolitischen Aufgaben der Universität Wien. Der Club sieht sich als informelle Schnittstelle zwischen Universität und Gesellschaft. Dies bedeutet, daß er auch in Bereichen tätig wird, die für die Universität als öffentlich-rechtliche Einrichtung peripher bleiben, etwa Absolventenbetreuung, Intensivierung der Kontakte zu anderen Forschungseinrichtungen, zur Gesellschaft, Politik und Wirtschaft und - für diese Zwecke - die Erschließung zusätzlicher finanzieller Ressourcen.

Ziele <u>Stärkung der Universität durch Imagepflege und Corporate Identity</u>
Das Betätigungsfeld des CUW umfaßt die Imagepflege der Universität und die Stärkung ihres Zusammengehörigkeitsgefühls. Mittel hierfür sind Veranstaltungen, Medienarbeit und die Schaffung geeigneter Informationskanäle.

<u>Interessensverband</u>
Der Club soll mehr sein als ein Absolventenverband, der nur dafür da ist, Drittmittel für die Universität aufzutreiben, "viel mehr, nämlich ein soziales, politisches und hochschulpolitisches Anliegen. Etwa zwei Prozent der österreichischen Bevölkerung sind Absolventen der Universität Wien. Diese Gruppe ist damit klein genug, um ein Gefühl der Zusammengehörigkeit zu entwickeln, und groß genug, um als politischer Faktor ernst genommen zu werden." (Rektor Ebenbauer, Mai 1994)

<u>Öffnung der Universität: Dialog mit den Absolventen</u>
Der Club eröffnet vielfältige Möglichkeiten für Kontakte zwischen den Mitgliedern und bietet Informationen über die Aktivitäten der Universität.

<u>Förderung von Forschung und Lehre</u>
Als langfristiges Ziel sollen junge Wissenschaftler durch Preise, Stipendien, Publikationsmöglichkeiten, Präsentationsmöglichkeiten u.a. unterstützt werden.

<u>Herstellung von Kontakten zwischen Wissenschaft und Wirtschaft</u>
Mittel hierfür sind Seminare, Tagungen, Vorträge, Aussendungen und die Erstellung von Datenbanken. Der CUW kann hier zur Drehscheibe des Austausches werden.

Veranstaltungen Der Club der Universität Wien veranstaltet Vorträge, Podiumsdiskussionen, Lesungen, Konzerte, Kabaretts, Filmfestivals, Reisen.

Proponenten Univ.-Prof. Dr. Alfred Ebenbauer, Rektor der Universität Wien

Hofrat Dr. Dipl.-Ing. Franz Skacel, Direktor der Universität Wien

Dr. Paolo Budroni, Außeninstitut

Vorstand **Präsident:**
Dkfm. Gerhard Randa
Vizepräsidenten:
Dr. Günter Geyer,
Univ.-Prof. DDr. Walter H. Hörl,
Ing. Leopold Maderthaner
Generalsekretär:
Ass.Prof. Univ.-Doz. Dr. Klaus Zatloukal

Gründungsmitglieder und Mäzene

A. Gerngross Kaufhaus AG, Bank Austria AG, Canon GesmbH, Creditanstalt-Bankverein, Die ERSTE Österr. Spar-Casse Bank AG, Franz Lammer & Co. GesmbH, MANZ-sche Verlags- und Universitäsbuchhandlung, \ÖH an der Univ. Wien, Österreichischer Raiffeisenverband, Springer Verlag KG, Universität Wien, Wiener Allgemeine Städtische Versicherung AG, WUV-Universitätsverlag, Zwillings-Gewölb.

Weitere Informationen:
Mag. Ewa Kosecka und Mag. Dominik Kimmel

CUW-Büro:
Dr. Karl Lueger-Ring 1
A-1010 Wien
Tel. 43-1-401 03 /22 46
Fax: 43-1-402 31 31